Metaethik zur Einführung

Für Christina

Markus Rüther

Metaethik zur Einführung

JUNIUS

Junius Verlag GmbH
Stresemannstraße 375
22761 Hamburg
www.junius-verlag.de

Umschlaggestaltung: Florian Zietz
Titelbild: Junius Verlag
Satz: Junius Verlag
Printed in the EU 2015
ISBN 978-3-88506-709-2

Bibliografische Information der Deutschen Nationalbibliothek
Die Deutsche Nationalbibliothek verzeichnet diese Publikation in der Deutschen Nationalbibliografie; detaillierte bibliografische Daten sind im Internet über http://dnb.d-nb.de abrufbar.

Zur Einführung …

… hat diese Taschenbuchreihe seit ihrer Gründung 1977 gedient. Zunächst als sozialistische Initiative gestartet, die philosophisches Wissen allgemein zugänglich machen und so den Marsch durch die Institutionen theoretisch ausrüsten sollte, wurden die Bände in den achtziger Jahren zu einem verlässlichen Leitfaden durch das Labyrinth der neuen Unübersichtlichkeit. Mit der Kombination von Wissensvermittlung und kritischer Analyse haben die Junius-Bände stilbildend gewirkt.

Seit den neunziger Jahren reformierten sich Teile der Geisteswissenschaften als Kulturwissenschaften und brachten neue Fächer und Schwerpunkte wie Medienwissenschaften, Wissenschaftsgeschichte oder Bildwissenschaften hervor. Auch im Verhältnis zu den Naturwissenschaften sahen sich die traditionellen Kernfächer der Geisteswissenschaften neuen Herausforderungen ausgesetzt. Diesen Veränderungen trug eine Neuausrichtung der Junius-Reihe Rechnung, die seit 2003 von der verstorbenen Cornelia Vismann und zwei der Unterzeichnenden (M.H. und D.T.) verantwortet wurde.

Ein Jahrzehnt später erweisen sich die Kulturwissenschaften eher als notwendige Erweiterung denn als Neubegründung der Geisteswissenschaften. In den Fokus sind neue, nicht zuletzt politik- und sozialwissenschaftliche Fragen gerückt, die sich produktiv mit den geistes- und kulturwissenschaftlichen Problemstellungen vermengt haben. So scheint eine erneute Inventur der Reihe sinnvoll, deren Aufgabe unverändert darin besteht, kompetent und anschaulich zu vermitteln, was kritisches Denken und Forschen jenseits naturwissenschaftlicher Zugänge heute zu leisten vermag.

Zur Einführung ist für Leute geschrieben, denen daran gelegen ist, sich über bekannte und manchmal weniger bekannte Autor(inn)en und Themen zu orientieren. Sie wollen klassische Fragen in neuem Licht und neue Forschungsfelder in gültiger Form dargestellt sehen.

Zur Einführung ist von Leuten geschrieben, die nicht nur einen souveränen Überblick geben, sondern ihren eigenen Standpunkt markieren. Vermittlung heißt nicht Verwässerung, Repräsentativität nicht Vollständigkeit. Die Autorinnen und Autoren der Reihe haben eine eigene Perspektive auf ihren Gegenstand, und ihre Handschrift ist in den einzelnen Bänden deutlich erkennbar.

Zur Einführung ist in der Hinsicht traditionell, dass es den Stärken des gedruckten Buchs – die Darstellung baut auf Übersichtlichkeit, Sorgfalt und reflexive Distanz, das Medium auf Handhabbarkeit und Haltbarkeit – auch in Zeiten liquider Netzpublikationen vertraut.

Zur Einführung bleibt seinem ursprünglichen Konzept treu, indem es die Zirkulation von Ideen, Erkenntnissen und Wissen befördert.

Michael Hagner
Ina Kerner
Dieter Thomä

Inhalt

Anhang

»Ein philosophisches Problem hat die Form:
›Ich kenne mich nicht aus.‹«
(Ludwig Wittgenstein, *Philosophische Untersuchungen*, § 123)

Vorwort

Die Metaethik ist eine Teildisziplin der Philosophie und versucht auf Fragen zu antworten, die die Natur der Moral betreffen. Metaethiker sagen uns nichts darüber, welchen moralischen Regeln, Normen und Prinzipien wir folgen sollen, sondern fragen danach, welchen semantischen, handlungstheoretischen, epistemologischen und ontologischen Status diese moralischen Grundparameter haben. Ein ›guter‹ Metaethiker kann sich also einerseits im Bereich der theoretischen Philosophie orientieren, ohne andererseits die Bereiche der praktischen Philosophie aus den Augen zu verlieren. Das macht die Metaethik vielseitig, aber auch schwierig. Und wenn jemand sogar ein Buch mit dem Titel »Metaethik zur Einführung« abfasst, dann lässt sich schon vermuten, dass es sich um kein einfaches Unterfangen gehandelt hat. Ich hoffe jedoch, dass mir eine Zusammenstellung von Themen, Theorien und Argumenten gelungen ist, die dem Leser hilft, im viel- und engmaschigen Dickicht der Metaethik den Überblick zu behalten.

Das vorliegende Buch ist vor allem das Ergebnis von Erfahrungen, die ich in den letzten Jahren in verschiedenen Seminaren und Forschungskontexten sammeln konnte. Den Studentinnen und Studenten meiner Seminare danke ich für ihre Neugier und Nachfragen; das gilt gleichermaßen für meine Kolleginnen und Kollegen in den verschiedenen Forschungs- und Oberseminaren in Bonn, Jülich, Münster, New York und Oxford. Ich hoffe, dass sie alle am Ende ihrer Lektüre sagen werden: »Er hat etwas gelernt!«

Für die redaktionellen Arbeiten und die Durchsicht des Manuskripts bedanke ich mich bei Peter Tschierschke und Ulrich Steckmann, deren Argusaugen mich vor manchem Fehler bewahrt haben. Gleiches gilt für meine Kolleginnen und Kollegen aus Jülich und Bonn, die dieses Buch in verschiedenen Stadien gedanklich begleitet und kommentiert haben. Nicht zuletzt ihren Nachfragen ist es zu verdanken, dass am Ende ein lesbares und zusammenhängendes Ganzes vorliegt. Ein besonderer Dank gebührt auch Sebastian Muders, der mir – wie immer – eine unschätzbare Hilfe war, wenn es darum ging, die philosophische Pointe im metaethischen Detail zu sehen.

Bei Michael Kienecker vom mentis Verlag bedanke ich mich für die freundliche Genehmigung, ausgewähltes Material aus *Objektivität und Moral* (2013) und *Das Dilemma des Naturalismus* (2015) wiederzuverwenden.[1] Berücksichtigung fanden beide Quellen vor allem in den Kapiteln 1, 2 und 7.

Außerdem danke ich Steffen Herrmann für die zuverlässige Betreuung der Publikation im Junius Verlag.

Und schließlich darf ich Christina nicht vergessen. Ohne sie wäre es natürlich wieder einmal gar nicht gegangen. Ihr widme ich dieses Buch.

1. Einleitung

1.1 Metaethik – eine erste Annäherung

Moralische Überlegungen sind nicht zuerst akademische Angelegenheiten. Regelmäßig werden wir im Alltag mit ihnen konfrontiert. Wir bezeichnen Menschen oder Handlungen als moralisch gut oder schlecht, halten uns an moralische Regeln und Pflichten oder berufen uns auf moralische Intuitionen. Dabei sind wir häufig gezwungen, Handlungen und Handlungsoptionen zu bewerten. Der Gegenstandsbereich einer solchen Wertung kann ganz unterschiedliche Tragweiten für das eigene Leben aufweisen: Soll ich meiner Großmutter mit einem Besuch eine Freude machen oder doch lieber auf meinen kleinen Bruder aufpassen? Soll ich ein Medizinstudium aufnehmen oder doch eine Lehre als Krankenpfleger machen? Soll ich in den Benediktinerorden eintreten oder ein lukratives Jobangebot einer Kanzlei annehmen? Beschränkt sind diese Fragen jedoch keineswegs auf Einzelpersonen: Sollen wir unser Weihnachtsgeld für ein Klavier ausgeben oder doch für die Erhaltung des Regenwaldes spenden? Das fragen sich möglicherweise Klara und ihr Mann. Ist es moralisch vertretbar, Urlaubsreisen in ein Land anzubieten, in dem die Menschenrechte massiv verletzt werden? Das fragen sich die Mitarbeiter eines Reisebüros. Verstößt das neue Gesetz gegen zentrale moralische Grundwerte? Das fragen sich unter anderem die Mitglieder des Ethikrates.

Gleichzeitig fragen wir häufig nicht nur nach einer normativen Handlungsanweisung, die uns eine Antwort auf die Frage nach dem richtigen Handeln gibt. Wir geben uns in vielen Fällen mit einer Antwort nach dem Motto »Handlung ›x‹ ist moralisch richtig« nicht zufrieden, sondern erwarten auch eine Begründung der moralischen Handlungsempfehlung. Kurzum, wir fragen nach den Kennzeichen der moralisch richtigen Handlung. Dies ist im Wesentlichen der Aufgabenbereich der normativen Ethik. In ihr geht es nicht um die Frage, welche Handlungen *de facto* in einer Gesellschaft, Kultur oder Epoche moralisch geboten sind, sondern welche Handlungen verbindlich sein *sollen*. Die aus einer normativen Ethik abgeleiteten Aussagen haben somit einen normativen Status: Sie dienen dazu, unser Handeln in einem praktischen Sinne anzuleiten.

Darüber hinaus gibt es noch eine andere Betrachtungsweise, die nicht den Inhalt, sondern den Status der Moral betrifft. Dies ist der Aufgabenbereich der Metaethik. Ein Metaethiker möchte keine Aussagen darüber machen, was gut und schlecht ist, was man tun und unterlassen sollte.[2] Ihm geht es vielmehr darum, die Natur der moralischen Aussagen zu klären, indem er die philosophischen Voraussetzungen aufdeckt, die wir mit ihnen eingehen. Hierbei kann er sich auf verschiedene philosophische Bereiche beziehen, wobei traditionell vier Bereiche im Zentrum der Aufmerksamkeit stehen:

i.) Die metaethischen Untersuchungen in der Sprachphilosophie befassen sich unter anderem mit dem semantischen Status moralischer Urteile. Dabei geht es nicht um die Angabe von Kriterien für das ethisch Richtige und Gute. Dies ist die Aufgabe einer normativen Ethik. Vielmehr wird die Aufmerksamkeit auf die illokutionäre Rolle der Moralsprache gelenkt. Wozu verwenden wir moralische Aussagen eigentlich? Stellen wir mit ihnen

Urteile über die Wirklichkeit auf oder wollen wir mit ihnen lediglich unsere Gemütsverfassung ausdrücken? Oder auch: Wie ist das Verhältnis von moralischen Urteilen zu anderen Arten von Urteilen zu bestimmen?

ii.) Mit der Behandlung von sprachphilosophischen Fragestellungen hängt ein weiterer Untersuchungsschwerpunkt aus dem Bereich der Philosophie des Geistes zusammen, der gegenwärtig besondere Aufmerksamkeit erfährt: die Frage nach dem Wesen moralischer Überzeugungen. Denn dass jedem moralischen Urteil eine spezifische moralische Überzeugung zugrunde liegt, ist weitgehend unbestritten. Wie aber lassen sich moralische Überzeugungen näher charakterisieren? Handelt es sich eher um Glaubensannahmen oder um konative[3] Zustände, zum Beispiel um Dispositionen, Einstellungen oder Wünsche? Und worin unterscheiden sich beide Klassen eigentlich?

iii.) In einem dritten Bereich lassen sich Fragen aus der Erkenntnistheorie verorten. Im Kontext der Metaethik geht es dabei im Wesentlichen um Untersuchungen, welche die Möglichkeit von Erkenntnis und Rechtfertigung zum Gegenstand haben. Gibt es überhaupt moralisches Wissen? Und falls ja, wie sind die Grenzen und die Reichweite von moralischem Wissen zu bestimmen? Was heißt es zu behaupten, dass ein moralisches Urteil gerechtfertigt ist? Und wie hängen Rechtfertigung und Wahrheit schlussendlich zusammen?

iv.) An die erkenntnistheoretischen Fragen schließen sich weitere Fragen aus dem Bereich der Ontologie an. Hier geht es zum Beispiel um eine grundlegende Analyse der moralischen *truth maker*, die ein moralisches Urteil als wahr oder falsch ausweisen. Existieren moralische Tatsachen, die ein moralisches Urteil rechtfertigen können? Wenn ja, wie ist dann das Verhältnis zwischen den moralischen Tatsachen und dem moralisch Urteilenden zu bestimmen? Und nicht zuletzt: Wie lässt sich die Relation zwischen moralischen Tatsachen und anderen Tatsachen (z.B. biologischen, chemischen oder physikalischen Tatsachen) angemessen rekonstruieren?

Will man die metaethische Frage nach den Grundlagen unseres lebensweltlichen moralischen Denkens, Handelns und Sprechens auch nur ansatzweise beantworten, dann muss eine umfassende Theorie entwickelt werden, die in allen vier genannten Teilgebieten plausible und miteinander kompatible Ansätze vertreten kann. Die Frage nach dem primären semantischen Status moralischer Urteile und den ihnen zugrunde liegenden mentalen Zuständen muss genauso thematisiert werden wie die Frage nach der möglichen (oder der vermeintlichen) Erkenntnis moralischer Wahrheiten und die nach ihrem ontologischen Status. Kurzum, der Metaethiker muss nicht nur prüfen, was wir unter moralischen Urteilen, Überzeugungen, Erkenntnissen und Tatsachen verstehen sollten, sondern auch im Blick behalten, wie diese verschiedenen Verständnisse miteinander vereinbar sind.

1.2 Ziele und Gliederung dieser Einführung

Diese letzte Bemerkung zur metaethischen Theorienbildung verweist bereits auf die Ziele dieser Einführung. Eine wesentliche Absicht dieses Buchs besteht darin, dem Leser einen Überblick über die verschiedenen Diskussionsfelder in der Metaethik und ihre Zusammenhänge zu geben. Begründet liegt dies in der Ansicht, dass die Hauptschwierigkeit einer metaethischen Arbeit zumeist nicht in der Komplexität der Details besteht, auch wenn es durchaus komplexe und voraussetzungsreiche Theorien gibt. Vielmehr liegt die größere Schwierigkeit oft darin, den Überblick über die verschiedenen Zusammenhänge zu behalten. Was man in Bezug auf eine bestimmte metaethische Frage sagt, hat meistens Konsequenzen für eine Vielzahl anderer metaethischer Fragen, die man vielleicht ganz anders beantworten möchte. Nicht alle Ansichten darüber, was ein moralisches Urteil oder eine Glaubensannahme ausmacht, sind mit allen Ansichten darüber vereinbar, was moralische Erkenntnisse und Tatsachen ausmacht (und umgekehrt!). – Und wenn wir darüber den Überblick verlieren, verwickeln wir uns oft in Widersprüche. »Ich kenne mich nicht aus«[4], ist nach Wittgenstein die Grundform eines philosophischen Problems. Diesem Leitgedanken folgend versucht diese Einführung daher vor allem, die Verbindungen verschiedener metaethischer Thesen und Theorien sichtbar zu machen. Hierzu wird ein *systematischer* Überblick über die Theorien in der Metaethik angestrebt, der insbesondere die Zusammenhänge der zentralen Begriffe »moralisches Urteil«, »moralische Überzeugung«, »moralische Erkenntnis« und »moralische Tatsache« in den Blick nimmt. Das bedeutet auch, dass die Fragestellungen der Metaethik nicht anhand einer Auseinandersetzung mit isolierten Einzelpositionen diskutiert werden. Natürlich wird nicht auf die Zuordnung bestimmter Ansichten zu bestimmten Philosophen verzichtet. Die Details werden jedoch nur dann behandelt, wenn dies für ein Verständnis der Gesamtzusammenhänge nützlich ist. – Im Vordergrund dieses Buchs steht die *heutige* Metaethik. Das bedeutet, dass klassische Positionen nur am Rande behandelt werden. Was Platon, Thomas von Aquin, Kant, Hegel und andere Philosophen zu metaethischen Fragen zu sagen haben, ist natürlich auch heute von Interesse. Eine Auseinandersetzung, die ihren Positionen gerecht wird, ist aber im vorliegenden Rahmen nicht möglich, und so werden sich die entsprechenden Anmerkungen nur auf wenige Hinweise beschränken.

Darüber hinaus soll in didaktischer Hinsicht nicht so getan werden, als würden für jeden Ansatz und jede Theorie gleich gute Gründe sprechen. Das Ziel metaethischer Arbeit besteht nicht in der Urteilsenthaltung, sondern in der Erkenntnisbildung. Dementsprechend wird an vereinzelten Stellen darauf hingewiesen, wo ich selbst vielversprechende Antworten auf zentrale Fragen der Metaethik vermute.

Der Einführungsband ist in drei Hauptteile gegliedert: In einem ersten Teil werden einige propädeutische Begriffsklärungen vorgenommen, die vor allem dem Zweck dienen, den Bereichsbegriff »Metaethik« genauer zu beschreiben (Kapitel 2). Hierzu wird die Metaethik von anderen Ethiktypen unterschieden, namentlich der normativen und der deskriptiven Ethik. Anschließend werden zwei methodische Hauptansätze näher vorgestellt, mit denen metaethische Fragen geklärt werden können.

In einem zweiten Teil werden einige einflussreiche Theorientypen der Metaethik vorgestellt und kritisch diskutiert, nämlich der sogenannte Non-Kognitivismus, der Konstruktivismus und der Realismus (Kapitel 3–5). Alle drei beinhalten unterschiedliche Auffassungen darüber, was man unter moralischen Urteilen, Überzeugungen, Erkenntnissen und Tatsachen verstehen sollte und wie sich die eigenen (und die gegnerischen) Auffassungen darüber zueinander verhalten. In diesem Zusammenhang wird es vor allem darum gehen, die Grundidee der Ansätze nachzuvollziehen und im Rahmen einer Auseinandersetzung mit ihnen ihre paradigmatischen Stärken und Schwächen kennenzulernen. Diese positionsbezogenen Erläuterungen werden in einem dritten Teil durch eine Darstellung zweier metaethischer Schlüsselkontroversen ergänzt, die in den letzten Jahrzehnten in der Metaethik geführt wurden. Hierbei handelt es sich um ...

> ... die Kontroverse um die angemessene Rekonstruktion der moralischen Motivation. (Kapitel 6)

… den Disput über die Möglichkeit einer Naturalisierung der Ethik. (Kapitel 7)

Hier wird der Fokus vor allem darauf liegen, diese Kontroversen verständlich aufzubereiten, um so dem Leser einen ersten Einblick in das sich mitunter weit verzweigende Theorienfeld zu geben. Ebenso soll auch, der Zielperspektive dieser Einführung folgend, die Verbindung zwischen den oben genannten Theorientypen und bestimmten Standpunkten in diesen Kontroversen deutlich werden. Nicht selten gibt es Wechselwirkungen: Nicht jede der Standardtheorien scheint mit jeder Theorie in der Handlungstheorie und Ontologie in der gleichen Weise verträglich zu sein. Und nicht selten bilden sogar bestimmte handlungstheoretische und ontologische Annahmen die Grundlage, um eine metaethische Standardtheorie zu kritisieren.

1.3 Was dieses Buch nicht leisten kann

Dieses Buch ist eine Einführung in die Metaethik, die den Anspruch hat, sowohl einen Überblick über die verschiedenen metaethischen Bereiche zu liefern als auch die Erfolgsaussichten der in ihnen vertretenen Positionen und Argumente einzuschätzen. Das kann natürlich nicht bedeuten, dass alle Bereiche, Theorien und Argumente berücksichtigt werden können. Zum einen ist dies den physischen Grenzen dieses Buches geschuldet, andererseits aber liegt es in der Natur der Metaethik selbst: Bei der Metaethik handelt es sich um einen komplexen Forschungsbereich, in dem fundamentale philosophische Fragen miteinander in Berührung kommen, deren Beantwortung wiederum selbst Gegenstand kontroverser Debatten ist. Es überrascht daher nicht, dass es viele Abzweigungen gibt, die zu verfolgen zwar interessant wäre, was aber den Umfang des Buches sprengen würde. Einige Positionen und Theorien mussten unberücksichtigt bleiben, und auch die Details einiger Argumente mussten zugunsten der Darstellung ihres Kerns vernachlässigt werden. Jedoch werde ich an vielen Stellen versuchen, die Desiderata im Rahmen von Anmerkungen und Hinweisen explizit zu machen, etwa indem an den entsprechenden Stellen auf weiterführende Literatur verwiesen wird. Gleichwohl haben natürlich auch diese Ergänzungen ihre Grenzen und können eine detaillierte Betrachtung nicht ersetzen. Wer also an einer weiteren Vertiefung interessiert ist, dem stehen einige vornehmlich englischsprachige Einführungen zur Seite. Empfehlen möchte ich hier insbesondere das Werk von Alexander Miller, das vor allem durch seine analytische Methodik und seinen Detailreichtum besticht. Lesenswert sind ebenfalls die neueren und kürzeren Einführungen von Andrew Fisher und Simon Kirchin, die weniger auf technische Analysen setzen, sondern vor allem auf die Vermittlung eines Grundverständnisses der verschiedenen Positionen und Argumente bedacht sind. Was den deutschsprachigen Raum betrifft, sind vor allem die Einführungen von Dieter Birnbacher und Michael Quante hervorzuheben, die zu metaethischen Problemkomplexen einen weitaus umfassenderen Überblick anbieten, als ich es in diesem Buch könnte.

2. Die Dimensionen der Ethik

Als »Ethiken« können Theorien bezeichnet werden, die eine Reflexion der verschiedenen Aspekte des Phänomens »Moral« zum Gegenstand haben. Hält man sich an die konventionelle Definition des Begriffs »Moral«, dann umfasst seine Extension die gesamte Menge von materialen Normen und Wertvorstellungen, wie sie zum Beispiel in gesellschaftlichen Institutionen, sozialen Regelungen und den Werturteilen von Personen zur Geltung kommen.[5] Dabei ist zu beachten, dass sich nicht *die* Ethik und demnach auch nicht *die* Theorie der Moral ausmachen lassen. Vielmehr kann man klassischerweise zwischen drei »Zugriffen« auf den moralischen Phänomenbereich unterscheiden, nämlich zwischen einer *normativen* und *deskriptiven Ethik* einerseits und einer beide fundierenden *Metaethik* andererseits. Hierbei handelt es sich um eine historisch gewachsene Differenzierung, über deren heuristischen Wert weitgehend Konsens herrscht. Alle drei Ethiktypen nähern sich dem Phänomenbereich der Moral, indem sie *qua* eigener Zugangsweise bestimmte Aspekte in den Vordergrund stellen und die Moral so aus einer jeweils unterschiedlichen Perspektive in den Blick nehmen. Wie aber lässt sich diese Differenz in der methodischen Ausrichtung näher charakterisieren? Um diese Frage zu beantworten, blicken wir im Folgenden etwas genauer auf die Grundstruktur der jeweiligen Ethiktypen und die mit ihnen verbundenen distinktiven Merkmale.

2.1 Normative Ethik

Als zentrale Aufgabe der normativen Ethik wird häufig[6] die Reflexion auf das richtige oder falsche moralische Handeln bestimmt: Soll ich einer alten Dame über die Straße helfen, obwohl ich einen wichtigen Geschäftstermin habe, der keine weitere Verzögerung zulässt? Soll ich Geld für die Erhaltung des Regenwaldes spenden oder doch lieber für ein Geschenk zum Valentinstag sparen? Soll ich meine Großmutter besuchen oder doch zum entscheidenden Fußballspiel meines Lieblingsvereins gehen? In radikalisierter Form kann sich die Frage nach der richtigen und falschen Handlungsweise auch von der einzelnen Handlung wegbewegen und auf das moralische Handeln im Ganzen beziehen. Wir fragen dann: »Warum soll ich überhaupt moralisch sein?« Diese Fragen nach der richtigen Moral sind in ganz unterschiedlichen Kontexten des gesellschaftlichen Lebens bedeutsam. So kann man das Ideal einer gerechten Gesellschaft genauso einer kritischen Prüfung unterziehen wie die Haltung der modernen Medizin gegenüber Leben und Tod. Wäre es in unserer Gesellschaft nicht gerecht, auf einen Großteil unserer Luxusgüter zu verzichten, um mit dem ersparten Geld humanitäre Projekte in Afrika zu unterstützen? Oder auch: Wie lässt sich der moralische Status eines Embryos beurteilen: Ist es moralisch legitim, eine Schwangerschaft abzubrechen, weil das heranwachsende Kind vermutlich an einem irreversiblen genetischen Defekt leiden wird? Gleichzeitig fragen wir häufig nicht nur nach einer normativen Handlungsanweisung, die uns eine Antwort auf die Frage nach dem richtigen Handeln gibt, sondern auch nach einer *Begründung* für diese Handlungsweise. Eine Antwort auf die Frage: »Was ist die im Einzelfall gebotene moralische Handlung?«, ist in vielen Fällen nicht hinreichend. Wenn uns etwa jemand nach einem Ratschlag fragt und wir ihm eine bestimmte Handlungsweise empfehlen, dann werden wir häufig auch aufgefordert, Gründe für sie anzugeben. Mit anderen Worten: Wir müssen die Merkmale der moralisch gebotenen Handlung nennen, also unsere Kriterien für das ethisch Gute oder Richtige. Verschiedene normative Ethiken geben unterschiedlichste Antworten auf die Begründungsfrage. Nichtsdestoweniger verbindet sie aber zumindest ein gemeinsames Merkmal: Die in ihren Rahmen getätigten Aussagen sind selbst moralische Urteile, die nicht normativ neutral sind. Normative Ethiken versuchen uns in einem normativen Sinne anzuleiten, indem sie systematische Antworten auf die Frage geben: »Was soll ich tun?«, und auf die mögliche Rückfrage: »Warum soll ich x tun?«.

2.2 Deskriptive Ethik

Neben dieser normativen Perspektive, welche die Frage nach der richtigen moralischen Handlungsweise zum Gegenstand hat, kann man sich der moralischen Praxis noch aus einem anderen Blickwinkel nähern. In vielen Kontexten spielt die Frage nach der richtigen Moral nämlich noch keine Rolle. Wenn wir beispielsweise die vielfältigen Zusammenhänge moralischer Praktiken und deren Ursprung verstehen wollen, ist es häufig irrelevant, ob oder in welcher Hinsicht sie angemessen, gerechtfertigt oder rational sind. Es kommt dann eher darauf an, die vielfältigen Aspekte und Erscheinungsformen der Moral zu beschreiben und Erklärungen für sie auszuarbeiten. Studien, die sich aus dieser Perspektive dem Phänomen »Moral« zuwenden, können dem Gebiet der deskriptiven Ethik zugerechnet werden.

Es gibt verschiedene Ausgangspunkte, um die moralische Praxis auf diese Weise zu analysieren. Ein wichtiges Forschungsfeld wird beispielsweise durch kulturanthropologische Untersuchungen markiert. Im Rahmen solcher Studien geht es unter anderem darum, verschiedene Moralsysteme in diachroner und synchroner Hinsicht zu beschreiben und ein Inventar von gegenwärtigen und vergangenen Moralsystemen zu ermitteln.[7] Was sind die inhaltlichen Unterschiede zwischen den Moralvorstellungen von Kultur A und Kultur B? Wie verändert sich die moralische Bewertung einer Handlung x in einer Kultur A im Rahmen einer bestimmten Zeitperiode y? Wie viele Moralsysteme lassen sich innerhalb einer Kultur A unterscheiden?

Andere Untersuchungen richten ihr Hauptaugenmerk weniger auf den »Großraum« Kultur, sondern auf die in ihm lebenden Individuen. Beispiele hierfür sind etwa moralpsychologische Studien, die den Erwerb von moralischer Urteilskompetenz zu ihrem Forschungsgegenstand machen.[8] Lässt sich ein bestimmter Zeitpunkt x ausmachen, an dem ein Individuum y eine moralische Urteilskompetenz zeigt? Auf welcher Kompetenzstufe, vorausgesetzt es lassen sich verschiedene Ebenen unterscheiden, befindet sich ein Individuum x? Oder auch stärker neurowissenschaftlich orientiert: Welche Gehirnareale sind unabdingbar dafür, überhaupt moralische Kompetenzen auszubilden?

Mit dieser letzten Frage ist bereits die Brücke zu anspruchsvolleren Fragestellungen einer deskriptiven Ethik geschlagen. Denn viele Untersuchungen beschränken sich nicht darauf, die moralische Praxis zu beschreiben. Es geht häufig auch darum, ihre Funktion und die kausalen Zusammenhänge, die in der moralischen Wirklichkeit anzutreffen sind, zu erläutern. Einflussreich sind gegenwärtig etwa Studien, die bei einer evolutionsbiologischen Betrachtungsweise ansetzen.[9] Hierbei bilden nicht selten Fragen den Ausgangspunkt, welche die Ausbildung und Entwicklung der menschlichen Moral betreffen. Entsprechend besteht ihre Zielperspektive dann unter anderem darin, zu erläutern, wie es vor dem Hintergrund der phylogenetischen Entwicklung der Arten zur Genese der Moral gekommen ist und welchen evolutionären Vorteil ihre Ausbildung für den Menschen mit sich brachte.

Es ließen sich grundsätzlich weitere Beispiele für eine beschreibende und explanatorische Herangehensweise nennen. Mit den genannten kulturanthropologischen, moralpsychologischen und evolutionsbiologischen Studien sind die Möglichkeiten einer deskriptiven Zugangsweise keinesfalls ausgeschöpft. Die Erläuterung dieser drei sollte aber ausreichen, um die Charakteristik einer deskriptiven Ethik zu verdeutlichen. Im Gegensatz zu Studien aus der normativen Ethik nähern sich ihre Untersuchungen der moralischen Praxis aus einer moralisch neutralen Perspektive. Eine deskriptive Ethik gibt mithin keine Antworten auf normative Fragestellungen, sondern beinhaltet Untersuchungen, die versuchen, die Moral gleichsam »von außen« zu beschreiben und einer Erklärung zugänglich zu machen.

2.3 Metaethik

Eine dritte Zugangsweise zum moralischen Phänomenbereich stellt die Metaethik bereit. Kennzeichnend für ein metaethisches Forschungsprogramm ist, dass in ihm weder – anders als in den normativen Ethiken – inhaltlich-normative Urteile formuliert noch – anders als in den deskriptiven Ethiken – faktische Normensysteme beschrieben oder kausal erklärt werden. Vielmehr setzt die Metaethik eine Stufe tiefer an: Sie formuliert keine moralischen Urteile, sondern trifft Aussagen und stellt Hypothesen *über* diese spezifische Urteilsklasse auf.[10] Das Ziel einer metaethischen Theorienbildung besteht darin, eine »founding theory of morality«[11] auszuarbeiten, in der eine schlüssige Theorie unseres alltäglichen moralischen Denkens, des moralischen Sprechens und unserer moralischen Praktiken entwickelt wird.

2.3.1 *Die Arbeitsbereiche der Metaethik*

Aber in welchen Bereichen findet metaethische Forschung statt? Aus einer historischen Perspektive betrachtet wurden metaethische Forschungen vor allem als eine semantische Klärung der Moralsprache aufgefasst. Die Gleichsetzungsthese war bis in die 1980er Jahre wirkmächtig, was sicherlich auch mit der damals vorherrschenden sprachphilosophischen Orientierung in der analytischen Philosophie zusammenhängt.[12] Diese Grundausrichtung der Metaethik war aber schon damals nicht unwidersprochen. Ein allgemeiner und immer noch aktueller Vorwurf lautet etwa, dass eine so verstandene Metaethik schlicht irrelevant sei, um Fragen der normativen Ethik zu beantworten.[13] Sie sei eine Disziplin, die zwar einen wichtigen Beitrag zur Klärung des semantischen Status moralischer Urteile leiste, jedoch keine Implikationen für die Frage nach den Merkmalen des Richtigen und Guten habe. Aus diesem Blickwinkel betrachtet stellt sich dann für manche Kritiker ganz allgemein die Frage nach dem Wert der Metaethik: Handelt es sich bei ihr möglicherweise um eine verzichtbare Disziplin, deren Ergebnisse zwar aus Gründen der Vollständigkeit von Interesse sind, die aber für die inhaltlichen Fragestellungen der normativen Ethik gar nichts austragen können?

Man kann diese Frage vielleicht bejahen, wenn man unter Metaethik nichts anderes versteht als eine sprachphilosophische Analyse moralischer Urteile. Im Folgenden wird jedoch von einem weiten Verständnis von Metaethik ausgegangen, das besonders in den letzten Jahrzehnten vermehrt Verbreitung gefunden hat.[14] Demnach erschöpft sich die metaethische Theorienbildung keineswegs in semantischen Vorklärungen, sondern umfasst auch zusätzliche Fragestellungen aus anderen Bereichen der Philosophie. Doch welche Teilbereiche sind im Rahmen einer metaethischen Untersuchung zu unterscheiden? Ein bekannter Vorschlag stammt von Geoffrey Sayre-McCord:

»Metaethics is the attempt to understand the metaphysical, epistemological, semantic, and psychological, presuppositions and commitments of moral thought, talk, and practice.«[15]

Folgt man dieser Bereichsbeschreibung, dann kann der Grundlagencharakter der Metaethik nun präzisiert werden: Um die Rahmenbedingungen für die Ausarbeitung einer normativen Ethik festzusetzen, bedarf es mehr als nur einer sprachphilosophischen Untersuchung. Eine umfassende Metaethik umfasst zusätzlich *auch* Studien aus der Philosophie des Geistes[16], der Erkenntnistheorie und der Ontologie.

Betrachtet man eine metaethische Theorienbildung nun in diesem umfassenderen Sinne, dann ist nicht ohne Weiteres zu sehen, warum es sich bei ihr um eine von der normativen Ethik isolierte Spezialdisziplin handeln sollte. Es ist vielmehr so, dass mit bestimmten Entscheidungen in den genannten vier Bereichen Weichenstellungen für die konkrete Ausformulierung einer normativen Ethik getroffen werden. Zum Beispiel: Nehmen wir an, dass sich nach einer umfassenden metaethischen Untersuchung herausstellt, dass wir moralische Urteile verwenden, um mentale Zustände auszudrücken. Gehen wir weiterhin davon aus, dass es sich bei den mentalen Zuständen um Emotionsausdrücke und Gefühlsinterjektionen handelt, die selbst weder begründbar noch begründungsfähig sind. In diesem speziellen Fall scheint ein allgemeiner Rechtfertigungsskeptizismus im Bereich der Moral unausweichlich zu sein. Mit anderen Worten: Es ist ausgehend von den genannten metaethischen Prämissen fraglich, ob überhaupt die *Möglichkeit* für die Ausarbeitung einer normativen Ethik besteht.

Sicherlich handelt es sich hierbei um eine radikale Konsequenz, die ihrerseits die Rückfrage aufwirft, ob die metaethischen Prämissen angemessen sind. Diese Problematik wird noch an anderer Stelle verfolgt werden.[17] In diesem Zusammenhang ist aber weitaus wichtiger, dass uns das dargestellte Beispiel auf ein bedeutendes Implikationsverhältnis zwischen Metaethik und normativer Ethik hinweist. Denn beide Disziplinen stehen keinesfalls unverbunden nebeneinander: Die Ergebnisse einer metaethischen Studie haben *ipso facto* Konsequenzen für die konkrete Ausgestaltung einer normativen Ethik. In diesem Licht betrachtet besteht daher kein Grund, metaethische Studien für ein verzichtbares Propädeutikum zu halten. Eine metaethische Untersuchung lenkt daher nicht von einer Begründung moralischer Urteile ab, sondern führt sogar zu ihr hin, indem sie einen wichtigen Beitrag zu einer systematischen Theorie der Moral leistet, die ihre eigenen Vorentscheidungen expliziert und kritisch hinterfragt.

2.3.2 Die zwei Herangehensweisen in der Metaethik

Der Metaethiker ist, wie man sagen könnte, ein Wissenschaftstheoretiker der normativen Ethik. Er untersucht die Voraussetzungen, die wir eingehen, wenn wir moralische Urteile treffen. Und er tut das in vier Bereichen, namentlich der Sprachphilosophie, der Philosophie des Geistes, der Erkenntnistheorie und der Ontologie. Man kann es auch so formulieren: Der Metaethiker prüft, was die Natur der Moral ist, also was wir unter moralischen Urteilen, Überzeugungen, Erkenntnissen und Tatsachen verstehen sollten. Wie aber geht man vor, wenn man als Metaethiker die Natur dieser vier Begriffe analysiert?

Um diese Frage zu beantworten, ist es lohnenswert, zunächst einen Schritt zurückzutreten und sich klarzumachen, was die obige Redeweise von der Natur der Moral bedeutet. Was heißt es, nach der Natur einer Sache zu fragen? Ich verstehe das an dieser Stelle so, dass wir nach ihren notwendigen und hinreichenden Eigenschaften fragen. Eine Eigenschaft kommt einer Sache *notwendigerweise* zu, wenn die Sache diese Eigenschaft haben muss und wenn es unmöglich ist, dass sie diese Eigenschaft nicht hat. Philosophen sagen manchmal auch: Eine notwendige Eigenschaft ist eine solche, die in allen möglichen Welten vorkommt. Zum Beispiel: Ein Junggeselle ist notwendigerweise unverheiratet. Das Unverheiratetsein gehört zu seiner Natur. Ein Junggeselle, der verheiratet ist, wäre schlicht kein Junggeselle mehr. Wenn wir nach der Natur einer Sache fragen, wollen wir aber noch mehr wissen. Wir wollen auch wissen, welche Eigenschaften zusammengenommen garantieren, dass wir es wirklich mit der Sache zu tun haben. Kurzum, wir suchen nach Eigenschaften, die *hinreichend* sind, um von der Natur einer Sache zu sprechen. Ein Junggeselle ist notwendigerweise unverheiratet, aber nicht alle Unverheirateten sind Junggesellen. Es gibt ja schließlich auch unverheiratete Frauen. Wenn wir es demgegenüber mit einem unverheirateten Mann zu tun haben, ist das hinreichend dafür, dass es sich um einen Junggesellen handelt. Man kann dann sagen: Die Eigenschaften Männlichsein und Unverheiratetsein sind notwendige und zusammengenommen hinreichende Bedingungen, um ihn für einen Junggesellen zu halten. Was bedeutet es, in der Metaethik von der Natur der zentralen Begriffe zu reden? Das sollte nun klar geworden sein. Wenn wir nach der Natur moralischer Urteile, Überzeugungen, Erkenntnisse und Tatsachen fragen, dann fragen wir nach Eigenschaften, die uns garantieren, dass wir es tatsächlich mit diesen und keinen anderen Grundbegriffen zu tun haben. Die Frage nach der Natur der Moral wäre also beantwortet, wenn der Metaethiker eine Liste von notwendigen und zusammengenommen hinreichenden Bedingungen ermitteln kann, die genau das sicherstellt.

Damit können wir zur ursprünglichen Frage nach den geeigneten Methoden zurückkommen, die sich vor diesem Hintergrund wie folgt reformulieren lässt: Wie können wir eine Liste von Bedingungen ermitteln, die uns darüber informiert, dass wir es wirklich mit den genannten moralischen Grundbegriffen zu tun haben? Hier lassen sich zwei grundlegende Strategien unterscheiden.

Zum einen gibt es eine Gruppe von Philosophen, die meinen, dass sich der Metaethiker bei der Klärung seiner Grundbegriffe grundsätzlich an den Methoden der empirischen Naturwissenschaften orientieren sollte. Dabei muss gar nicht geleugnet werden, dass es sich hierbei um inhaltlich distinkte Bereiche handelt: Der Metaethiker untersucht eher generelle Inhalte, der Naturwissenschaftler eher spezielle. Verneint wird lediglich, dass es eine bestimmte Methode und Herangehensweise gibt, die nur dem Metaethiker und nicht dem Naturwissenschaftler zur Verfügung steht. In methodischer Hinsicht sind Metaethik und empirische Naturwissenschaft also ein und dasselbe. Aus diesem Gedankengang heraus ist es daher auch nicht verwunderlich, dass diese Strategie darauf hinausläuft, metaethische Grundbegriffe im Rahmen einer naturwissenschaftlichen Begriffsexplikation zu analysieren. Für ihre Vertreter hängt dann im Weiteren viel davon ab, in einer plausiblen Weise verständlich zu machen, was eine Begriffsexplikation eigentlich ausmacht und ob sie geeignet ist, das Explikandum hinreichend zu erfassen. Diese Gruppe von Metaethikern können wir aufgrund der exponierten Rolle, die sie den Naturwissenschaften zusprechen, im Folgenden als *metaethische Naturalisten* bezeichnen.

Das ist jedoch nur die eine Seite. Zum anderen kann man nämlich auch der Meinung sein, dass es ein Arbeitsfeld des Metaethikers gibt, das keinem Naturwissenschaftler zugänglich ist. Die Metaethik, so die Vertreter dieser Ansicht, ist eine autonome Wissenschaft. Was aber spricht dafür? Man kann verschiedene Begründungen für diese These finden. Häufig anzutreffen sind aber Strategien, die eine Analyse mithilfe der Methoden der Naturwissenschaften für eine fragwürdige Verzerrung unserer alltäglichen Auffassungen über den infrage stehenden Grundbegriff halten. Dementsprechend laufen sie im Kern darauf hinaus, auf die Einseitigkeit und Unterbestimmtheit der naturwissenschaftlichen Begriffsexplikation abzustellen und demgegenüber die eigenen heuristischen Mittel der Metaethik als aussichtsreiche Alternative vorzuschlagen. Für ihre Vertreter hängt im Weiteren einiges davon ab, in einer plausiblen Weise verständlich zu machen, was diese »eigenen heuristischen Mittel« sind, welche die Metaethik von den empirischen Naturwissenschaften unterscheidet. Diese Gruppe von Metaethikern, die sich durch die Annahme einer Autonomie der metaethischen Methodik auszeichnet, können wir im Weiteren als *metaethische Autonomisten* bezeichnen.

Die Wahl zwischen einer naturalistischen oder autonomistischen Herangehensweise ist für jeden Metaethiker unausweichlich. Er muss sich zu ihr positiv oder negativ verhalten oder hat sich bereits implizit zu ihr verhalten. Gleichwohl ist zu beachten, dass es grob vereinfachend wäre, das Theorienfeld pauschal in Naturalisten und Autonomisten aufzuteilen. In der überwiegenden Anzahl an Fällen haben wir es mit gemischten Strategien zu tun, die keine einheitliche Analyse anstreben, sondern beide Strategien miteinander kombinieren. Faktisch werden nicht *alle* Begriffe mit *demselben* Analyseverfahren behandelt. Allerdings gilt: Es kann nicht *ein* Begriff mit *verschiedenen* Strategien analysiert werden. Es entsteht also zumindest in den verschiedenen metaethischen Teilbereichen ein gewisser Entscheidungsdruck, für jeweils eine Option Partei zu ergreifen.

Die Frage nach der Wahl der Herangehensweise ist eine der zentralen Fragen der Metaethik. Sie wird uns noch an verschiedenen Stellen dieses Buches begegnen. Zum einen wird sie bei der Erläuterung der Positionen, aber auch bei ihrer Kritik eine Rolle spielen. Dort werden wir vor allem genauer sehen können, wie die Wahl der Strategie die konkrete Theorienbildung beeinflusst und welche Schwierigkeiten sich daraus ergeben. Zum anderen werden wir uns mit dem Thema auch direkt beschäftigen, wenn wir uns im 7. Kapitel der naturalistischen Strategie im Kontext der moralischen Ontologie zuwenden. Dort wird es unter anderem darum gehen, ein konkreteres Bild der naturalistischen Herangehensweise zu vermitteln und auch einige allgemeine Überlegungen zu seiner Überzeugungskraft anzubringen.

3. Der Non-Kognitivismus

3.1 Die Grundidee

Der Non-Kognitivismus kann sicherlich ohne Übertreibung als diejenige Position in der Metaethik bezeichnet werden, die das Feld bis in die 1980er Jahre beherrscht hat. Zu seinen klassischen Vertretern gehören Metaethiker wie Alfred Ayer, Charles Stevenson und Richard Hare. Aber auch heute wird der Non-Kognitivismus noch vertreten und hat insbesondere mit Simon Blackburn und Allan Gibbard wirkmächtige und prominente Fürsprecher.[18] Dabei lassen sich eine Reihe von Unterschieden zwischen den Vertretern ausmachen. Gemein ist ihnen aber allen, dass sie ihren Non-Kognitivismus vor allem als eine Theorie über die Bedeutung moralischer Urteile auffassen. Was aber behauptet eine non-kognitivistische Bedeutungstheorie eigentlich?

Um diese Frage zu beantworten, ist es hilfreich, sich einige Differenzierungen zu vergegenwärtigen, die aus der sogenannten Gebrauchstheorie der Bedeutung stammen. Diese bildete sich im Rahmen der Sprechakttheorie in den 1960er Jahren heraus.[19] Eine der Grundideen dieses Ansatzes besteht darin, die Aufmerksamkeit bei der Analyse von Sprache auf ihre vielfältigen Verwendungsweisen, auf die sogenannten Sprechakte, zu lenken. Denn tatsächlich können wir mit sprachlichen Äußerungen eine ganze Reihe von Sprachhandlungen ausführen. Wir können sie verwenden, um Behauptungen aufzustellen, Geschichten zu erzählen, eine wichtige Nachricht mitzuteilen, einen Wunsch oder eine bestimmte Haltung auszudrücken, Befehle oder Appelle zu übermitteln, Versprechen zu geben oder Personen einen bestimmten Status zuzusprechen. Im Zusammenhang mit den Fragestellungen in der Metaethik ist nun von zentraler Bedeutung, welche primäre Verwendungsweise mit der Moralsprache verbunden ist. Oder unter Berücksichtigung der Terminologie der Sprechakttheorie formuliert: Welcher Sprechakt ist distinktiv für eine moralische Äußerung? Um die möglichen Antwortmöglichkeiten auf diese Frage näher zu explizieren, betrachten wir das folgende Beispiel:

> (T) »Die Generierung von embryonalen Stammzellen zu Forschungszwecken ist moralisch verwerflich.«

Hier können in einer idealtypischen Kontrastierung zwei im metaethischen Diskurs besonders verbreitete Haupttypen von Analysemustern gegenübergestellt werden.[20] So lassen sich am einen Ende des Spektrums Positionen bestimmen, die darauf insistieren, dass moralische Aussagen analog zu *assertiven Sprechakten* verwendet werden. Der primäre Zweck von assertiven Sprechakten besteht darin, eine Behauptung über das Bestehen oder Nicht-Bestehen eines durch den propositionalen Gehalt ausgedrückten Sachverhalts aufzustellen. Von dieser Zielstellung ausgehend wird häufig die prinzipielle Wahrheitsfähigkeit von assertiven Sprechakten als besonderes Charakteristikum dieser Klasse von Sprechakten bestimmt.[21] So ist der nicht-moralische assertive Sprechakt »Ich behaupte, dass das Fenster offen ist« wahr oder falsch je nachdem, ob es sich tatsächlich so verhält, wie es der Inhalt des Sprechaktes angibt. Kurz gesagt: Er ist wahr, wenn das Fenster tatsächlich offen ist, und er ist falsch, wenn es nicht offen ist. Wenn demnach moralische Sätze als assertive Sprechakte interpretiert werden, dann sind sie ebenfalls als wahrheitsdefinit zu analysieren. Betrachten wir das oben genannte Beispiel, dann ist der moralische Sprechakt (T) demnach ebenfalls genau dann wahr oder falsch, wenn es sich so verhält bzw. nicht so verhält, wie es sein Inhalt angibt. Konkret gesprochen: Wenn der Züchtung von embryonalen Stammzellen tatsächlich die moralische Eigenschaft der Verwerflichkeit zukommt, sind die Sprechakte wahr, wenn dieser Handlungsweise diese Eigenschaft nicht zukommt, sind sie falsch.

Am anderen Ende des Spektrums lassen sich Positionen verorten, deren Gemeinsamkeit darin besteht, dass sie die Angleichung von moralischen Aussagen und assertiven Sprechakten ablehnen. Die primäre Verwendungsweise der Sprache der Moral besteht gerade nicht in der Behauptung über das Bestehen oder Nicht-Bestehen von Sachverhalten. Vielmehr betonen sie, dass wir die Sprache der Moral als *expressive Sprechakte* verwenden, um etwas auszudrücken (z.B. eine Emotion, Empfehlung oder Haltung), und/oder als *direktive Sprechakte*, um die Emotion oder Haltung des Hörers kausal zu beeinflussen. Jemand, der den Satz äußert: »Die Generierung von embryonalen Stammzellen zu Forschungszwecken ist (hiermit!) moralisch verwerflich«, stellt keine Behauptung auf, dass er diese Handlungen in moralischer Hinsicht verurteilt. Vielmehr drückt der Sprecher mit seinem Urteil aus, dass er die Züchtung von Stammzellen missbilligt, und/oder er fordert jemanden auf, die Handlungen ebenfalls zu missbilligen. Diesen Unterschied zwischen Etwas-Aussagen und Etwas-Ausdrücken soll das Wort »hiermit« deutlich machen.[22]

Nun beziehen wir diese Vorüberlegungen zurück auf die Frage nach der Grundidee des metaethischen Non-Kognitivismus. Welche der beiden Optionen vertritt er? Die Antwort: Der Non-Kognitivist behauptet, dass moralische Urteile nach dem zweiten Analysemuster gedeutet werden müssen. Mit moralischen

Urteilen drückt der Sprecher eine positive oder negative Einstellung aus und/oder fordert jemanden auf, die gleiche Einstellung einzunehmen. Hier sind drei Ergänzungen zu beachten:

Erstens habe ich das Wort »primär« eingefügt, um deutlich zu machen, dass Non-Kognitivisten sehr wohl zulassen können, dass moralische Urteile zumindest in einem sekundären Sinne auch eine beschreibende Funktion haben können. Die Ausschließlichkeitsthese, also die allgemeine Skepsis gegenüber einer deskriptiven Rolle der Moralsprache, finden wir etwa bei den frühen Non-Kognitivisten Ayer und Stevenson. Spätestens seit Hare ist aber *auch* der Rückgriff auf assertive Sprechakte zu beobachten, um moralische Urteile zu charakterisieren.[23]

Zweitens habe ich oben recht pauschal von non-kognitivistischen Ansätzen gesprochen, obgleich sie in der Literatur manchmal anders bezeichnet werden, etwa als Emotivismus, Expressivismus oder Präskriptivismus. Dies habe ich getan, da alle drei Theorien von der gleichen sprachphilosophischen Grundidee ausgehen und somit der Einfachheit halber als non-kognitivistisch beschrieben werden können. Sie alle vertreten die These, dass moralische Urteile etwas ausdrücken und jemandem etwas empfehlen (oder beides). Auf die verschiedenen Definitionen und darauf, wie plausibel sie jeweils sind, werden wir noch zu sprechen kommen.[24]

Drittens dürfen wir den metaethischen Non-Kognitivismus nicht mit anderen Positionen verwechseln, wie etwa dem metaethischen Subjektivismus oder Relativismus. Der Subjektivist behauptet, dass wir mit moralischen Urteilen unsere subjektiven Einstellungen beschreiben; der Relativist vertritt eine ähnliche These, wenngleich mit größerem Einzugsbereich. Ihm zufolge beschreiben wir mit moralischen Urteilen nicht unseren eigenen Zustand, sondern die Einstellungen eines Kollektivs, zum Beispiel einer Gruppe, Gesellschaft oder Kultur. Im Gegensatz hierzu leugnet der Non-Kognitivist bereits die sprachphilosophische Voraussetzung: Er vertritt ja die These, dass wir mit unseren moralischen Urteilen überhaupt nicht beschreiben, sondern etwas ganz anderes tun, nämlich – um einige Beispiele zu nennen – eine Emotion, eine Haltung oder eine Einstellung ausdrücken. Anders als für den Subjektivisten und Relativisten stellt sich für den Non-Kognitivisten daher auch gar nicht die Frage nach den Wahrheitsbedingungen eines moralischen Urteils und welche Entitäten diese möglicherweise konstituieren.

3.2 Warum ist man ein metaethischer Non-Kognitivist?

Stellt man die Frage, warum Metaethiker dieses Deutungsmuster vertreten, dann lassen sich zumindest drei Gründe nennen, die dem Non-Kognitivismus eine gewisse Anfangsplausibilität geben.

3.2.1 Moralische Meinungsverschiedenheiten

Ein erster Grund, der den metaethischen Non-Kognitivismus für einige Metaethiker attraktiv macht, liegt in seiner Erklärung des Phänomens der moralischen Uneinigkeit. Was ist damit gemeint? Vergleicht man verschiedene Gesellschaften oder Kulturen im Hinblick auf die in ihnen vertretenen Moralvorstellungen, dann fällt es zumeist schwer, einen gemeinsamen inhaltlichen Kern auszumachen. Wir scheinen vielmehr auf eine Pluralität verschiedener und zum Teil konfligierender Moralsysteme zu stoßen, von denen nicht klar ist, ob sich in naher Zukunft eine Konvergenz unter ihnen abzeichnet. So betrachtet scheint die moralische Praxis eine interkulturelle Uneinigkeit nahezulegen. Aber damit nicht genug: Auch *innerhalb* einer Gesellschaft oder Kultur lässt sich eine beträchtliche Anzahl von persistenten moralischen Divergenzen ausmachen, wenn es um die Beurteilung von zentralen moralischen Streitfragen geht. Wir müssen also neben dem Phänomen einer dauerhaften inter- auch von einer hartnäckigen intrakulturellen Uneinigkeit ausgehen.[25] Was aber erklärt diesen Umstand? Non-Kognitivisten haben eine einfache Antwort: Der Ursprung moralischer Uneinigkeit liegt in den verschiedenen Lebensformen, zu denen wir uns mit unseren Einstellungen verhalten. Je unterschiedlicher die Lebensformen, desto unterschiedlicher sind auch unsere non-kognitiven Reaktionen. Darüber hinaus hat der Non-Kognitivist auch eine nachvollziehbare Erklärung für die Persistenz von moralischen Meinungsverschiedenheiten. Das liegt einfach daran, dass es sich bei unseren moralischen Reaktionen nicht um Glaubensannahmen, sondern um non-kognitive Einstellungen handelt. Diese aber, so lässt sich argumentieren, sind deutlich schwerer zu verändern als jene. Während Glaubensannahmen recht schnell revidiert werden können, wenn ihre Falschheit nachgewiesen wurde, gilt das für non-kognitive Einstellungen nicht. Es handelt sich bei ihnen schließlich um sozial vermittelte Reaktionen, die nur durch einen Erziehungsprozess, der unter Umständen sehr langwierig sein kann, verändert werden können. Für den Non-Kognitivisten ist es daher nicht überraschend, dass wir bei moralischen Fragen hartnäckige Meinungsverschiedenheiten konstatieren müssen. Es ist schlichtweg das Resultat dessen, was non-kognitive Einstellungen ihnen zufolge sind.

3.2.2 Die praktische Funktion moralischer Urteile

Ein zweiter Grund, warum der Non-Kognitivismus für einige Metaethiker besondere Anziehungskraft besitzt, betrifft den handlungsanleitenden Charakter moralischer Urteile. Die Zustimmung zu einem moralischen Urteil ist nicht folgenlos für das Motivationsset des Urteilenden. Wer das Urteil trifft, dass es moralisch geboten ist, hilfsbedürftigen Menschen über die Straße zu helfen, ist auch in der entsprechenden Situation motiviert, gemäß dem Inhalt dieses Urteils zu handeln. Warum aber ist das so? Die Antwort des Non-Kognitivisten ist zweiteilig: Erstens handelt es sich bei demjenigen Zustand, der die Grundlage unserer Wertungen bildet, um einen non-kognitiven Zustand. Das ist seine bekannte Grundthese. Zweitens kommt noch die Asymmetriethese hinzu, dass *ausschließlich* solche Zustände motivieren können. Es sind nicht Glaubensannahmen, sondern Wünsche und Emotionen, die das Potenzial haben, uns zu Handlungen anzuleiten. Aus beiden Annahmen folgt: Moralische Überzeugungen sind non-kognitive Zustände, jedenfalls genau dann, wenn wir an der praktischen Funktion der Moral festhalten wollen. Hierbei handelt es sich um ein klassisches und für viele um das vielversprechendste Argument, das sich zugunsten des Non-Kognitivismus ins Feld führen lässt. Allerdings ist es nicht voraussetzungslos: Viel hängt beispielsweise davon ab, wie die Verbindung (z. B. begrifflich oder kontingent) zwischen moralischen Überzeugungen und Handlungsmotiven gedeutet wird und wie überzeugend die Asymmetriethese am Ende tatsächlich ist.[26]

3.2.3 Naturwissenschaftliches Wirklichkeitsverständnis

Ein dritter Grund besteht darin, dass der Non-Kognitivismus gut zum neuzeitlichen Verständnis der Wirklichkeit passt, das sich an die modernen Naturwissenschaften anlehnt. Dieses besagt, dass nur diejenigen Tatsachen, die sich in ein sinnvolles Verhältnis zu naturwissenschaftlichen Tatsachen bringen lassen, in ontologischer Hinsicht unbedenklich sind. Das gilt auch für moralische Tatsachen: Ein Metaethiker, der behauptet, dass moralische Tatsachen ›freischwebend‹ und autark neben naturwissenschaftlichen Tatsachen existieren, setzt sich dem Verdacht aus, ein obskures und mysteriöses Reich der Werte zu restituieren – ein Wirklichkeitsverständnis, das vielen heute als ungangbare Option gilt. Aber ist das tatsächlich der Fall? Das ist eine schwierige Frage, deren Antwort nicht zuletzt davon abhängt, was wir unter einer naturwissenschaftlichen und einer moralischen Tatsache verstehen, sowie von der Frage, wie sie sich zueinander verhalten.[27] Für den Moment ist es nur wichtig, dass ein häufig angenommener Pluspunkt für den Non-Kognitivisten darin besteht, dass er die angedeutete ontologische Merkwürdigkeit vermeiden kann. Den Grund kennen wir bereits: Seine Theorie vermeidet die Frage, welche Tatsachen es denn sind, die die Wahrheitsbedingungen für moralische Urteile bilden, schon aufgrund ihrer Ausgangsstruktur. Moralische Urteile haben keine primär beschreibende Funktion, sodass wir auch nicht nach der Ontologie der *truth maker* fragen müssen, die die Beschreibung wahr oder falsch machen würde. Andererseits: Auch der Non-Kognitivist muss natürlich die Frage nach der Ontologie derjenigen Einstellungen und Haltungen beantworten, die wir gemäß seiner Position ausdrücken oder jemandem empfehlen. In dieser Hinsicht sind Non-Kognitivisten in der Regel auch dem Grundgedanken einer naturwissenschaftlichen Metaphysik verpflichtet: Alles, was existiert, ist die naturwissenschaftlich beschreibbare Wirklichkeit, und das gilt auch für die non-kognitiven Einstellungen, die wir ihr gegenüber einnehmen.

3.3 Die Auseinandersetzung mit dem Non-Kognitivismus

Nachdem wir uns mit den Gründen auseinandergesetzt haben, warum der Non-Kognitivismus eine gewisse Ausgangsplausibilität hat, versuchen wir uns nun an einer Auseinandersetzung mit seinen Grundthesen. Hierbei ist zu beachten, dass es sich beim Non-Kognitivismus um eine denkbar lange Theorientradition handelt, die von so verschiedenen Strömungen wie dem logischen Positivismus, der *ordinary language philosophy* und der modernen Evolutionsbiologie beeinflusst wurde. Es verwundert daher nicht, dass sich anknüpfend an diese Heterogenität der Ausgangspunkte auch ein kaum noch überschaubares Arsenal an Argumenten und Gegenargumenten entwickelt hat. Dieses Argumentationsgefüge zwischen Kritikern und Non-Kognitivisten ist kaum erschöpfend nachzuvollziehen. Ich werde mich daher auf die Nachzeichnung zweier Kerndebatten beschränken, die meiner Meinung nach das oft recht unsachliche Unbehagen am Non-Kognitivismus auf den systematischen Punkt bringen.

3.3.1 Das Frege-Geach-Problem

Ein konstitutives Element der moralischen Praxis ist die Fähigkeit, sich argumentativ über die Überzeugungskraft von moralischen Standpunkten zu verständigen. In diesem Zusammenhang unterscheiden wir insbesondere zwischen gültigen und ungültigen Argumenten. Eine erste Kritiklinie setzt nun bei der Frage an, ob der Non-Kognitivismus diesem Oberflächencharakter moralischer Argumentation Rechnung tragen kann – dem Umstand, dass wir im moralischen Diskurs von den üblichen Standards gültiger und ungültiger Schlüsse ausgehen. In diesem Zusammenhang ist häufig argumentiert worden, dass die non-kognitivistische Theorie zumindest dann, wenn moralische Ausdrücke in konditionale Zusammenhänge eingebettet sind, mit erheblichen Problemen konfrontiert ist. Die klassische Argumentation beruht dabei im Kern auf Ausführungen von Peter Geach, der in seinen Artikeln aus den Jahren 1960 und 1965 in Anlehnung an Gottlob Frege das sogenannte *Frege-Geach-Problem* formulierte.[28] Um zu verdeutlichen, worum es sich bei diesem Problem handelt, betrachten wir den folgenden *modus ponens*:

P_1: Folterhandlungen sind moralisch verwerflich.
P_2: Wenn Folterhandlungen moralisch verwerflich sind, dann darf man Kriegsgefangene nicht foltern.

K: Man darf Kriegsgefangene nicht foltern.

Hierbei handelt es sich offensichtlich um ein deduktiv schlüssiges Argument, bei dem die Konklusion logisch aus den Prämissen folgt. Wenn P_1 und P_2 wahr sind, dann folgt daraus, dass K ebenfalls wahr ist. Diese alltagspraktische Annahme, dass es sich beim obigen Argument um einen logisch gültigen Schluss handelt, in dem die Konklusion deduktiv aus den Prämissen ableitbar ist, erscheint als nahezu trivial. Sie ist tief in unserer alltäglichen Praxis des Begründens und Beratschlagens verankert, sodass sich im metaethischen Diskurs kaum jemand die Beweislast aufbürden will, sie für falsch zu erklären. Folgen wir jedoch dem Non-Kognitivismus, dann scheint aus seiner Theorie genau diese kontraintuitive These zu folgen. Das heißt: Die Prämissen scheinen keineswegs logisch die Konklusion zu erzwingen, sodass der angeführte Schluss für logisch ungültig erklärt werden muss.

Verdeutlichen wir uns diese Implikation anhand einer non-kognitivistischen Analyse der beiden Prämissen: Angenommen die Grundthese des Non-Kognitivismus trifft zu und ein Sprecher, der P_1 äußert, bringt mit diesem Satz eine non-kognitive Haltung zum Ausdruck. Für sich genommen kann diese Analyse möglicherweise noch eine gewisse Plausibilität aufweisen. Ein Problem entsteht jedoch in dem Moment, in dem wir das Analyseschema auf P_2 übertragen: Denn betrachten wir den Untersatz, in dem sich die gleiche Wendung (»moralisch verwerflich«) eingebettet in das Antezedens eines Konditionalsatzes befindet, dann lässt sich diese nicht ohne Weiteres als non-kognitive Haltung deuten. Begründet liegt dies darin, dass der Sinn von Konditionalsätzen gerade darin besteht, eine Proposition auszudrücken, die *indifferent* bezüglich einer moralischen Bewertung bleibt. Jemand, der das Antezedens im Untersatz äußert, gibt nur einen imaginierten Fall für einen potenziellen moralischen Sachverhalt an. Der Sprecher tut dies also, *ohne* die non-kognitive Haltung auszudrücken, dass Folterhandlungen moralisch verwerflich sind. Im Fall des Obersatzes wäre eine non-kognitivistische Analyse somit hochgradig kontraintuitiv.

Vergleichen wir nun die beiden Analyseschemata von P_1 und P_2, dann wird deutlich, dass der Non-Kognitivist den moralischen Ausdruck im Obersatz nicht in der gleichen Weise analysieren kann wie im Untersatz. Er ist auf einen logischen Fehlschluss festgelegt, der darin besteht, dass die Wendung »moralisch verwerflich« innerhalb *eines* Schlusses *unterschiedlich* analysiert werden muss. Diese Diagnose hat Folgen für die logische Gültigkeit des oben angeführten *modus ponens*: Denn würde der Non-Kognitivist diesen logischen ›Defekt‹ einräumen, dann wäre er gezwungen, den obigen Schluss, den wir intuitiv als gültig beurteilen, als logisch ungültig zu charakterisieren.

Eine augenscheinlich naheliegende Option, diese Konsequenz zu vermeiden, besteht nun darin, eine Vereinheitlichung in der Verwendungsweise von »moralisch verwerflich« anzustreben. Soll heißen: Der sich der non-kognitiven Analyse widersetzende Untersatz wird genauso wie der Obersatz nicht als Ausdruck eines non-kognitiven Zustandes gedeutet, sondern als Behauptung über das Bestehen oder Nicht-Bestehen eines Sachverhalts. In diesem Fall wäre der äquivoke Gebrauch vermieden, sodass der obige Schluss auch als Instanz des *modus ponens* anerkannt werden kann. Der Preis hierfür wäre hingegen denkbar hoch: Denn bei der These, dass moralische Aussagen analog zu Behauptungssätzen zu analysieren sind, handelt es sich um die zentrale These des metaethischen Kognitivismus. Der Non-Kognitivist hätte somit seine non-kognitivistische Ausgangstheorie bereits unter der Hand aufgegeben.

Ist damit aber das finale Urteil gesprochen? An dieser Stelle bleiben dem Non-Kognitivisten zumindest zwei Optionen:

Erstens könnte er eine *Bite-the-Bullet*-Strategie vertreten und so die Konsequenz eines äquivoken Gebrauchs der Moralsprache billigend in Kauf nehmen. Dies führt ihn dann in die kontraintuitive Situation, Schlüsse wie den *modus ponens* für logisch ungültig zu erklären. Damit aber ergeben sich Folgekosten im Hinblick auf unsere moralische Alltagspraxis. Denn beim *modus ponens* handelt es sich um einen paradigmatischen Fall für das Vorliegen inferentieller Beziehungen.[29] Er bildet unter anderem einen wichtigen Bestandteil in privaten und öffentlichen Kontexten der praktischen Deliberation, in denen es darum geht, durch die Einführung hypothetischer Fälle normative Forderungen auf ihre bindende Kraft zu testen. Insofern der Non-Kognitivist nun an seiner Verteidigungsstrategie festhält und zugesteht, dass eine solche Heuristik aufgrund logischer Defizite grundsätzlich unmöglich ist, führt dies zu revisionären Implikationen. Denn warum, so ließe sich fragen, sollten wir an einer moralischen Praktik festhalten, die sich als Irrtum herausstellt? Dass eine solche *Hardliner*-Lösung des Frege-Geach-Problems zweifelsohne eine theoretische Möglichkeit darstellt, kann nicht bestritten werden. Fraglich ist jedoch, ob sie an diesem Punkt der Dialektik nicht zu voreilig vertreten wird. Denn bevor man einen radikalen Weg beschreitet, der unsere Alltagspraxis unter Irrtumsverdacht stellt und eine tiefgreifende Revision einfordert, sollte noch einmal geprüft werden, ob dieses Vorgehen tatsächlich alternativlos ist. Lassen sich auf dem Boden des Non-Kognitivismus vielleicht noch andere Optionen ausmachen, die auf das Frege-Geach-Problem antworten, ohne dass revisionäre Folgekosten in Kauf genommen werden müssten? Hier nun setzt eine weitere Verteidigungsstrategie an.

Zweitens besteht nämlich die Möglichkeit, dass der Non-Kognitivist die oben formulierte Kritik in umgekehrter Richtung liest. Die erläuterte Schwierigkeit, dass er den Begriff der logischen Gültigkeit innerhalb von größeren Gesamtzusammenhängen nicht adäquat rekonstruieren kann, legt ihn weder auf eine revisionäre Position fest noch darauf, seinen Ansatz zugunsten eines metaethischen Kognitivismus aufzugeben, sondern verweist vielmehr auf ein noch aufzuarbeitendes Desiderat. Denn warum sollte sich bei näherer Betrachtung nicht *doch* herausstellen, dass auch die Wendung »moralisch verwerflich« in P_2 non-kognitivistisch gedeutet werden kann? Die älteren Non-Kognitivisten wie Ayer, Stevenson und Hare haben hierzu keine weiterführenden Überlegungen veröffentlicht.[30] Eine ausführliche Auseinandersetzung mit dem Frege-Geach-Problem erfolgte erst in den neueren metaethischen Ansätzen dieser Theoriengruppe, namentlich bei Simon Blackburn und Allan Gibbard.

Die Einführung von Metaeinstellungen

Eine der rezeptionsstärksten Verteidigungen stammt von Simon Blackburn und wird im 6. Kapitel in *Spreading the Word* (1984) entwickelt. Dort erläutert Blackburn zunächst seine Grundidee, die darin besteht, eine Differenzierung zwischen sprachlichen Oberflächen- und Tiefenstrukturen vorzunehmen, wovon ausgehend gezeigt wird, dass bei genauerem Hinsehen auch Konditionalsätze als non-kognitive Einstellungen gedeutet werden können. Blackburns konkreter Vorschlag besteht nun darin, dass Konditionalsätze als positive oder negative Metaeinstellungen zu bestimmten moralischen Sensibilitäten aufzufassen sind. Eine Metaeinstellung ist eine Einstellung höherer Art, also eine Einstellung zweiter Ordnung zu einer Einstellung erster Ordnung[31]; eine moralische Sensibilität wird als eine Funktion gedeutet, die als Input die Wahrnehmung bestimmter Situationen oder Sachverhalte und als Output die non-kognitive Einstellung enthält.[32] Zur Vereinfachung drückt er diesen Zusammenhang etwas technischer aus: Er wählt den Operator H! (für Hurra!) und B! (für Buh!) als Symbol für die non-kognitive Einstellung und die Variable x als Stellvertreter für das Wahrnehmungsurteil. Ein moralisches Urteil wie »x ist moralisch gut oder richtig« ist also gleichbedeutend mit der Sensibilität | H! (x) | . Entsprechend wird zum Beispiel eine negative Metaeinstellung zu einer bestimmten Sensibilität als B! | H! (x) | repräsentiert.

Nun blicken wir nochmals auf unsere Instanz des *modus ponens*:

P_1: Folterhandlungen sind moralisch verwerflich.
P_2: Wenn Folterhandlungen moralisch verwerflich sind, dann darf man Kriegsgefangene nicht foltern.

K: Man darf Kriegsgefangene nicht foltern.

Legen wir die obigen Vorüberlegungen zugrunde, lässt sich dieser nach Blackburn wie folgt formalisieren:

P_1: B! | (Folterhandlungen) |
P_2: H! (| (B! (Folterhandlungen) | ; | B! (Folterhandlungen an Kriegsgefangenen) |)

K: B! | (Folterhandlungen an Kriegsgefangenen) |

Wir können also den Konditionalsatz P_2 so verstehen, dass jemand, der diese Behauptung akzeptiert, eine Metaeinstellung ausdrückt: Er befürwortet die Kombination aus einer negativen Sensibilität gegenüber Folterhandlungen mit der negativen Sensibilität gegenüber Folterhandlungen an Kriegsgefangenen.

Was aber ist damit gewonnen? Blackburn meint, dass er damit eine non-kognitive Analyse von Konditionalsätzen gegeben hat, die es uns erlaubt, gültige von ungültigen Argumenten zu unterscheiden. Wer die eigene negative Sensibilität gegenüber Folterhandlungen in P_1 mit der positiven Metaeinstellung aus eben jener Sensibilität und der negativen Einstellung gegenüber Folterhandlungen an Kriegsgefangenen verknüpft, muss auch eine negative Sensibilität gegenüber diesen konkreten Folterhandlungen haben. Andernfalls würden wir eine Kombination von Sensibilitäten befürworten, ohne sie am Ende selbst zu haben. Das führe, wie Blackburn es nennt, zu einer gebrochenen Sensibilität, die uns nicht mehr zu Handlungen anleiten könne.[33] Was ist von diesem Vorschlag zu halten? Zunächst ist festzuhalten, dass Blackburn eine bis dato unerreicht elaborierte Analyse der Tiefenstruktur des moralischen Diskurses vorträgt. Gleichwohl wurde schon sehr früh von einigen Kritikern darauf hingewiesen, dass Blackburns semantische Theorie keine hinreichende Charakterisierung des Alltagsverständnisses von moralischer Inkonsistenz geben könne. Wer zwei moralische Prämissen p und $p \rightarrow q$ akzeptiert und auf die moralische Konklusion -q schließt, der macht, so würden wir intuitiv sagen, einen *logischen* Fehler. Aus logischen Gründen kann es nicht sein, dass p, dass p→q und dass -q. Das Problem besteht aber darin, dass Blackburn *qua* Ausgangstheorie darauf festgelegt ist, dasjenige, was man im obigen Beispiel vortheoretisch als logischen Widerspruch beschreiben würde, als einen Konflikt von non-kognitiven Einstellungen zu deuten. Wenn ein Subjekt sowohl eine positive als auch eine negative non-kognitive Einstellung zu einem Sachverhalt aufweist, handelt es sich um einen *intrapersonalen* Widerspruch, der es ihm unmöglich macht, in kohärenter Weise zu handeln. Damit ist aber offensichtlich eine andere Art von Widersprüchlichkeit bezeichnet, als wir gemeinhin im Bereich der Moral für einschlägig halten. Unter pragmatischer Inkonsistenz verstehen wir etwas anderes als unter logischer Inkonsistenz. Blackburns Theorie impliziert somit eine kontraintuitive Position im Hinblick darauf, was wir im Allgemeinen unter einem moralischen Widerspruch verstehen. Wie kann der metaethische Non-Kognitivist mit dieser Diagnose umgehen?

Möglichkeit 1: Eine erste Strategie besteht darin, die Inkompatibilität mit unserem alltäglichen Widerspruchsverständnis in Kauf zu nehmen. Es handelt sich schlichtweg um einen Irrtum, wenn wir unsere moralische Praxis in dieser Hinsicht für bare Münze nehmen. Und in der Tat lassen sich Textstellen finden, in denen einige Non-Kognitivisten mit einer solchen Strategie zu sympathisieren scheinen. So hat Blackburn in *Ruling Passions* (1998) darauf hingewiesen, dass wir unsere traditionelle Vorstellung von der logischen Gültigkeit eines moralischen (und nicht-moralischen[34]) Schlusses revidieren müssen. Nun stellt sich jedoch eine Anschlussfrage: Warum reden wir im Falle von moralischen Widersprüchen häufig so, als ob ein logischer Fehler begangen wurde? Was Non-Kognitivisten hier vorbringen müssen, ist eine

Erklärung dafür, warum wir unsere alltägliche – aber irrige – Redeweise ausgebildet haben. Manche Non-Kognitivisten machen diesbezüglich an einigen Stellen explizite Anmerkungen, die sich nicht selten auf evolutionstheoretische Überlegungen beziehen.[35] Dabei lässt sich die paradigmatische Argumentationsfigur wie folgt wiedergeben: Durch einen Prozess der genetischen Rekombination und akkumulierten Mutation werden im Laufe der Evolutionsgeschichte eines Organismus nur diejenigen Merkmale übertragen, die sich als besonders wertvoll im Hinblick auf die Förderung der eigenen Reproduktion erweisen. Ein adaptives Merkmal stellt beispielsweise die Fähigkeit dar, dass Individuen ihre Verhaltensweisen mit anderen Individuen koordinieren können.[36] In diesen evolutionsbiologischen Rahmen lässt sich nun auch die Genese der logischen Oberflächenstruktur des moralischen Diskurses einordnen. Dass wir moralische Widersprüche als ›harte‹ logische Inkonsistenzen und nicht als ›weiche‹ pragmatische Inkonsistenzen wahrnehmen, führte im Laufe der Zeit zu einer besseren Koordination des Zusammenlebens und auch zu einer Steigerung der Reproduktionswahrscheinlichkeit. Aus diesem Blickwinkel betrachtet verdankt sich die Ausbildung der irrigen alltagspraktischen Annahme also unserer evolutionären Entwicklung: Es stellt ein adaptives Merkmal dar, dass wir in der moralischen Praxis irrtümlicherweise annehmen, mit der ›Härte des logischen Zwangs‹ konfrontiert zu sein.

Möglichkeit 2: Eine weitere Strategie, die gegenwärtig von vielen für besonders aussichtsreich gehalten wird, besteht darin, eine nicht-wahrheitskonditionale Semantik zu entwerfen, die ohne Irrtumsunterstellung auskommt. Der wahrscheinlich wirkmächtigste Proponent hierfür ist Allan Gibbard, der im 5. Kapitel von *Wise Choices, Apt Feelings* (1990) einen viel beachteten Versuch unterbreitet, ein solches semantisches Programm auszuarbeiten. Eine ausführliche Darstellung des Gesamtprojekts, das sich theoretisch insbesondere an die Mögliche-Welten-Semantik anlehnt, kann im Rahmen dieser Einführung nicht gegeben werden. Es kann daher nur ein Aufriss der Grundidee erfolgen: Diese besteht darin, dass laut Gibbard sowohl bei moralischen als auch bei deskriptiven Schlüssen der *gleiche* Gültigkeitsbegriff Anwendung findet. Ermöglicht wird dies dadurch, dass sich normative Sätze, und damit *a fortiori* auch moralische Sätze, grundsätzlich in deskriptive Sätze transformieren lassen und infolgedessen beide Satztypen den gleichen logischen Standards unterworfen sind. Nach Gibbard kann ein normativer Satz ›S‹ durch einen korrespondierenden deskriptiven Satz ›S_n‹ ersetzt werden. ›S_n‹ erhalten wir dadurch, dass wir jedes normative Prädikat in ›S‹ durch ein äquivalentes deskriptives Prädikat substituieren. Wenn dieses Ersetzungsprogramm erfolgreich ist, ergeben sich wichtige Implikationen für den Gültigkeitsbegriff: Gibbard kann nämlich den obigen *modus ponens* als logisch gültig definieren, da es sich bei den jeweiligen Bestandteilen, den Prämissen und der Konklusion, um Sätze handelt, für die der traditionelle Begriff der »logischen Gültigkeit« einschlägig ist. Das heißt konkret: Es lässt sich keine mögliche Welt ermitteln, in der P_1 und P_2 wahr sind und die Konklusion als falsch ausgezeichnet werden kann. Eine solche Transformationsstrategie scheint somit eine attraktive Möglichkeit darzustellen, um intuitiv als gültig einzustufende Schlüsse auch auf der theoretischen Ebene als gültig zu bestimmen. Ob Gibbards Lösungsansatz aber in letzter Konsequenz erfolgreich ist, kann hier nicht abschließend entschieden werden. – An anderer Stelle habe ich selbst einige Einwände diskutiert, die damit zu tun haben, ob eine solche Strategie nicht bereits die non-kognitivistische Ausgangstheorie verlassen hat oder aber – falls nicht – nicht doch wieder eine kontraintuitive Analyse logischer Gültigkeit anbieten muss.[37] Allerdings: Auch für diese

Bedenken sind mittlerweile einige Verteidigungsstrategien ersonnen worden. Die Auseinandersetzung mit dem Frege-Geach-Problem ist inzwischen zu einer eigenen Industrie geworden. Es lässt sich eine kaum noch zu überblickende Anzahl an Beiträgen ausmachen, die im Rahmen dieser Einführung nicht gewürdigt werden können. Bis hierhin zeigen die Ausführungen aber vor allem eines: Non-Kognitivisten stehen dem Frege-Geach-Problem nicht, wie manchmal vermutet wird, hilflos gegenüber.[38] Wie die dialektische Auseinandersetzung mit den verschiedenen Kritiklinien gezeigt hat, ist die Erklärungskraft des non-kognitivistischen Ansatzes in diesem Zusammenhang höher, als häufig angenommen wird. Ob sie jedoch am Ende so weit reicht, dass das Frege-Geach-Problem gelöst werden kann, muss im Zuge einer ausführlicheren Auseinandersetzung entschieden werden.

3.3.2 Non-kognitive Zustände und normative Gründe

Das Frege-Geach-Problem gehört sicherlich zu den meistdiskutierten Problemen des Non-Kognitivismus. Gerade in der jüngeren Vergangenheit ist aber noch ein weiteres Problem in das Bewusstsein vieler Kritiker und Verteidiger dieser Theoriengruppe getreten. Den Ausgangspunkt bildet zunächst folgende Beobachtung über die non-kognitivistische Theorienbildung: Bereits in der frühen Theorienbildung ist zu erkennen, dass sich diese durch ein wachsendes Phänomenbewusstsein auszeichnet. Das kann in verschiedenen Bereichen konstatiert werden, besonders auffällig etwa im Bereich der praktischen Deliberation. Non-Kognitivisten ist es immer auch darum gegangen, rationale Argumentation im Bereich der Moral zu ermöglichen. Bereits bei Stevenson, Hare und den Vertretern der *good reason approach* lassen sich Stellen finden, in denen diese Zielperspektive explizit formuliert wird.[39]

Aber kann der Non-Kognitivist diesen selbstgesetzten Anspruch auch einlösen? Hier schließt nun eine Kritiklinie an, die sich direkt auf das »Gravitationszentrum« des Non-Kognitivismus bezieht. Die Bedenken lassen sich wie folgt zusammenfassen: Der Non-Kognitivismus kann die Möglichkeit, sich rational über Gründe und Gegengründe auszutauschen, nicht gewährleisten, weil seine These, dass non-kognitive Zustände die Grundlage unserer Wertungen bilden, ihm diese Möglichkeit versperrt. Der Grund hierfür liegt darin, dass non-kognitivistische Zustände für diesen Zweck denkbar ungeeignet sind, da es sich bei ihnen um nicht-rechtfertigungsfähige Entitäten handelt. Der Non-Kognitivismus habe demnach im Herzen seiner Theorie ein Moment der willkürlichen und nicht-begründungsfähigen Wahl. Er nähert sich einer Position an, die wir als moralischen Nihilismus bezeichnen können – die Ansicht, dass es *keine* Möglichkeit gibt, zwischen besseren und schlechteren Gründen für oder gegen ein Moralurteil zu unterscheiden.

Es ist leicht zu sehen, warum diese Diskussionsebene von einigen sogar für fundamentaler gehalten wird als diejenige, auf der das Frege-Geach-Problem diskutiert wird. Beim Frege-Geach-Problem geht es darum, ob der metaethische Non-Kognitivismus die inferenziellen Beziehungen zwischen den von ihm veranlagten non-kognitiven Zuständen in eingebetteten Kontexten angemessen rekonstruieren kann. Wenn wir diesem Problem jedoch nachgehen wollen, müssen wir auch wissen, was eigentlich diejenigen Zustände sind, die in solche Beziehungen eintreten sollen. Das heißt aber auch: Wenn wir auf der Ebene der Individuierung bereits fundamentale Schwierigkeiten nachweisen können, erübrigt sich die Auseinandersetzung mit dem Frege-Geach-Problem.

Aber bilden Non-Kognitivismus und Nihilismus tatsächlich eine *liaison dangereuse*? Um dieser Frage nachzugehen, betrachten wir die Möglichkeiten, wie der Non-Kognitivist seine Grundthese explizieren kann. Oder fragen wir ganz direkt: Was ist eigentlich ein non-kognitiver Zustand? Um diese Frage zu beantworten, kann der Non-Kognitivist auf mindestens drei Kandidaten hinweisen:

Kandidat 1: Eine erste Möglichkeit besteht darin, dass der Non-Kognitivist den non-kognitiven Zustand in einem schwachen Sinne als Implikat *jeden* intentionalen Handelns deutet. Ein so gedeuteter non-kognitiver Zustand wird im Anschluss an Donald Davidson auch als *pro-* oder *con-attitude* bezeichnet. Davidson versteht darunter eine Werteinstellung, die jemandem *ex post* zugeschrieben wird, etwa weil wir sein Verhalten über einen längeren Zeitraum hinweg beobachtet haben.[40] Aus diesem trivialen Zusammenhang zwischen unproblematischer Zugänglichkeit und nachträglicher Zuschreibung ergibt sich aber zugleich ein Problem. Die Crux einer solchen Bestimmung besteht nämlich darin, dass wir einen so definierten non-kognitiven Zustandstyp gerade nicht als einen Grund im normativ relevanten Sinne erfahren, um verständlich zu machen, dass etwas dafür spricht, einen bestimmten moralischen Standpunkt einzunehmen. Dieses Ergebnis ist keine Überraschung: Denn beim individuierten Zustand handelt es sich um ein Produkt unserer Zuschreibungspraxis und nicht um eine eigenständige Klasse mentaler Zustände. So verstanden kann der non-kognitive Zustandstyp daher allenfalls als sprachlicher Designator dafür dienen, dass man an einer bestimmten moralischen Handlungsweise überhaupt »etwas findet«. Was dieses »etwas« allerdings in ontologischer Hinsicht auszeichnet, wird dann offengelassen.

Kandidat 2: Als weitaus aussichtsreicher erscheint da schon eine zweite Möglichkeit. Der Non-Kognitivist könnte nämlich einen non-kognitiven Zustand nicht nur als eine *Maßeinheit* für bereits vollzogene Handlungen deuten, sondern auch als *Maßstab* für zukünftige Handlungen. Was aber kennzeichnet diesen so verstandenen non-kognitiven Zustandstyp? Eine problemgeschichtlich besonders wirkmächtige Strategie besteht darin, ihn als appetitiven Zustand mit einem bestimmten phänomenalen Gehalt zu bestimmen. Paradigmatisch finden wir sie bei den klassischen Emotivisten wie Ayer.[41] Für diese Vertreter ist es eine bestimmte Erlebnisqualität, die non-kognitive Zustände von anderen mentalen Zuständen unterscheidet. Für den klassischen Non-Kognitivisten ergaben sich aus dieser These wesentliche Einwände gegenüber seiner Theorie. So war sein Ansatz stets der kritischen Nachfrage ausgesetzt, wie mit Situationen zurechtzukommen ist, in denen jemand moralisch urteilt, ohne dass eine erkennbare phänomenale Qualität vorliegt. Dies hatte bereits einige Vertreter, wie Stevenson, zu einer Absage an diesen Definitionsversuch bewogen.[42]

Kandidat 3: Viele Non-Kognitivisten beschreiten daher noch einen anderen Weg. Für sie ist es nicht der spezifische Erlebnischarakter, sondern die Verbindung zwischen non-kognitivem Zustand und Handlungsmotivation, die ein distinktives Merkmal dieser Klasse von Zuständen darstellt. Das ist etwa eine Strategie, die Allan Gibbard wählt, wenn er seinen Begriff der »normative governance« erläutert. Darunter versteht Gibbard das Merkmal non-kognitiver Zustände, unser Verhalten in einer bestimmten Weise zu motivieren.[43] Hierauf ist zweierlei repliziert worden: Zum einen wird im metaethischen Diskurs vielfach darauf hingewiesen, dass es durchaus kein distinktives Merkmal von non-kognitiven Zuständen darstellt, einen handlungsanleitenden Charakter zu besitzen. Dass etwa auch anderen mentalen Zuständen (oder sogar von ihnen unabhängigen Tatsachen) eine motivationale Kraft innewohnt, ist eine These, die insbesondere in den letzten Jahren vermehrt diskutiert wird.[44] Wichtiger ist in diesem Zusammenhang jedoch ein anderer Punkt. Es ist nämlich bezweifelt worden, ob die so bestimmten non-kognitiven Zustände die ihnen zugedachte Rolle als rechtfertigender *End*punkt eines normativen Bewertungsprozesses tatsächlich erfüllen können. Verdeutlichen wir uns diese Bedenken an einem Beispiel. Nehmen wir etwa an, dass eine Person P durch einen dispositionalen Drang dazu motiviert ist, ihre Familie zu verlassen, um als Entwicklungshelfer in Afrika zu arbeiten. Kann man in diesem Fall davon sprechen, dass diese Person einen guten Grund hat, ihren bisherigen Arbeitsplatz zu kündigen, ihre Familie zurückzulassen und stattdessen als Entwicklungshelfer zu arbeiten? In der Regel fällt unsere Antwort negativ aus. Begründet liegt dieses Urteil darin, dass ausgehend von einer nicht weiter rationalisierbaren Handlungsdisposition von Person P nicht einsichtig gemacht werden kann, welche normativen Gesichtspunkte überhaupt dafür sprechen könnten, dieses Ziel zu verfolgen. Eher erscheint die Handlungsweise vergleichbar mit einer pathologischen Zwangshandlung. Denn wo besteht eigentlich der Unterschied zwischen einer nicht weiter begründbaren Neigung, das Heimatland zu verlassen, und einem zwanghaften Putz- oder Waschdrang? Die motivierende Neigung allein scheint in diesem Fall allenfalls eine *kausale Erklärung* dafür zu sein, dass Person P ihr Heimatland verlässt. Einen *guten Grund*, um diese Handlungsweise rational verständlich zu machen, bildet ihre Motivationslage aber nicht.

Solche und vergleichbare Fälle legen es nahe, dass non-kognitive Zustände, für die sich keine weiteren Gründe angeben lassen, keine geeigneten Kandidaten darstellen, um moralische Handlungsweisen zu rechtfertigen – sie erscheinen als kategorial ungeeignet, um diese Rolle in angemessener Weise übernehmen zu können. Es drängen sich also Bedenken gegenüber dem Non-Kognitivisten auf, wie sie oben beschrieben wurden: Wie soll ein

Ansatz, der nicht verständlich machen kann, welche Gesichtspunkte für oder gegen einen moralischen Standpunkt sprechen, eine normative Orientierung für unser Handeln ermöglichen? Natürlich haben viele Non-Kognitivisten diese Diagnose nicht einfach hingenommen, sondern ihrerseits Verteidigungsstrategien entwickelt. Drei solcher Strategien lassen sich unterscheiden:

Erste Verteidigungsstrategie:
Der Non-Kognitivist kann versuchen, der formulierten Schwierigkeit dadurch Rechnung zu tragen, dass er non-kognitive Zustände nicht als die einzige Quelle von Handlungsbewertungen zulässt. Er könnte also zugestehen, dass sich Beispiele formulieren lassen, in denen es nachvollziehbar ist, non-kognitive Zustände nicht als *Quelle*, sondern lediglich als *Überträger* von normativer Kraft zu deuten. Eine solche systeminterne Korrektur der Ausgangstheorie beinhaltet das Zugeständnis, dass sich neben non-kognitiven Zuständen auch davon distinkte Entitäten auffinden lassen, die moralische Urteile rationalisieren können.[45] Sehen wir an dieser Stelle davon ab, dass eine solche Strategie wie das Musterbeispiel einer arbiträren *Ad-hoc*-Lösung anmutet, dann scheint sie darüber hinaus den argumentationslogischen Status des Einwandes nicht zu beachten. Die diagnostizierte Schwierigkeit besteht nämlich nicht darin, dass non-kognitive Zustände nicht die *einzige* Quelle guter Gründe sein können, sondern sie vielmehr strukturell ungeeignet sind, *überhaupt* die Basis für moralische Handlungsbewertungen zu bilden. Die Rechtfertigung einer Handlung mittels eines non-kognitiven Zustandes erscheint in der Praxis ungeeignet und wird aus der deliberativen Perspektive des Handelnden als pathologischer Grenzfall erlebt. Wir empfinden uns als entfremdet von unseren eigenen Werteinstellungen, wenn wir diese nicht durch weitere Gründe verständlich machen können.

Zweite Verteidigungsstrategie:
Warum aber sollte diese Diagnose ein Problem darstellen? Diese Frage führt uns unmittelbar auf eine weitere Verteidigungsstrategie, die darin besteht, die konstatierte Folgenlast bereitwillig zu übernehmen. Non-Kognitivisten könnten demnach einfach eingestehen, dass ihre Position eine skeptische Haltung im Hinblick auf die Begründbarkeit moralischer Urteile impliziert. An dieser Stelle verweisen Kritiker häufig auf die revisionären Implikationen dieser Einsicht: Denn in der Regel gehen wir davon aus, dass wir in der moralischen Praxis die moralische Qualität eines Urteils differenzieren können. Wenn sich aber nun herausstellt, dass es sich hierbei um einen Irrtum handelt, erscheint es nur konsequent, auch die moralische Praxis in einer Weise umzustellen, die dieser Einsicht gerecht wird. Das haben auch viele Vertreter des Non-Kognitivismus bemerkt und ihrerseits Gegenstrategien entwickelt. Zwei von ihnen seien kurz genannt:

Zum einen finden sich argumentationslogische *Hardliner*-Verteidigungen, die revisionäre Implikationen überhaupt nicht als Adäquatheitskriterium einer metaethischen Theorienbildung akzeptieren. Warum sollten bestimmte Konsequenzen uns davon abhalten, eine bestimmte metaethische Theorie zu vertreten? Hierauf lässt sich jedoch erwidern: Die Annahme, dass wir moralische Standpunkte im Hinblick auf ihre normative Qualität unterscheiden können, ist tief in unserer alltäglichen Praxis des Begründens und Beratschlagens verankert. Sie aufzugeben bedeutet daher auch, einen erheblichen Teil unserer Praxis aufzugeben – ein hoher Preis, den man nicht vorschnell zahlen sollte. Vor diesem Hintergrund drängen sich daher Zweifel auf, ob es sich bei der Verteidigung einer solchen Position um mehr als einen letzten Ausweg handeln kann, die ihre Attraktivität aus dem Mangel an theoretischen Alternativen bezieht.

Zum anderen können Non-Kognitivisten aber auch den Versuch unternehmen, die praktischen Folgekosten ihrer Theorie zu bestreiten. So hat Simon Blackburn darauf hingewiesen, dass eine metaethische Analyse unseres moralischen Denkens und Sprechens keineswegs dazu führt, dieses auch entsprechend zu verändern.[46] So ähnlich wie eine sozialpsychologische Erklärung des Lachens nicht dazu führe, dass wir aufhören herzhaft zu lachen, führe auch eine non-kognitivistische Theorie der Begründungspraxis nicht dazu, dass wir aufhören, unsere moralischen Begründungen ernst zu nehmen. Diesem Gedankengang von Blackburn folgend hat der Non-Kognitivismus auf der Ebene der theoretischen Reflexion also keinerlei Konsequenzen für diejenigen Annahmen, die wir auf der Ebene der moralischen Praxis unterstellen. Was ist davon zu halten? Zunächst ist darauf abzustellen, dass Blackburns Konklusion entscheidend davon abhängt, dass beide Ebenen tatsächlich keine inhaltlichen Diffundierungsverhältnisse aufweisen. Und das ist eine These, gegen die sich durchaus Gründe anführen lassen.[47] Aber lassen wir diese Kontroverse einmal beiseite und gehen davon aus, dass sich diese zugunsten von Blackburn entscheiden lässt. In diesem Fall ist schließlich immer noch der Aspekt zu beachten, dass es sich dabei am Ende um eine denkbar komplexe Theorie handelt. So muss Blackburn immerhin behaupten, dass wir a) in der moralischen Praxis einem Irrtum aufgesessen sind, sich b) dieser Irrtum non-kognitivistisch erklären lässt und diese Erklärung c) wiederum keine revisionären Rückwirkungen auf unsere Praxis nach sich zieht. An dieser Stelle wäre daher zu fragen, ob es nicht doch metaethische Theorien gibt, die eine weitaus sparsamere Theorienbildung aufweisen. Zwei von ihnen, die explizit diesen Anspruch haben – den Konstruktivismus und den Realismus –, werden wir in den folgenden beiden Kapiteln noch kennenlernen.[48]

Dritte Verteidigungsstrategie:
Diesem Gedankengang folgend könnte der Non-Kognitivist sich wiederum auf sein Ausgangsprogramm besinnen und nach einer geeigneten Bestimmung des non-kognitiven Zustandes suchen. Wie aber könnte eine Definition aussehen? Das ist eine schwierige Frage, da insbesondere der Fokus auf die motivationale Wirkung einen Anknüpfungspunkt bot, der besonders gut zu den eigenen Motiven der non-kognitivistischen Theorienbildung zu passen schien. So wurde bereits in Kapitel 3.2 erläutert, dass Non-Kognitivisten besonders stark von der Intuition zehren, dass die Anerkennung eines moralischen Urteils nicht folgenlos für das Motivationsset des wertenden Subjekts ist. Die Aufgabe der motivationalen Wirksamkeit als distinktives Merkmal würde dem Non-Kognitivismus daher viel von seiner Anziehungskraft nehmen. Man könnte sogar fragen, ob es sich noch um eine Theorie handelt, die mit dem ›Geist des Non-Kognitivismus‹ vereinbar ist, also überhaupt noch dessen Namen verdient. Für den Non-Kognitivisten hängt an dieser Stelle viel davon ab, ob er einen Kandidaten für die Individuierung benennen kann, der es ihm einerseits erlaubt, an der Möglichkeit normativer Gründe festzuhalten, ohne andererseits seine Ausgangstheorie bereits aufzugeben. Ob das möglich ist, wird gegenwärtig kontrovers diskutiert. Hier sind vor allem die sogenannten Hybrid-Theorien zu nennen, die diese (und andere) Schwierigkeit(en) der ›alten‹ Non-Kognitivismen aufnehmen und einer dem eigenen Anspruch nach neuartigen Lösung zuführen.[49] Ob das tatsächlich der Fall ist und inwieweit diese Ansätze überzeugen können, bedarf jedoch noch einer eingehenderen Prüfung. Im gegenwärtigen Diskurs finden sich hierzu bisher nur skizzenhafte Auseinandersetzungen, die noch keine finalen Rückschlüsse zulassen.

3.4 Fazit und Ausblick

Es sollte deutlich geworden sein, dass der metaethische Non-Kognitivismus nicht nur eine viel rezipierte, sondern auch eine leistungsfähige Theorie im metaethischen Diskurs darstellt. Die Auseinandersetzung mit den Einwänden zeigte, dass dem Non-Kognitivisten zahlreiche Möglichkeiten offenstehen, um auf die geäußerten Bedenken einzugehen. Eine schnelle und einfache Widerlegung ist daher nicht zu erwarten. Nichtsdestoweniger lassen sich aber vor dem Hintergrund der vorangegangenen Überlegungen bereits einige zentrale Gelenkstellen nennen, an denen eine Kritik ansetzen könnte. Zum einen wurde im Rahmen der Auseinandersetzung mit dem Frege-Geach-Problem deutlich, dass der Non-Kognitivist Schwierigkeiten damit hat, unseren alltäglichen Begriff von logischer Gültigkeit in eingebetteten Kontexten zu rekonstruieren. Zum anderen hat sich gezeigt, dass das Programm des Non-Kognitivismus auf Schwierigkeiten trifft, wenn es um die Individuierung von non-kognitiven Zuständen geht, da solche Zustände ungeeignet scheinen, normative Gründe zu fundieren. Gleichwohl wurde nicht ausgeschlossen, dass der Non-Kognitivist diese Probleme nicht doch lösen kann.

Ebenso wurde aber auch deutlich, dass eine solche Lösung aufgrund der Grundstruktur dieses Theorientyps denkbar komplex wäre: Non-Kognitivisten müssen zunächst die Oberflächenstruktur des moralischen Diskurses als irrige Illusion entlarven und anschließend etwas aufdecken, was man als Tiefenstruktur der moralischen Praxis ansehen kann. Sie müssen eine »Theorie des Dahinter« entwerfen, die (1) eine non-kognitive Theorie des Explikats liefert, (2) eine Erklärung dafür finden, wie es überhaupt zur Ausbildung der irrigen Oberflächenstruktur gekommen ist, und (3) erläutern, wie sich diese Erkenntnis auf das moralische Selbstverständnis des Urteilenden auswirkt. So verstanden ist eine non-kognitivistische Analyse mit Blick auf die Erklärungsleistung komplexer als eine Analyse, die die Gehalte der moralischen Praxis gleichsam *at face value* nimmt.

Das ist natürlich noch kein schlagkräftiges Gegenargument, aber wirft zumindest die Frage auf, warum wir diesem aufwendigen ›Arbeitsauftrag‹ nachgehen sollten. Warum sollten wir überhaupt das aufwendige Programm des Non-Kognitivismus weiter verfolgen? Erinnern wir uns noch einmal daran, warum Metaethiker dem Non-Kognitivismus anhängen. Non-Kognitivisten leben vor allem von der Intuition, dass moralische Urteile eine praktische Funktion haben, also nicht belanglos für unser Motivationsset sind, wobei sie diese Annahme mit einem naturwissenschaftlichen Hintergrundverständnis kombinieren. Hier stellen sich aber zwei Fragen: Zum einen ist fraglich, ob nicht auch andere Theorien diese Intuitionen bedienen können, ohne die Schwierigkeiten des Non-Kognitivismus in Kauf nehmen zu müssen; zum anderen wäre zu fragen, ob die Motive überhaupt überzeugend sind oder nicht wiederum selbst auf kritikwürdigen philosophischen Annahmen beruhen.

Der ersten Frage nach den Alternativen wird in den beiden folgenden Kapiteln nachgegangen, in denen es um den metaethischen Konstruktivismus und um den Realismus geht; die zweite Frage nach der philosophischen Überzeugungskraft der Motive und den mit ihnen verbundenen Hintergrundannahmen wird in den Kapiteln 6 und 7 ins Blickfeld gerückt.

3.5 Weiterführende Lesehinweise

Die umfassendste Einführung zum metaethischen Non-Kognitivismus ist sicherlich Schroeder (2010). Dort werden auch die verschiedenen Versionen dieser Theoriengruppe minutiös unterschieden. Ebenso findet sich dort eine ausführliche Auseinandersetzung mit den zentralen Schwierigkeiten, insbesondere mit dem Frege-Geach-Problem. Eine detailreiche Auseinandersetzung bietet auch Miller (2003), insbesondere in den Kapiteln 3, 4 und 5. Für eine ideen- und problemgeschichtliche Aufarbeitung der non-kognitivistischen Theorienbildung siehe Hallich (2008), Kap. A, II und A, III und Rüther (2013), Kap. 3-7.

Einige klassische Texte der non-kognitivistischen Theorienbildung sind Ayer (1946); Stevenson (1937, 1944); Hare (1952); Blackburn (1984), Kap. 5 und 6, Blackburn (1993, 1998); Gibbard (1990, 2003). Zwei schon ältere, aber immer noch gewinnbringende Einführungen, die insbesondere eine gute Rekonstruktion der Motive des Non-Kognitivismus bieten, sind Satris (1987) und McNaughton (1988).

Es gibt, wie bereits erwähnt, eine umfangreiche Literatur zum Frege-Geach-Problem. Als Einstieg empfehle ich die Beiträge Geach (1960, 1965), in denen das grundlegende Problem formuliert wird, sowie die ersten Lösungsversuche in Blackburn (1984), Kap. 6.2 und Blackburn (1988). Einige unmittelbare Auseinandersetzungen mit den frühen non-kognitivistischen Verteidigungen finden sich in Hale (1993), Schueler (1988) und van Roojen (1996). Für den gegenwärtigen Diskussionsstand sollte man wiederum die Einführungen von Miller und Schroeder zu Rate ziehen. Nicht erläutert wurde in unserem Kapitel über den Non-Kognitivismus der Versuch, das Frege-Geach-Problem über den Rekurs auf eine minimalistische Wahrheitstheorie zu lösen. Eine exzellente Auseinandersetzung hierzu findet sich in Dreier (2004).

Die allgemeinen Probleme, die mit der Normativität moralischer Urteile zu tun haben, werden ausführlich in Miller (2003) diskutiert. Die von mir erläuterten spezielleren Bedenken, die sich vorwiegend auf den schwierigen Zusammenhang von non-kognitiven Zuständen und normativen Gründen beziehen, werden besonders nachdrücklich in Jackson/Pettit (1998) und Smith/Stoljar (2003) geschildert. Lesenswert sind auch die Ausführungen in Shafer-Landau (2003), Kap. 1, III, die aber eher einführenden Charakter haben. Einige bereits klassische Texte, die die nihilistischen Tendenzen des Non-Kognitivismus besonders prägnant ins Zentrum ihrer Überlegungen rücken, sind Velleman (1992), Quinn (1993), Korsgaard (1997), Hampton (1998) und Raz (2001).

In den gegenwärtigen Diskussionen findet man eine neuere Version des Non-Kognitivismus, die manchmal von ihren Vertretern als »Hybrid-Theorie« bezeichnet wird und einige interessante und innovative Lösungen der alten Probleme des Non-Kognitivismus verspricht. Wer sich mit ihnen befassen möchte, dem seien Ridge (2006) und Schroeder (2009) nahegelegt. Für eine Kritik, die sich auf die Kompatibilität dieser Theorien mit der Grundidee des Non-Kognitivismus bezieht, siehe Rüther (2013), Kap. 2.4.

4. Der Konstruktivismus

4.1 Die Grundidee

In der politischen Philosophie stellt der Konstruktivismus schon lange eine etablierte Theorie dar, deren Bedeutung und Relevanz kaum angezweifelt wird. Zwar ist man mit Blick auf seine Erfolgsaussichten geteilter Meinung, wenig bestritten wird jedoch, dass es sich um einen Ansatz handelt, der in der Theorienbildung – entweder affirmativ oder ablehnend – Berücksichtigung finden muss. Im Gegensatz hierzu kann der Konstruktivismus in der Metaethik nur auf eine vergleichsweise kurze Theoriengeschichte zurückblicken.[50] Bekannt geworden ist er vor allem durch die Arbeiten von Christine Korsgaard und Sharon Street, die in den letzten Jahren mit ihren Aufsätzen und Büchern viel beachtete Meilensteine gesetzt haben, auch wenn sie den metaethischen Konstruktivismus nicht aus der Taufe gehoben haben. Seine Grundidee ist älter und wird häufig mit den Theorien von David Hume und Immanuel Kant in Verbindung gebracht. Und vielleicht sind es auch diese historischen Anknüpfungspunkte, die dazu geführt haben, dass der Konstruktivismus momentan eine der am kontroversesten diskutierten Theoriengruppen in der Metaethik ist. Was aber behaupten seine Vertreter? Etwas vereinfacht können wir die Grundthese wie folgt wiedergeben:

> Die normative Verbindlichkeit eines moralischen Urteils wird dadurch hergestellt, dass das wertende Subjekt ein noch näher zu charakterisierendes Verfahren ausführt.[51]

Wir erkennen die Nähe zum Non-Kognitivismus. Ähnlich wie dieser zeichnet sich auch der Konstruktivist durch eine *Attitude-dependent*-Konzeption[52] von moralischer Normativität aus. Moralische Verbindlichkeiten existieren nicht, wie man metaphorisch formulieren könnte, irgendwo »in der Welt«, sondern werden vom Subjekt hervorgebracht. In der genauen Bestimmung der Subjektivitätsleistung unterscheiden sich aber beide Theoriengruppen. Für den Non-Kognitivisten sind es nicht-wahrheitsfähige Zustände, die als letzte Quelle und Ursprungsgrund ausgemacht werden. Für den Konstruktivisten ist es, wie wir oben gesehen haben, eine bestimmte Prozedur, die vom Subjekt ausgeführt wird und *in diesem Zuge*[53] moralische Verbindlichkeiten herstellt. Natürlich können darin auch non-kognitive Zustände vorkommen. Bei ihnen kann es sich aber bestenfalls um Überträger von normativer Kraft handeln, zum Beispiel insofern sie in die richtige Methode involviert sind. Eigentlicher Träger ist aber das Konstruktionsverfahren, das die moralische Verbindlichkeit auf die non-kognitiven Zustände transferiert. Wie aber sieht ein solches Verfahren aus? Hier können wir zwei idealtypische Varianten unterscheiden:

Eine erste Version lässt sich als *formalistischer Konstruktivismus* bezeichnen. Sie wird gegenwärtig zum Beispiel von Lisa Bagnoli, James Lenman und Sharon Street vertreten. Die formalistischen Vertreter gehen von einer denkbar bescheidenen Charakterisierung des Konstruktionsverfahrens aus. Das heißt konkret: Sie sehen das Verfahren lediglich durch formale Bedingungen bestimmt, zum Beispiel Konsistenz, Kohärenz und Wohlüberlegtheit.[54] Woraus ergeben sich diese Bedingungen? Die Vertreter dieser Version gelangen zu ihnen durch eine Analyse des moralischen Standpunktes, den wertende Subjekte einnehmen, wenn sie moralische Urteile fällen. Damit ist eine philosophisch explizierbare Struktur gemeint, die in jeder Entität realisiert ist, die man zu Recht ein moralisch wertendes Subjekt nennt. Um ein Missverständnis zu vermeiden: Dass es sich um formale Kriterien handelt, muss nicht heißen, dass sich auf der formalistischen Theorienbasis keine inhaltlichen Regeln und Normen formulieren lassen.[55] Bestritten wird von den Vertretern lediglich, dass sich inhaltliche Regeln bereits aus der Analyse des rationalen Standpunktes ergeben. Dass sich jedoch später im Rahmen einer normativen Ethik zeigen kann, dass bestimmte Regeln für alle moralischen Subjekte gelten, wird nicht ausgeschlossen.

Eine zweite Version lässt sich als *substanzieller Konstruktivismus* bezeichnen. Hierbei handelt es sich um die am weitesten ausgearbeitete Variante des Konstruktivismus, die entsprechend zahlreiche Vertreter hat. Zu ihren bekanntesten gehören Jürgen Habermas, Christine Korsgaard und David Velleman. In Abgrenzung zu der formalistischen Variante beruft sich diese Version nicht lediglich auf formale, sondern auch auf inhaltliche Bedingungen des Konstruktionsverfahrens. Ausgangspunkt ist dabei wiederum eine philosophische Analyse des rationalen Standpunktes, wobei dieser von verschiedenen Bezugspunkten ausgehend untersucht werden kann. Bekannt sind etwa transzendental-philosophische Analysen der menschlichen Vernunft, sprachpragmatische Untersuchungen des kommunikativen Handelns oder auch semantische Untersuchungen der zentralen Begriffe »Grund«, »Handlung« oder »Zweck«. Getragen werden diese Ansätze zumeist von der gleichen Ambition: Es soll gezeigt werden, dass aus der Einnahme des moralischen Standpunktes etwas inhaltlich Gehaltvolles folgt, wobei damit häufig die Hoffnung verbunden wird, universelle und invariante moralische Normen und Regeln zu formulieren.

Es ist allerdings zu beachten, dass es sich bei der formalistischen und der substanziellen Variante um zwei Idealtypen des Konstruktivismus handelt, die *in concreto* häufig in gemischter Form auftreten. Man kann beispielsweise mit Blick auf bestimmte Problembereiche durchaus substanzieller Konstruktivist sein und in anderen Bereichen eine formalistische Variante vertreten. So könnte jemand die Verbindlichkeit des Instrumentalisierungsverbots damit verteidigen, dass diese sich direkt aus der Analyse des moralischen Standpunktes ergibt, während andere positive Ansprüche, wie etwa die freie Berufswahl oder das Recht auf Eigentum, unabhängig von der metaethischen Analyse begründet werden müssen.

Man kann das Verhältnis zwischen den beiden Konstruktivismen auch als Kontinuum beschreiben. Dabei bildet der substanzielle Konstruktivismus den Endpol auf der einen Seite des Kontinuums, der formalistische Konstruktivismus bildet den anderen Endpol. Wenn wir nun bei einer Extremposition der substanziellen Variante starten, vertreten wir die These, dass sich alle moralischen Ansprüche auf die philosophisch explizierbaren Strukturen des moralischen Standpunktes zurückführen lassen. Je weiter wir uns allerdings in Richtung der formalistischen Variante bewegen, umso kleiner wird diejenige Menge von Ansprüchen, die sich aus der Analyse ergeben. Wenn wir schließlich am anderen Endpol des formalistischen Konstruktivismus angelangt sind, ist die Menge substanziell begründeter Ansprüche gleich null. Das Verfahren enthält lediglich formale Bedingungen. Daran anschließend können wir noch drei Ergänzungen vornehmen:

Erstens erkennen wir, dass der metaethische Konstruktivismus eine ontologische und keine inhaltlich-ethische These darstellt. Er kann so von einer Position unterschieden werden, die manchmal unter dem Label »ethischer Konstruktivismus« verhandelt wird. Ethische Konstruktivisten sagen uns etwas darüber, welches Verfahren wir anwenden sollen, um im Bereich der Moral zu den richtigen Ergebnissen zu kommen. Bekannte Vorschläge sind etwa die Idee von John Rawls, dass wir das moralisch Richtige im Rahmen eines hypothetischen Gedankenexperiments ermitteln können, mit dem sogenannten ›Schleier des Nichtwissens‹; die Vorstellung von Thomas Scanlon, dass wir das moralisch Gebotene daran erkennen, dass es nicht rationalerweise zurückgewiesen werden kann; oder der Vorschlag von David Copp, der davon ausgeht, dass das moralisch Richtige genau dasjenige ist, was eine Gesellschaft rationalerweise wählen sollte.[56] Metaethische Konstruktivisten verhalten sich demgegenüber neutral. Sie sagen uns nichts darüber, welches Verfahren uns zu den richtigen moralischen Urteilen führt, sondern darüber, worin eigentlich der ontologische Ursprung unserer Verpflichtungen begründet liegt, nämlich darin, dass ein bestimmtes Verfahren angewendet wird. Für metaethische Konstruktivisten ist das Verfahren also kein Mittel zur moralischen Erkenntnisgewinnung, sondern diejenige Entität, die moralische Verbindlichkeit allererst hervorbringt.[57]

Zweitens können wir nun genauer sehen, was den Konstruktivisten vom Non-Kognitivisten unterscheidet. Non-Kognitivisten behaupten, dass die Quelle moralischer Normativität in bestimmten, non-kognitiven Zuständen liegt. Konstruktivisten hingegen finden den mentalen Zustand nicht hinreichend, um die ontologische Konstitutionsleistung zu erbringen. Er muss wenigstens minimalen formalen Bedingungen unterliegen, um als genuin moralischer Zustand gelten zu können. An dieser Stelle soll aber nicht verschwiegen werden, dass es durchaus Versuche gibt, beide Theorienlager zu versöhnen. Der prominenteste Weg besteht dabei darin, den Non-Kognitivismus auf den Bereich der Sprachphilosophie und der Philosophie des Geistes einzuschränken. So behauptet etwa der bekannte Non-Kognitivist Allan Gibbard, dass wir mit moralischen Urteilen zwar primär non-kognitive Zustände ausdrücken, diese jedoch erst dadurch moralisch relevant werden, dass sie ein bestimmtes Verfahren durchlaufen haben.[58] Welchen Bedingungen dieses Verfahren unterliegt, wird von ihm dann im Rahmen einer non-kognitivistischen Theorie der Rationalität untersucht.

Drittens muss noch erwähnt werden, dass die hier als metaethischer Konstruktivismus bezeichnete Theorie manchmal auch unter anderen Namen firmiert und etwa als Subjektivismus oder Relativismus bezeichnet wird. Hierzu folgende zwei Anmerkungen: Zum einen bin ich der Auffassung, dass man die genannten Ismen sinnvollerweise als Unterfälle des Konstruktivismus beschreiben kann.[59] Zum anderen habe ich den Terminus »Konstruktivismus« gewählt, weil er deutlich macht, dass es sich bei der ontologischen Konstitution von moralischer Geltung um einen subjektiven Konstruktionsakt handelt. Anders als die beiden oben genannten Termini betont er in besonderer Weise die ontologische Spitze gegen realistische Positionen, die den Ursprung moralischer Geltung jenseits subjektiver Leistungen verorten. Und diese Ablehnung scheint mir, wie wir im Folgeabschnitt noch sehen werden, ein zentrales Movens dieser Theoriengruppe zu sein.

4.2 Warum ist man ein metaethischer Konstruktivist?

Wir haben bereits gesehen, dass sich zwei grundlegend verschiedene Versionen des Konstruktivismus ausmachen lassen. Jeder dieser Versionen liegt ein eigenes Motivationsprofil zugrunde, was sie jeweils von anderen Konstruktivismen abgrenzt. Allerdings gibt es auch einige Gemeinsamkeiten. Hier lassen sich zumindest vier Aspekte nennen:

4.2.1 Eine neue Normativitätsquelle und die Möglichkeit praktischer Deliberation

Ein erster Grund für die Attraktivität des Konstruktivismus besteht für viele darin, dass seine Vertreter von einer gewissen Subjektrelativität der Moral ausgehen, ohne zugleich den Standardproblemen subjektivistischer Theorien ausgesetzt zu sein. Ein Problem wurde im vorigen Kapitel genannt: Subjektive Zustände, wie sie im Non-Kognitivismus eine Rolle spielen, scheinen als Quelle der Normativität ungeeignet zu sein, da sie Handlungen nicht rationalisieren können. Damit aber stellen sie die Möglichkeit praktischer Deliberation insgesamt infrage. Diese Kritik wird von den Konstruktivisten geteilt, wobei sie gleichzeitig einen Gegenvorschlag unterbreiten. Dieser geht davon aus, dass es nicht der subjektive Zustand ist, sondern ein vom Subjekt ausgeführtes Verfahren, das die Quelle all unserer moralischen Verpflichtungen darstellt. Aber warum ist dieser neue Vorschlag dem non-kognitivistischen überlegen? Hierauf geben Konstruktivisten die folgende Antwort: Wenn wir von einem Verfahren ausgehen, bewegen wir uns immer schon im Kontext der praktischen Deliberation. Ein Verfahren anzuwenden bedeutet ja nichts anderes, als einen rationalen Standpunkt einzunehmen, von dem ausgehend Gründe und Gegengründe ausgetauscht werden können. Mit anderen Worten: Die Möglichkeit praktischer Deliberation ist bereits in der Grundstruktur des Konstruktivismus angelegt.

4.2.2 Die Hoffnung auf eine gehaltvolle normative Theorie

Neben diesen metanormativen Interessen des Konstruktivismus lassen sich aber auch handfeste inhaltliche Motive ausmachen. Es ist für viele nicht nur so, dass der Konstruktivismus eine vielversprechende Alternative in der Metaethik bildet, sondern zugleich auch das Sprungbrett für eine inhaltliche Theorie der Moral bereitstellt.[60] Seine Attraktivität liegt demnach auch in der Eröffnung einer ethischen Perspektive, die von den verschiedenen Konstruktivismen unterschiedlich realisiert wird: Formalistische Konstruktivisten gehen eher von inhaltsarmen Konstitutionsverfahren aus, etwa solchen, die lediglich formal prüfen, ob ein Interesse oder eine Konvention konsistent, wohlüberlegt und frei von Zwang ist. Diese Theorien werden dann nicht selten zu Theorien des aufgeklärten Eigeninteresses ausgebaut, die dem ethischen Kontraktualismus nahestehen. Substanzielle Konstruktivisten hingegen nehmen häufig nicht nur eine formale, sondern auch eine inhaltliche Formulierung von Prüfregeln vor. Diese substanziellen Regeln werden etwa durch metaethische Präsuppositionsanalysen oder andere Verfahren ermittelt, wobei sowohl die Geltungs- als auch die Anwendungsreichweite jeweils vom zugrunde gelegten Verfahren abhängt. Entsprechend vielgestaltig sind auch die normativ-ethischen Ausformungen, die vom Utilitarismus über die Tugendethik bis zu eher kantisch orientierten Ethiken reichen.

4.2.3 Der praktische Charakter der Moral

Ein dritter Grund für die Anziehungskraft des Konstruktivismus betrifft den praktischen Charakter moralischer Urteile. Damit ist gemeint, dass unsere moralische Zustimmung uns in der Regel auch ein Motiv gibt, entsprechend zu handeln. Natürlich gibt es Ausnahmen und ebenso lässt sich über die modale Stärke dieser Verbindung streiten. Unbestritten ist jedoch, dass wir im Alltag davon ausgehen, dass die Zustimmung zu einem moralischen Urteil nicht folgenlos für das Motivationsset des Urteilenden ist. Man ist gegenüber moralischen Urteilen nicht in der gleichen Weise motivational indifferent wie gegenüber Urteilen, die die biologische, chemische oder physikalische Zusammensetzung eines Gegenstandes betreffen. Hierfür bieten Konstruktivisten eine einfache Erklärung: Es ist ein Verfahren, welches moralische Geltung hervorbringt – ein Verfahren, das von Subjekten angewendet wird und hierdurch moralische Verbindlichkeit erzeugt. Nimmt man als Zusatzannahme eine psychologistische Motivationstheorie hinzu, die davon ausgeht, dass allein subjektinterne Zustände motivieren können, erhält man einen denkbar »kurzen« Weg zum Motivationsset: Es kann nun je nach unterstelltem Verhältnis zwischen guten Gründen und Handlungsmotivation behauptet werden, dass der konstruierte Inhalt aus sich heraus motiviert ist oder seine motivationale Kraft auf vermittelte Weise entfaltet. Allerdings hängt auch diese Erklärung, wie schon bei der Diskussion des Non-Kognitivismus angemerkt, von den sie tragenden Prämissen in der Motivationstheorie ab, etwa von der Prämisse, dass einzig psychische Zustände des Subjekts motivieren können. Hierauf werden wir in Kapitel 6 noch zu sprechen kommen.

4.2.4 Die Vermeidung von ontologischen Folgekosten und das naturwissenschaftliche Weltbild

Einen vierten Grund, der den Konstruktivismus für viele Metaethiker attraktiv macht, teilt er mit dem metaethischen Non-Kognitivismus. Genauso wie dieser scheint jener nicht behaupten zu müssen, dass moralische Wahrheiten subjektunabhängige Entitäten sind, die einen eigenständigen Bestandteil der Wirklichkeit ausmachen. Aber warum finden viele Konstruktivisten das eigentlich problematisch? Das liegt darin begründet, dass sich viele Konstruktivisten einem naturwissenschaftlichen Weltbild verpflichtet fühlen. Das heißt, sie gehen davon aus, dass der Goldstandard für ontologische Respektabilität in natürlichen Tatsachen liegt, also in solchen, die durch die modernen Naturwissenschaften ermittelt werden. Im gleichem Atemzug scheint es für viele aber auch plausibel zu sein, dass moralische Tatsachen von naturwissenschaftlichen unterschieden werden müssen. Moralische Tatsachen haben Merkmale, die naturwissenschaftliche nicht haben, etwa ihre motivationale und handlungsanleitende Kraft. Aber werden moralische Tatsachen damit nicht zu merkwürdigen Entitäten, die zu einer Wiederverzauberung[61] der Wirklichkeit führen? Diese Konsequenz wollen Konstruktivisten vermeiden. Sie vertreten ja, wie wir gesehen haben, die These, dass moralische Geltung im Rahmen eines Konstruktionsverfahrens generiert wird, nicht durch Tatsachen, die unabhängig davon existieren. Der Konstruktivist kann demnach die Annahme von normativitätstragenden Entitäten *in rerum natura* vermeiden. Allerdings: Auch Konstruktivisten müssen etwas zum Status ihres Verfahrens sagen und wie sich dessen Bestandteile zu natürlichen Tatsachen verhalten. Hierin aber sehen seine Vertreter häufig nur geringe Probleme. Sie halten das jeweils ermittelte Konstitutionsverfahren und die darin befindlichen normativen Bedingungen entweder für ontologisch eigenständig oder aber auf natürliche Tatsachen und Eigenschaften rückführbar.[62] In beiden Fällen wird davon ausgegangen, dass ein solches Verfahren – ob in seinen Bestandteilen irreduzibel oder nicht – weitaus weniger mysteriös ist als die Annahme der Existenz von subjektunabhängigen moralischen Wahrheiten.

4.3 Die Auseinandersetzung mit dem Konstruktivismus

Es wurde bereits erwähnt, dass der Konstruktivismus in der Metaethik eine noch recht junge Theoriengruppe darstellt. Dessen ungeachtet hat er bereits einigen Widerhall in der Literatur gefunden. So sind in den letzten Jahren bereits einige Monografien, Sammelbände und Überblicksartikel erschienen, aus denen sich eine rege Auseinandersetzung erkennen lässt.[63] Dabei ist die inhaltliche Bandbreite der diskutierten Kritikpunkte enorm, was sicherlich auch mit der Heterogenität der möglichen Konstruktivismen zusammenhängt. – Zwischen den Endpolen des formalistischen und des substanziellen Konstruktivismus lassen sich ganz verschiedene Ansätze versammeln, die Anlass für eine Kritik geben könnten. Im Weiteren möchte ich aus diesem Arsenal zwei Kritiklinien näher in den Fokus rücken, die allerdings nicht willkürlich gewählt sind. Es handelt sich nämlich um solche, die zum einen besonders geeignet sind, die Position des Konstruktivismus weiter zu schärfen, zum anderen aber auch erkennen lassen, wo sich meiner Ansicht nach zentrale Schwierigkeiten dieser Theoriengruppe verbergen.

4.3.1 Das Problem der moralischen Kontingenz

Eine erste Kritiklinie geht von der Frage aus, welche Implikationen sich für unser praktisches Überlegen ergeben, wenn wir eine konstruktivistische Theorie zugrunde legen. Das Ziel der praktischen Deliberation besteht darin, herauszufinden, was wir in einer bestimmten Situation alles in allem gesehen tun sollen. Um das leisten zu können, müssen wir wissen, was für oder gegen eine Handlung spricht. Das heißt, wir müssen zwischen guten und schlechten Gründen unterscheiden. In diesem Zusammenhang, so scheint es, gehen wir nun auch davon aus, dass manche Gründe moralisch fragwürdig sind, das heißt, sie sind deshalb schlecht, weil sie etwas von uns fordern, was wir *aufgrund ihres Inhalts* für moralisch falsch halten. Machen wir uns das an einem Beispiel deutlich, welches in der metaethischen Literatur eine breite Rezeption findet – das Beispiel des römischen Kaisers Caligula.[64] Caligula gilt gemeinhin als Musterbeispiel des unmoralischen Sadisten, der sichtlich Freude daran hatte, dem römischen Volk großes Leid zuzumuten. Man kann sagen, dass die sadistische Freude offensichtlich ein Grund für ihn war, die entsprechenden Handlungen auszuführen. In diesem Zusammenhang fällt unsere moralische Einschätzung eindeutig aus: Wir halten die sadistische Freude für keinen guten Grund, um die absichtliche Verursachung von großem Leid zu rechtfertigen, im Gegenteil, wir halten sie sogar für ein moralisch höchst fragwürdiges Motiv, dessen Relevanz für Caligula uns Aufschluss über dessen depravierten Charakter gewährt.

Was ist das Problem für den Konstruktivisten? Dieses besteht für einige Kritiker darin, dass dieser eine solche intuitive Beurteilung infrage zu stellen scheint. Konstruktivisten behaupten ja, dass moralische Geltung das Resultat der Anwendung eines Verfahrens ist. Subjekte nehmen den moralischen Standpunkt ein und überlegen, welche Gründe für oder gegen eine Handlung sprechen. Gleichzeitig wird aber der moralische Überlegungsprozess nicht inhaltlich qualifiziert, sondern lediglich durch formale Bedingungen limitiert. Auf den Fall von Caligula bezogen: Es muss geprüft werden, ob dieser konsistente, kohärente und wohlüberlegte Urteile gefällt hat. Wenn das der Fall ist, hat er sich in moralischer Hinsicht nichts vorzuwerfen. Das aber scheint nicht prinzipiell ausgeschlossen. Warum sollten nicht auch Sadisten wie Caligula in diesem Sinne durchaus rationale und damit moralisch angemessene Urteile treffen können? Wenn das aber so ist, erscheint der Konstruktivismus in hohem Maße kontraintuitiv: Es scheint ein zentraler Bestandteil der deliberativen Praxis zu sein, dass wir von der Existenz von Gründen ausgehen, die – wie die sadistische Freude – in inhaltlicher Hinsicht höchst fragwürdig sind. Auf diesen Vorwurf kann der Konstruktivist auf mindestens dreierlei Weisen reagieren:

Option 1: Er könnte eine harte Linie vertreten und seinerseits zum Gegenangriff überleiten. Das ist etwa eine Strategie, die Sharon Street in verschiedenen Publikationen ausgelotet hat.[65] Street gesteht zwar zu, dass ihre konstruktivistische Theorie eine gewisse Kontraintuivität generiert, vielleicht sogar zu einer Revision der Praxis Anlass gibt, meint jedoch, dass diese Konsequenz mit Blick auf die Alternativen immer noch das kleinere Übel sei.[66] Klar ist aber auch: Diese Einschätzung hängt entscheidend davon ab, wie plausibel und gewichtig die Argumente gegenüber der vermeintlich intuitiv besser bewerteten Alternative sind. In diesem Fall betrifft das die Auseinandersetzung mit dem metaethischen Realismus, den wir im nächsten Kapitel noch kennenlernen werden. Ebenso betrifft es aber auch den Mitbewerber im eigenen Lager, also den substanziellen Konstruktivismus, der die Formulierung von inhaltlichen Kriterien für möglich hält. Auf diese Position und ihre Schwierigkeiten werden wir unten noch zu sprechen kommen.

Option 2: Der Konstruktivist könnte zusätzlich versuchen, eine Irrtumstheorie mit Blick auf die Existenz von inhaltlichen Rationalitätsstandards zu formulieren. Diese könnte dann erklären, wie wir überhaupt fälschlicherweise davon ausgehen konnten, dass es solche Standards gibt und warum sich ihre Annahme so hartnäckig gehalten hat. Beliebter Ausgangspunkt für eine solche Irrtumstheorie ist beispielweise der Hinweis auf die Internalisierung von inhaltlichen Standards im Rahmen eines vorgängigen Sozialisationsprozesses.[67] Demnach könnte die grundsätzliche Abwertung der sadistischen Freude als das Ergebnis von sozialem Druck und Zwang gedeutet werden, die eine Gesellschaft auf das Individuum ausübt. Gegen eine solche Strategie lässt sich Folgendes vorbringen: Sie setzt schon voraus, was eigentlich noch gezeigt werden müsste, nämlich die Nicht-Existenz von inhaltlichen Rationalitätsstandards. Denn blicken wir genauer auf den Status der Irrtumstheorie, scheint sie diesen Streit schon vorzuentscheiden. Sie hat ihre Berechtigung ja nur vor dem Hintergrund, dass inhaltliche Standards nicht existieren. Andernfalls würde fraglich, warum wir deren irrige Annahme überhaupt erklären müssten. Die Formulierung einer Irrtumstheorie ist daher allenfalls ein Zusatz, der bereits eine erfolgreiche Argumentation gegen inhaltliche Kriterien voraussetzt.

Option 3: Der Konstruktivist könnte der Kritik entgegenkommen und zugestehen, dass weder die *Hardliner*-Option noch die Irrtumstheorie aussichtsreich sind. Im Anschluss kann er seinerseits den Versuch unternehmen, inhaltliche Rationalitätsstandards zu formulieren. In diesem Zusammenhang erfährt die sogenannte Konstitutionstheorie, wie sie beispielsweise von Christine Korsgaard und David Velleman vertreten wird, besondere Aufmerksamkeit.[68] Gemeinsam ist beiden, dass sie von einer begrifflichen Analyse des Handlungsbegriffs ausgehen. Die zentrale Überlegung lautet in aller Kürze: Eine Handlung auszuführen bedeutet, das konstitutive Ziel zu verfolgen, das eigene Selbst zu konstituieren bzw. den Wunsch zu haben, sich selbst verstehen zu lernen. Aus diesem einfachen Grundgedanken, so meinen Korsgaard und Velleman, lassen sich weitere Grundregeln ableiten, wobei Velleman hier sehr viel bescheidener ist als Korsgaard. Die Details und Inhalte der Ableitung sind für die hiesigen Zwecke allerdings unerheblich. Wichtiger ist, dass wir erkennen, wie die Konstitutionstheorie auf das Problem einer inhaltlichen Qualifikation reagieren kann. Ihre Vertreter versuchen, durch begriffliche Analysen substanzielle Inhalte zu gewinnen, und zwar solche, die in der Folge auch als inhaltliche Rationalitätsstandards fungieren.

Hierbei handelt es sich um die drei wohl am häufigsten vertretenen Gegenstrategien des Konstruktivismus auf die vorgebrachte Kritik. Aber welche Strategie sollte der Konstruktivist wählen? Es wurde bereits erläutert, dass Option 2 lediglich eine Zusatzstrategie darstellt. Sie kann beispielsweise mit der *Hardliner*-Option zusammengeführt werden und diese ergänzen. Demzufolge muss der Konstruktivist sich also entscheiden, ob er entweder die Existenz von inhaltlichen Gründen leugnet oder einen Versuch unternimmt, diese auf dem Boden seiner Theorie zu rechtfertigen. Hinsichtlich des Verhältnisses zwischen diesen beiden Optionen ist aber zu sagen, dass Letztere aus Gründen der höheren Konvergenz mit den Gehalten der Alltagspraxis vorzuziehen ist. Der Konstruktivist sollte zunächst versuchen, der Phänomenologie gerecht zu werden – was im Übrigen auch einer Verteilung der Beweislast entspricht, wie sie von Konstruktivisten in der Regel akzeptiert wird.[69] Wenn sich dann herausstellen sollte, dass der Versuch einer phänomengerechten Theorie scheitert, bleibt immer noch die *Hardliner*-Option, inklusive einer anschließbaren Irrtumstheorie, als letzte Ausfahrt übrig.

Wie aber sind die Erfolgsaussichten für die Formulierung von inhaltlichen Rationalitätsstandards? Als Beispiel betrachten wir die oben schon erwähnte Konstitutionstheorie. Hier seien zwei kritische Nachfragen erläutert:

Die erste Nachfrage bezieht sich auf die Vollständigkeit der konstitutiven Ziele.[70] Lassen sich tatsächlich *alle* Rationalitätsstandards auf *ein* konstitutives Ziel zurückführen? Hierauf geben einige Kritiker eine negative Antwort, was klassischerweise durch Gegenbeispiele belegt wird. So halten wir viele Rationalitätsstandards für gültig, obwohl sie sich nur schwer mit konstitutiven Zielen zusammenbringen lassen. Einige Standards seien sogar intuitiv plausibel, obwohl sie konstitutiven Zielen wie der Selbstvergewisserung oder der Selbsterkenntnis zuwiderlaufen. Als Alternative wird daher vorgeschlagen, die monistische These aufzugeben und stattdessen plurale Konzeptionen in den Blick zu nehmen.

Die zweite Nachfrage an die Konstitutionstheorie ist noch grundlegender, da sie nicht nur auf eine Modifikation des Ansatzes zielt, sondern auf die Fragwürdigkeit seines philosophischen Ausgangspunktes. Inhaltlich bezieht sie sich auf den Wert von begrifflichen Analysen für die normative Ethik. Oder als Frage formuliert: Was folgt eigentlich inhaltlich aus dem begrifflichen Wissen darüber, was wir unter einer guten Handlung verstehen? Die Antwort vieler Kritiker ist: Nichts Gehaltvolles, bestenfalls noch das instrumentelle Rationalitätsprinzip![71] Begründet liegt diese Skepsis bei vielen vor allem in der Ansicht, dass begriffliche und nicht-begriffliche Erkenntnisse streng zu trennen sind. Demzufolge kann aus der Konstitutionstheorie nichts Inhaltliches folgen, weil sie uns etwas über begriffliche Erkenntnisse sagt, die eine andere Art von Erkenntnissen sind. Oder um es mit einem Slogan von Sharon Street zu sagen: Ohne substanziellen Input kein substanzieller Output![72] Die Kritikstrategien, um das zu demonstrieren, sind ganz verschieden. Eine Variante besteht etwa darin zu zeigen, dass begriffliche Wahrheiten in der Metaethik mit allen möglichen ethischen Inhalten kompatibel sind. Demnach lässt sich aus begrifflichen Überlegungen also genau deshalb nichts Gehaltvolles folgern, weil sich schlicht alles aus ihnen folgern lässt. Das bedeutet: Die Konstitutionstheorie muss, um ihr Ziel – die Ermittlung von inhaltlichen Rationalitätsstandards – zu erreichen, selbst inhaltliche Voraussetzungen eingehen. Das wären allerdings schlechte Nachrichten für die Erfolgsaussichten des Ansatzes. Die Pointe der Konstitutionstheorie bestand gerade darin, aus begrifflichen Analysen inhaltliche Rationalitätsstandards abzuleiten. Der Nachweis, dass dieser Weg nicht gangbar ist, würde daher wohl oder übel zur Aufgabe des Ansatzes führen.

An dieser Stelle können wir unsere Auseinandersetzung abbrechen und einige Schlussfolgerungen formulieren: Obgleich sich einige bedenkenswerte Kritikpunkte anführen lassen, haben wir gesehen, dass der Konstruktivismus dem Kontingenzeinwand einiges entgegenhalten kann. Aus der Perspektive einer phänomengerechten Theorie erscheint es vor allem aussichtsreich, selbst inhaltliche Standards zu formulieren. Ob das möglich ist, ist nicht einfach zu beantworten, sondern führt uns in die Untiefen einer Debatte darüber, ob und wie viel Inhaltliches sich aus begrifflichen Überlegungen ableiten lässt. Aber selbst dann, wenn man mit Blick auf diese Möglichkeit skeptisch ist, bleibt dem Konstruktivisten immer noch die Möglichkeit, eine harte Linie zu fahren. Wie aussichtsreich diese ist, hängt aber auch stark davon ab, wie überzeugend die metaethischen Alternativen sind.

4.3.2 Das Problem der ontologischen Quelle

Während die erste Kritiklinie auf die Frage abzielte, ob die Möglichkeit von inhaltlicher Kritik besteht, setzt die zweite Kritiklinie bei der Frage nach dem Ursprung moralischer Verpflichtung an. Es geht also nicht um die Inhalte der Moral, sondern um die ontologische Beschaffenheit derjenigen Dinge, die überhaupt

Geltung ermöglichen. Welche Entitäten sind es eigentlich, die gemäß dem Konstruktivismus moralische Geltung »in die Welt« bringen? Betrachten wir einige Kandidaten:

Kandidat 1: Wünsche
Die Möglichkeit, Wünsche als die ontologische Quelle von guten Gründen zu bestimmen, haben wir bereits im Zusammenhang mit der Diskussion der non-kognitiven Zustände diskutiert.[73] Fraglich erschien dort, ob diese tatsächlich eine intuitiv adäquate Rekonstruktion der intrinsischen Normativität von Gründen geben können. – Und zwar ganz unabhängig davon, ob wir Wünsche über ihren dispositionalen Charakter, ihre motivationale Kraft oder ihre phänomenale Qualität individuieren. Aber vielleicht gibt es ja noch einen anderen Weg? An dieser Stelle lohnt sich ein Blick auf einen Versuch, der insbesondere in der jüngeren Vergangenheit an Aufmerksamkeit gewonnen hat. Die Grundidee besteht in der These, dass Wünsche und Gründe in einem begrifflichen Zusammenhang stehen.[74] Wenn wir demnach Gründe angeben, dann wollen wir auch die entsprechende Handlung ausführen. Und werden nicht *alle* unsere Handlungen *immer* schon in dieser Weise von uns gewollt? Man kann sich leicht klarmachen, warum die begriffliche These das Normativitätsproblem lösen würde. Dieses bestand darin, dass Wünsche keine Gründe fundieren können. Wenn jetzt aber nachgewiesen würde, dass Wünsche notwendigerweise immer mit Gründen verbunden sind, hätten auch Wünsche eine rationalisierende Kraft. Aber sind damit alle Probleme beseitigt? Das ist offensichtlich nicht so. So haben etwa Joseph Raz und Thomas Scanlon zu Recht darauf hingewiesen, dass die Vertreter der begrifflichen Einheitsthese zwischen einem Wollen im engen und in einem weiten Sinne[75] unterscheiden müssen: In einem trivialen, weiten Sinn von »Wollen« ist es tatsächlich so, dass wir jede Handlung gewollt haben.

Wer eine bestimmte Handlung ablehnt, hat sie offensichtlich nicht gewollt. Offen bleibt in diesem Fall jedoch, welche Entitäten es sind, die diejenigen Gründe fundieren, die gegen die Handlung sprechen. Und genau das müssen wir ja wissen, um den begrifflichen Zusammenhang zwischen zwei *Entitäts*klassen behaupten zu können. Wenn der Konstruktivist daher die begriffliche These auf eine informative Weise anwenden will, muss er »Wollen« in einem engen Sinne verstehen. Das bedeutet aber auch, dass er Entitäten angeben muss, die die Quelle normativer Gründe bilden. Gemäß der Ausgangsstrategie kommt hier nur der Hinweis auf Wünsche infrage. Damit aber begibt sich der Konstruktivist in die gleiche Gefahr wie der Non-Kognitivist. Ähnlich wie bei diesem wird auch bei jenem fraglich, ob sich die subjektiven Zustände in einer Weise individuieren lassen, ohne dass sie ihre rationalisierende Kraft verlieren. Der Weg über eine begriffliche Einheitsthese führt den Konstruktivisten also auf ein Dilemma: Entweder er versteht »Wollen« in einem weiten Sinn, dann wird seine These trivial, weil er keine Auskunft über die relevanten ontologischen Entitäten gibt. Oder der Konstruktivist deutet »Wollen« in einem engen Sinn, sodass eine informative ontologische Bestimmung möglich wird. In diesem Fall wird auch fraglich, ob er sich am Ende noch vom Non-Kognitivismus abgrenzen kann – die Probleme des Non-Kognitivisten scheinen auch die Probleme des Konstruktivisten zu sein.

Kandidat 2: Eine neue Klasse von Zuständen – Das Beispiel der normativen Einstellungen

Ausgehend von der Kritik an der rationalisierenden Kraft von Wünschen kann der Konstruktivist auch einen anderen Weg beschreiten. Dieser besteht darin, eine neue Klasse von mentalen Zuständen einzuführen. Ein Beispiel hierfür liefert Sharon Street in ihrem Aufsatz *Constructivism about Reasons* (2008). Ihr Ausgangspunkt besteht darin, die entscheidende Basisentität als eine normative Einstellung (»normative attitude«) zu charakterisieren. Hierbei handelt es sich nicht um eine *ex post* ermittelbare Disposition, sondern um einen mentalen Zustand, der sich unter anderem über seinen phänomenalen Gehalt bestimmen lässt. Dieser sei auch nicht schwer zu ermitteln, denn nach Street kennen wir alle die Erfahrung, dass bestimmte Situationen oder Umstände bestimmte Reaktionen von uns fordern, das heißt bestimmte Gründe für Handlungen nahelegen.[76] Demnach müssen wir uns nur vorstellen, wie es sich anfühlt (»what it is like«), wenn wir einen Grund für die eine oder andere Handlung haben. Aber ist damit tatsächlich das Problem der fehlenden rationalisierenden Kraft gelöst, wie es oben am Beispiel der Individuierung von Wünschen angedeutet wurde? Nach Street ist das der Fall, denn eine normative Einstellung zeichnet sich nicht nur dadurch aus, dass sie ihren phänomenalen Gehalt aufweist. – Diesen könnten Wünsche ja auch haben. Der entscheidende Unterschied zu Wünschen bestehe vielmehr darin, dass eine normative Einstellung uns zugleich normative Teilhabe (»normative entailment«) ermöglicht.[77] Damit ist die Verbindung einer normativen Einstellung mit guten Gründen angesprochen. Wer eine normative Einstellung hat, kann nicht neutral gegenüber den Gründen bleiben, die er ihr gegenüber hat. Vielmehr, so Street, scheint das Haben einer normativen Einstellung zu implizieren, dass auch Gründe für sie sprechen. Im Gegensatz zu Wünschen scheinen normative Einstellungen daher Handlungen rationalisieren zu können. Gleichwohl hat auch Streets Strategie ihre Schwächen. Die offensichtlichste besteht wahrscheinlich darin, dass es eigentlich eine bloße Behauptung ist, dass normative Einstellungen normative Teilhabe ermöglichen. Für diese These benötigen wir ein substanzielles Argument, denn die Verbindung ist durchaus nicht unmittelbar einleuchtend. Im Gegenteil: Warum sollten wir annehmen, dass das *bloße* Haben einer normativen Einstellung schon für oder gegen diese spricht? Intuitiv scheint es nicht die Einstellung zu sein, die eine Handlung nachvollziehbar macht, sondern die Tatsache, dass die Handlung wertvoll oder geboten ist. Street stellt scheinbar die Begründungsverhältnisse auf den Kopf: In der Regel deuten wir die Tatsache, dass etwas eine gute Einstellung ist, als diejenige Entität, welche der Einstellung ihren normativen Wert verleiht – nicht umgekehrt. Und auch Street scheint das zu sehen, denn sie akzeptiert einen solchen phänomenologischen Befund explizit.[78] Warum aber nimmt sie diesen dann nicht für bare Münze? Zu vermuten ist, dass sie Vorbehalte gegenüber dem metaethischen Realismus hegt. Es ist nämlich, wie sie selbst zugibt, die Schwäche der realistischen Position, die ihrem kontraintuitiven Ansatz neue Nahrung gibt und ihn als attraktive Alternative erscheinen lässt.[79] Wenn das aber stimmen sollte, hängt für Street viel davon ab, überzeugende Einwände anzuführen, die gegen das realistische Projekt sprechen. Aber lassen sich tatsächlich schlagkräftige Bedenken formulieren? Diese Frage kann an dieser Stelle nicht beantwortet werden. Wir werden jedoch auf sie zurückkommen, wenn wir uns im nächsten Kapitel mit dem Realismus auseinandersetzen und ein konkreteres Bild vor Augen haben, was seine Vertreter eigentlich behaupten und welche Schwierigkeit sich hieraus ergeben.

Kandidat 3: Natürliche Eigenschaften

Ein dritter Vorschlag lässt sich paradigmatisch am Beispiel der Theorien von Thomas Scanlon und Michael Smith erläutern. Beide wählen dabei ganz unterschiedliche Herangehensweisen an die Theorie normativer Gründe: Scanlon nähert sich in *What We Owe to Each Other* (1998) normativen Gründen im Rahmen einer Kritik teleologischer Werttheorien, wie sie etwa von G. E.

Moore vertreten wurde; Smiths Ausgangspunkt in *The Moral Problem* (1994) ist ein diagnostiziertes Spannungsverhältnis zwischen Handlungsrechtfertigung und Motivation. Gemeinsam ist beiden jedoch folgende Grundüberlegung: Aussagen darüber zu treffen, was es heißt, einen guten Grund zu haben, bedeutet, ein Urteil darüber zu fällen, was wir wollen würden, wenn wir vollständig rational wären. Aber was ist es eigentlich, was wir unter den Bedingungen vollständiger Rationalität wollen würden? An dieser Stelle müssen wir ein Missverständnis vermeiden: Die Frage ist nicht so zu verstehen, dass sie danach fragt, was wir *inhaltlich* wollen würden. So gesehen hilft uns ein Hinweis auf universelle Gründe, zum Beispiel begründet im Rahmen einer möglichen Konstitutionstheorie, nicht weiter. Es geht nicht um die Frage danach, welche Gründe universelle Gründe sind, sondern darum, *von welcher Art* diese (und alle anderen) Gründe sind.[80] Vertreter, die wie Smith und Scanlon moralische Normativität über den Begriff der vollständigen Rationalität erklären, verweisen zumeist auf natürliche Eigenschaften als ontologischen Fluchtpunkt, wenngleich die Verwendung von nicht-natürlichen Begriffen (z. B. evaluative oder normative) möglicherweise aus epistemischen Gründen unverzichtbar bleiben könnte.[81, 82] Leitend ist für beide die Idee einer epistemologischen und ontologischen Sparsamkeit: Ontologisch kann auf die Annahme einer evaluativen Wirklichkeit verzichtet werden, epistemologisch tritt an die Stelle der Frage nach ihrer Zugänglichkeit die hypothetische Frage danach, was wir unter den Bedingungen vollständiger Rationalität wünschen sollten. Gleichwohl sind diese Überlegungen auch nicht unumstritten. Insbesondere zwei Aspekte können als kritisch erachtet werden: Zum einen stellt die Einführung von natürlichen Eigenschaften den Grundansatz des Konstruktivismus infrage. Es handelt sich ja um Eigenschaften, die ihre Geltung nicht durch das Verfahren, sondern unabhängig von ihm erhalten.

Zum anderen erscheint fraglich, ob natürliche Eigenschaften überhaupt in der geforderten Weise Handlungen rationalisieren können. Interessanterweise ist das eine Schwierigkeit, die auch Scanlon in neueren Arbeiten zugestanden hat. So erwähnt er an exponierter Stelle, dass nicht natürliche, sondern evaluative Kategorien als Endpunkte seines sogenannten *buck-passing account* fungieren.[83] Diese Diskussion müssen wir an diesem Punkt allerdings nicht weiterführen. Sie führt uns in eine andere Thematik, nämlich zu der Frage, ob natürlichen Eigenschaften eine normative Kraft zukommt. Diese (und weitere damit zusammenhängende) Frage(n) werden wir im Naturalismus-Kapitel noch ausführlich diskutieren.

Fassen wir vorläufig zusammen: Der Konstruktivist hat verschiedene Möglichkeiten, diejenigen Entitäten zu bestimmen, die die Träger der moralischen Normativität darstellen. Er kann zum Beispiel auf Wünsche, normative Einstellungen oder natürliche Eigenschaften abstellen, wobei sich die Liste der Möglichkeiten wahrscheinlich noch verlängern ließe. Gemeinsam ist allen Kandidaten aber folgendes Grundproblem: *Entweder* es wird zugestanden, dass einer der drei Kandidaten die ihm zugedachte Rolle erfüllen kann. In diesem Fall aber wird fraglich, ob wir überhaupt noch davon sprechen können, dass Gründe für eine Handlung sprechen. Wünsche, normative Einstellungen und natürliche Eigenschaften sind keine guten Kandidaten, um verständlich zu machen, was für oder gegen eine Handlung spricht. *Oder* der Konstruktivist versucht, sein Konstitutionsverfahren durch subjektexterne Faktoren anzureichern, um so einen allgemeinen Skeptizismus bezüglich der Normativität von Gründen zu vermeiden. In diesem Fall aber wird fraglich, wie etwa am Fall der natürlichen Eigenschaften deutlich gemacht wurde, inwiefern das Programm noch dem ursprünglichen Grundgedanken folgt oder

– falls es das tut – ob der Hinweis auf diese Klasse von subjekt-externen Tatsachen und Eigenschaften tatsächlich überzeugen kann. Was können Konstruktivisten darauf antworten? Drei Verteidigungsstrategien werden in der metaethischen Literatur diskutiert:

Die *Inescapability-Reply*: Eine erste Gegenstrategie besteht darin, die Möglichkeit von nicht-konstruktivistischen Optionen auszuschließen, indem darauf abgestellt wird, dass die Annahme bestimmter Entitätsklassen unausweichlich ist.[84] Folgen wir etwa Velleman, dann ist unser Wunsch nach Selbstvergewisserung immer schon mit dem Begriff der Handlung und damit auch mit dem Begriff des Grundes verbunden.[85] Das heißt: Wenn wir etwas als Handlung bezeichnen, nehmen wir auch an, dass die entsprechende Person Gründe für sie hatte. Wenn sie aber bestimmte Gründe hatte, muss sie auch einen bestimmten Wunsch gehabt haben, nämlich sich selbst besser zu verstehen. Wenn wir ein handelndes Wesen sein wollen, können wir demnach gar nicht anders, als eine bestimmte Entitätsklasse (hier: Wünsche) als Quelle der moralischen Verpflichtungen anzunehmen. Das klingt auf den ersten Blick aussichtsreich. Auf den zweiten Blick bemerken wir jedoch, dass hier offensichtlich eine Verwechslung der Diskussionsebenen vorliegt: Es geht nicht darum, welche Gesichtspunkte dafür sprechen, bestimmte Entitätsklassen und die damit verbundenen Inhalte zu rechtfertigen. Dafür mag die Feststellung, dass wir gar nicht anders können, als den Wert bestimmter Gesichtspunkte (hier: konstitutiver Ziele) anzunehmen, durchaus plausibel machen. Darum aber ging es gar nicht. Die Pointe des ersten Horns des obigen Dilemmas bestand vielmehr darin, die Nachfrage aufzuwerfen, wie die ontologische Natur derjenigen Entität zu bestimmen ist, aus der moralische Normativität entspringt. Ob es sich dabei um unausweichliche Entitäten handelt, spielt keine Rolle, denn auch für diese müsste gefragt werden, welcher ontologische Status ihnen zukommt, also ob es sich um Wünsche, normative Einstellungen, natürliche Eigenschaften usw. handelt.

Die *So-What?-Reply*: Die zweite Gegenstrategie beschreitet einen anderen Weg und gesteht zu, dass in der Tat alle Entitätsklassen, die der Konstruktivismus wählen könnte, dazu führen, dass eine normative Theorie praktischer Gründe unmöglich wird. Wie aber manche Fiktionalisten, wie Richard Joyce, einwenden, ist das eine Konsequenz, die ausschließlich auf der Ebene der philosophischen Theorienbildung von Bedeutung ist.[86] Auf der Ebene des moralischen Alltags schlage diese Erkenntnis nicht durch, denn dort könnten wir weiterhin ohne Probleme an unseren deliberativen Praktiken, also dem Nehmen und Geben von Gründen, festhalten. Ebenso kann man im Rahmen der *So-What?-Strategie* auch zugestehen, dass es zu einer Spannung zwischen den Gehalten der moralischen Praxis und der philosophischen Theorie kommt. – Immerhin nimmt Erstere etwas an, was Zweitere für eine Chimäre hält. Diese Spannung könnten wir aber ebenfalls im Rahmen einer Irrtumstheorie auf philosophischem Boden erklären und sogar einige Hinweise geben, wie wir mit ihr umgehen sollten. Andererseits erscheint es als fraglich, ob diese Lösung tatsächlich mehr sein kann als ein letzter Ausweg. Die Annahme, dass wir Gründe für und gegen Handlungen anführen können, ist tief in unserer moralischen Praxis verankert. Sie infrage zu stellen, und sei es auch nur auf dem Boden der philosophischen Theorie, ist in hohem Maße rechtfertigungspflichtig. Dieser Weg sollte daher nur in dem Moment gewählt werden, wenn wir alle weiteren Möglichkeiten ausgeschöpft haben.

Die *Other-Sources-Reply*: Eine nunmehr dritte Gegenstrategie besteht darin, weitere Kandidaten ins Spiel zu bringen, die für eine konstruktivistische Strategie aussichtsreich sein können. Allerdings ist es nicht leicht, jenseits der schon diskutierten Optionen weitere auszumachen. Eine Variante bestünde etwa darin, den am Beispiel von Sharon Street ausgeführten Weg weiterzuverfolgen und eine distinktive Klasse von Zuständen zu individuieren. Diese müssten freilich so beschaffen sein, dass sie das leisten, was die bisherigen Kandidaten nicht vollbringen konnten, nämlich einerseits Handlungen zu rationalisieren und andererseits in dem theoretischen Rahmen des Konstruktivismus zu verbleiben. Und das ist ein Spagat, so sollte deutlich geworden sein, der nicht einfach zu bewerkstelligen ist.

4.4 Fazit und Ausblick

Der Konstruktivismus in der Metaethik hat Konjunktur. Das ist aufgrund der Ambitionen seiner Vertreter auch nicht verwunderlich: Konstruktivisten gehen von einer naturalistischen Hintergrundontologie aus, was bedeutet, dass sie moralische Eigenschaften als Bestandteile der subjektunabhängigen Wirklichkeit ablehnen. Gleichzeitig halten sie aber daran fest, dass moralische Wahrheiten nicht willkürliche Setzungen sind. Wir können uns in moralischen Fragen irren, denn es gibt richtige und falsche moralische Urteile. Zu den Kriterien, die eine solche moralische Qualifizierung erlauben, gelangen wir, wenn wir den rationalen Standpunkt analysieren, den wir einnehmen, wenn wir nach Gründen für oder gegen ein Urteil fragen. Eine solche Analyse kann allerdings je nach Theorie unterschiedlich ausfallen. Es gibt formalistische Versionen, die lediglich formale Kriterien annehmen, und es gibt substanzielle Versionen, die aus ihren begrifflichen Überlegungen auch inhaltliche Kriterien ableiten.

Das Feld möglicher Kritikpunkte ist kaum überschaubar. In diesem Zusammenhang wurden zwei Kritiklinien herausgegriffen: Die erste Kritik bezog sich darauf, dass im konstruktivistischen Theorienrahmen keine Möglichkeit bleibt, universelle Geltung zu generieren, was aber ein wesentliches Adäquatheitskriterium einer metaethischen Theorie darstellt. Die Auseinandersetzung mit diesem Vorwurf zeigte dabei Folgendes: Auch dem Konstruktivismus bleibt mit der sogenannten Konstitutionstheorie eine solche Möglichkeit, wenngleich die Erfolgsaussichten noch nicht abzuschätzen sind. Hierfür muss noch genauer auf den Zusammenhang zwischen begrifflichen Analysen und normativen Inhalten eingegangen werden. Darüber hinaus bleibt dem Konstruktivismus immer noch die Möglichkeit einer *Hardliner*-Strategie, die unsere Praxis als Irrtum ausweist und eine weitläufige Erklärung hierfür anbietet. Das wird aber kaum mehr sein als ein letzter Ausweg.

Demgegenüber stellte die zweite Kritiklinie heraus, dass die ontologische These des Konstruktivismus auf ein Dilemma hinausläuft. Entweder haben seine Vertreter keine Kriterien, die etwas als das richtige Verfahren ausweisen. In diesem Fall wird das Verfahren arbiträr. Oder sie reichern das Verfahren durch externe Kriterien an. Dann haben Konstruktivisten aber das Problem, dass sie nur noch schwer Konstruktivisten bleiben können. Dieses Dilemma zu umschiffen ist die zentrale Aufgabe, an der die Überzeugungskraft des konstruktivistischen Projekts hängt. Können seine Vertreter tatsächlich eine ontologische These formulieren, die im konstruktivistischen Rahmen verbleibt und zugleich an einer nicht-arbiträren Lösung von moralischen Streitfragen festhalten kann? Dass diese Nachfrage nicht einfach zu beantworten ist, wurde bereits angedeutet. Dass sie jedoch gar nicht beantwortet werden kann, soll an dieser Stelle nicht behauptet werden. Jedenfalls kann der Konstruktivismus auch hier – motiviert durch die oben erläuterten Attraktivitätsmerkmale – eine *Hardliner*-Option wählen, die jedoch in dialektischer Hinsicht eine erfolgreiche Argumentation gegenüber den Alternativen voraussetzt. Darüber hinaus, und das erscheint mir aussichtsreicher zu sein, kann er weitere Individuierungen derjenigen Zustände vornehmen, die die ontologische Grundlage des Konstruktivismus bilden sollen. Ob sich diese Versuche in Zukunft als erfolgreich erweisen können, bleibt abzuwarten.

4.5 Weiterführende Lesehinweise

Klassische Texte zum Konstruktivismus ließen sich viele nennen. Die *loci classici*, die auch in der gegenwärtigen metaethischen Diskussion eine Rolle spielen, sind aber Hume (1978/1739–40) und Kant (1961/1785). Für einen aktuellen Überblick über die Theoriengruppe und deren Vertreter eignet sich vor allem Bagnoli (2014). Eine weitere hilfreiche Einführung und Klarstellung der konstruktivistischen Grundidee liefert Street (2010), wenngleich sie diese perspektivisch aus der Blickrichtung einer formalistischen Variante entwickelt. Die Unterscheidung zwischen einem ethischen und einem metaethischen Konstruktivismus entnehme ich aus Street (2008) und Enoch (2009). Die wahrscheinlich bekanntesten Vertreter der ethischen Version des Konstruktivismus sind John Rawls und Thomas Scanlon. Ihre Theorie erläutern sie in Rawls (1999/1971, 1993) und Scanlon (1998). Beide vertreten aber auch konstruktivistische Ideen in der Metaethik. Bei Rawls finden sich diese etwa in Rawls (1999/1980); bei Scanlon werden sie insbesondere in den *John Locke Lectures* im Rahmen seines Konzepts von Gründen entwickelt, siehe Scanlon (2013).

Es gibt nicht wenige Einlassstellen für eine Kritik am Konstruktivismus. Einen Überblick liefert wiederum Bagnoli (2014). Für eine weiterführende Diskussion, in der sowohl Verteidiger als auch Kritiker zu Wort kommen, empfehle ich die Beiträge in Bagnoli (2013a). Ich habe lediglich zwei Punkte herausgegriffen, die einerseits die Grundstruktur der Theorie deutlich machen, andererseits aber auch deren Schwierigkeiten.

Die erste Kritiklinie bezog sich auf die Möglichkeit inhaltlicher Rationalitätsstandards. Diese wird ausführlich in Street (2008, 2013) diskutiert. Der Ausweg des substanziellen Konstruktivismus wird in Korsgaard (2002) verteidigt, besonders nachdrücklich auch in Velleman (1989, 2000, 2009). Die Sekundärliteratur hierzu ist reich an Beiträgen. Für eine kritische Auseinandersetzung, die zugleich auch einen guten Überblick über die Diskussionslage enthält, empfehle ich Timmons (2003), Hussain/Shah (2006) und Bagnoli (2013b).

Die zweite Kritiklinie hatte das Ziel, dem Konstruktivisten eine Dilemmasituation zu attestieren: Entweder der Konstruktivist muss eine arbiträre Fundierung seines Verfahrens in Kauf nehmen oder, wenn er das vermeiden will, seine Ausgangstheorie in einer Weise anreichern, die es fraglich erscheinen lässt, ob sie tatsächlich noch konstruktivistisch ist. Die ausgeführte Kritik schöpft vor allem aus FitzPatrick (2005, 2013). Für eine informative Auseinandersetzung mit diesem Vorwurf siehe auch die Diskussion zwischen Enoch (2005) und Sobel (2009); neuerdings wiederum Enoch (i. E.).

5. Der Realismus

5.1 Die Grundidee

Gegenwärtig stellt der metaethische Realismus die Mehrheitsposition in der Metaethik dar.[87] Historisch betrachtet ist sein Aufstieg in den *Mainstream* jedoch ein neues Phänomen. Zwar hat der Realismus in Form des Intuitionismus von G. E. Moore noch bis in die 1930er Jahre eine breite Rezeption erfahren, wurde aber anschließend im Zuge der Entwicklung des Non-Kognitivismus weitestgehend ignoriert. – Allenfalls diente er noch als rhetorisches Hilfsmittel zur Abgrenzung, um den eigenen Ansatz zu plausibilisieren. Diese Marginalisierung hielt sich bis in die 1970er Jahre hinein. Erst im Zuge einer Kritik am Non-Kognitivismus wurde der Realismus wieder salonfähig. Exemplarisch für die Absage an non-kognitivistische Ansätze ist die 1970 veröffentlichte Arbeit von Iris Murdoch *The Sovereignty of Good.* Murdochs Kernthese darin betrifft die Diagnose, dass von Non-Kognitivisten wie Ayer, Stevenson und Hare die Tendenz ausgeht, Antworten auf moralische Probleme als eine willkürliche subjektive Wahl zu dogmatisieren.[88] Eine positive Ausarbeitung des Realismus findet sich hingegen erst in den späten 1970er und den frühen 1980er Jahren bei Sabina Lovibond, John McDowell und Mark Platts. Was aber besagt der metaethische Realismus überhaupt? Eine Antwort wurde an verschiedenen Stellen bereits angedeutet, wurde in den vorangegangenen Kapiteln aber noch nicht präzisiert. Die gemeinsame Grundidee aller Realisten besteht in einer ontologischen These über die Quelle der moralischen Normativität. Die zentrale Behauptung lautet:

> Moralische Normativität wird nicht vollständig durch subjektive Leistungen konstituiert.

Das ist eine bewusst negative Behauptung: Sie besagt zunächst nicht mehr, als dass es moralische Verbindlichkeiten gibt, die nicht identisch sind mit subjektiven mentalen Zuständen wie Dispositionen, Glaubensannahmen, Pro-Einstellungen, Wünschen usw. Gleichzeitig wird aber offengelassen, welcher Grad an Unabhängigkeit ihnen zugeschrieben werden sollte.[89] Hier können wir zwischen zwei Versionen des Realismus unterscheiden:

Eine erste Variante kann als *schwacher Realismus* bezeichnet werden und wird von Metaethikern wie John McDowell und David Wiggins vertreten. Ihre zentrale These besteht darin, moralische Wahrheitsmacher als relationale Eigenschaften zu interpretieren, das heißt als Eigenschaften, die sowohl vom Gegenstand als auch vom Subjekt konstituiert werden. Solche Eigenschaften, die häufig in Bezugnahme auf sekundäre Qualitäten (z.B. Farben) erläutert werden, lassen sich daher weder auf den einen noch auf den anderen Pol der Relation reduzieren.[90] Moralische Eigenschaften sind, so formuliert McDowell metaphorisch, weder Eltern noch Kinder subjektiver Reaktionen, sondern deren Geschwister.[91] Die Folge ist eine zirkuläre Individuierung: Was es heißt, dass etwas moralisch gut ist, lässt sich nur verstehen, wenn wir auf die Reaktion des Urteilenden schauen, die durch die sie rechtfertigende Eigenschaft verständlich wird, die wiederum dadurch gerechtfertigt ist, dass sie eine bestimmte Reaktion auslöst usw.[92]

Eine zweite Variante wird unter dem Namen des *starken Realismus* verhandelt. Sie wird gegenwärtig etwa von Richard Boyd, David Enoch und Russ Shafer-Landau vertreten. Ihr Grundgedanke besteht darin, dass sie eine vollständige Unabhängigkeit moralischer Eigenschaften von subjektiven Leistungen annimmt. Entsprechend wird auch nicht auf die Analogie zwischen moralischen Eigenschaften und sekundären Qualitäten abgestellt. Um die eigene Theorie zu explizieren, wird vielmehr auf primäre Qualitäten verwiesen, die je nach Theorie unterschiedlich gedeutet werden. Traditionell steht der Vergleich zwischen moralischen und naturwissenschaftlich ermittelbaren (meistens sagt man: »natürlichen«) Eigenschaften im Zentrum.[93] In jüngerer Zeit haben sich aber auch Theorien etabliert, die dem Vergleich zwischen moralischen und ästhetischen Eigenschaften einiges abgewinnen können.[94] Welches Vergleichsobjekt hier gewählt wird, hängt aber nicht zuletzt auch von weiteren theoretischen Annahmen ab, etwa davon, welche Eigenschaften man für ontologisch respektabel hält, um davon ausgehend moralische Eigenschaften zu explizieren.

Man erkennt schnell den Unterschied zwischen dem Realismus und den bereits behandelten Versionen des Non-Kognitivismus und Konstruktivismus: Bei den beiden letztgenannten Positionen handelt es sich um Formen des metaethischen Anti-Realismus. Sowohl Non-Kognitivismus als auch Konstruktivismus vertreten die These, dass die moralische Qualität einer Handlung vollständig durch subjektive Einstellungen explizierbar ist. Es sind die Einstellungen, Dispositionen oder Wünsche des Subjekts, die die Quelle der moralischen Normativität ausmachen.[95] Realisten hingegen stehen dieser These kritisch gegenüber. Für sie sind es nicht subjektive Zustände, sondern von ihnen zumindest partiell unabhängige moralische Eigenschaften und Tatsachen, die den Ursprungsort der moralischen Verbindlichkeit darstellen. Mit diesen Unterscheidungen im Hinterkopf lassen sich nun drei Missverständnisse ausräumen, die die Implikationen der realistischen Grundthese betreffen:

Erstens ist hervorzuheben, dass der Realismus zunächst noch nichts darüber sagt, welcher ontologischen Kategorie die postulierten moralischen Eigenschaften angehören. Ein Realismus lässt sich sowohl als Universalien- als auch als Nominalien-Realismus ausarbeiten.[96] Ein Realismus im ersten Sinne liegt vor, wenn Universalien (z. B. Eigenschaften, Relationen), abstrakte Gegenstände (z. B. Zahlen, Propositionen, Sachverhalte) oder auch kollektive Einzeldinge (z. B. Mengen oder Klassen) als selbständig existierende Entitäten angenommen werden. Unter einem Realismus im zweiten Sinne versteht man die These, dass moralische Eigenschaften jeweils in konkreten Situationen vorkommen und keine Instanziierungen von abstrakten Eigenschaften sind. Auch wenn es im realistischen Lager eine Affinität zu universalistischen Versionen gibt, ist auch ein nominalistischer Realismus denkbar, der beansprucht, ohne moralische Universalien auszukommen. Welcher Realismus jedoch gewählt wird, hängt von weiteren Theorienentscheidungen ab und erfordert substanzielle Argumente, die jenseits der ontologischen Grundthese liegen.

Zweitens beinhaltet der Realismus noch keine These darüber, welcher werttheoretischen Klasse moralische Eigenschaften angehören. Der Realismus kann sowohl in einer zentralistischen als auch in einer anti-zentralistischen Variante vertreten werden.[97] In einer zentralistischen Variante geht er davon aus, dass es sich bei moralischen Eigenschaften um solche handelt, auf die wir zuallererst mit sogenannten ›dünnen‹ Wertbegriffen wie »gut« und »richtig« referieren. In einer anti-zentralistischen Variante vertritt der Realist hingegen die These, dass unsere sprachliche Bezugnahme auf moralische Eigenschaften mithilfe von ›dichten‹ Wertbegriffen wie »tapfer«, »mutig« und »großzügig« erfolgt. Worüber beide Varianten also streiten, ist die Frage, ob nun dichten oder dünnen Beschreibungen eine semantische Priorität zukommt. Der anti-zentralistische Realist meint, dass wir Handlungen, die wir etwa mutig nennen, ohne Rekurs auf dünne Begriffe analysieren können. Der zentralistische Realist wird das bestreiten und seinerseits eine Analyse dichter Begriffe anbieten, die dünne Begriffe voraussetzt, zum Beispiel indem er sie in eine dünne wertende und eine wertfreie Komponente zerlegt. Für welche Position auch immer man sich in dieser Debatte entscheidet: Die ontologische These des Realismus verhält sich demgegenüber neutral. Sie enthält noch keine Weichenstellungen, die in eine zentralistische oder anti-zentralistische Richtung weisen. Der Realismus ist mithin mit beiden Varianten vereinbar.

Drittens impliziert der Realismus ebenfalls keine These über die Geltungsreichweite von moralischen Eigenschaften und Tatsachen. Hier lassen sich zwei idealtypische Optionen unterscheiden: Die Vertreter der ersten Option gehen davon aus, dass moralische Geltung kontextrelativ ist, also bestimmte Werte und Normen nur für eine bestimmte Person oder einen Personenkreis, eine Situation oder einen Zeitabschnitt Geltung beanspruchen können. Diese Theoretiker werden typischerweise als Partikularisten bezeichnet.[98] Zum anderen lassen sich aber auch Vertreter ausmachen, die meinen, dass moralische Werte und Normen nicht kontextrelativ sind, sondern für einen größeren Kreis von Individuen über mehrere Situationen hinweg ohne zeitliche Begrenzung gelten. Diese Theoretiker werden als Generalisten bezeichnet.[99, 100] Der Streit zwischen den Vertretern der beiden Gruppen gehört sicherlich gegenwärtig zu den *hotspots* der Metaethik. Gleichwohl sollten wir diese Diskussionsebene nicht mit der Realismus-Diskussion vermischen. Der Realismus, und das ist wichtig zu beachten, kann nämlich sowohl in einer partikularistischen als auch in einer generalistischen Variante vertreten werden. Zwar gibt es quantitative Tendenzen: So findet man im realistischen Lager weitaus mehr Generalisten als Partikularisten. Ein systematischer Positionszusammenhang, der sich aus der Einnahme eines realistischen Standpunktes ergibt, lässt sich aber nicht ausmachen. Der Realismus ist eine ontologische These über den Geltungs*ursprung* der moralischen Normativität. Welche Geltungs*reichweite* jedoch mit dieser verbunden ist, ist eine Frage, die durch die ontologische Grundthese des Realismus nicht entschieden wird.

5.2 Warum ist man ein metaethischer Realist?

Die Gründe, warum Metaethiker den Realismus für eine attraktive Option halten, sind vielfältig. Das hängt zum einen mit den verschiedenen Hoffnungen zusammen, die dieses Programm weckt, zum anderen auch mit der Heterogenität in der Verwendung des Realismusbegriffs. Hier verbinden sich nicht selten metaethische und normativ-ethische Motive mit unterschiedlichen Auslegungen darüber, was man überhaupt als Realismus bezeichnen sollte. Das lässt die Motivlage insgesamt sehr undurchsichtig werden. Die folgenden Erläuterungen beanspruchen daher keine Vollständigkeit, sondern stellen lediglich eine Auswahl dar.

5.2.1 Die Angst vor dem Nihilismus

Ein erstes Motiv lässt sich erkennen, wenn wir uns an die handlungstheoretischen Diskussionen der letzten Kapitel erinnern. Dort wurde diskutiert, ob der Non-Kognitivismus und der Konstruktivismus in ontologischer Hinsicht tatsächlich nachvollziehbare Kandidaten ermitteln können, um moralische Normativität zu erklären. Die Gefahr, die bei den Ermittlungsversuchen diagnostiziert wurde, bestand darin, dass beide auf einen Nihilismus bezüglich moralischer Gründe hinauszulaufen scheinen.

Wenn das stimmt, bedeutet dies aber die Aufgabe der Möglichkeit einer normativen Ethik. Wie sollen sich gute und schlechte Gründe gegeneinander abwägen lassen, wenn es letztlich überhaupt keine Gründe gibt? Diese Diagnose kann man zum Ausgangspunkt nehmen, um einen anderen, alternativen Weg in der Metaethik zu beschreiten. Und tatsächlich erscheint der Realismus vielen als diejenige Option, die am ehesten geeignet ist, nihilistische Tendenzen zu vermeiden.[101] Der Realismus, so wird häufig behauptet, könne eine intuitiv nachvollziehbare Rekonstruktion davon liefern, was es heißt, einen Handlungsgrund zu haben, und dadurch an der Möglichkeit einer normativen Ethik festhalten.

5.2.2 Die Konvergenz mit der moralischen Phänomenologie

Mit dieser letzten Bemerkung ist bereits auf einen weiteren Aspekt hingewiesen, der immer wieder genannt wird, wenn es um die Überzeugungskraft des Realismus geht, namentlich seine Konvergenz mit den Gehalten der moralischen Alltagspraxis.[102] Ob dieses Urteil zutrifft, hängt natürlich davon ab, welche Elemente man zu den Gehalten der moralischen Praxis hinzurechnet. Ein gängiges Modell lässt sich wie folgt explizieren[103]: Im Rahmen einer moralischen Diskussion versuchen wir, Gründe für unsere Ansichten anzugeben und gegenüber einer Kritik zu verteidigen. Wir tun dies vor dem Hintergrund, dass wir zwischen logisch gültigen und ungültigen Argumentationsformen unterscheiden können. Wir gehen also davon aus, dass auch im Bereich der Moral die üblichen Standards der Logik Anwendung finden. Zugleich sind wir uns dessen bewusst, dass es nicht nur *logisch* gültige Schlussformen, sondern auch *inhaltlich* korrekte Moralurteile gibt. Es lassen sich wenigstens grundsätzlich richtige und falsche Antworten auf moralische Streitfragen unterscheiden – und zwar deshalb, weil es etwas gibt, das sie als richtig oder falsch ausweist. Bei diesem »etwas« handelt es sich um moralische Tatsachen, die nicht mit den moralischen Überzeugungen des jeweils Wertenden oder einer sozialen Gruppe gleichgesetzt werden dürfen. Denn wir halten es gemeinhin für möglich, dass das Individuum oder eine Gemeinschaft falsch liegen können. Es ist nicht ausgeschlossen, dass es sich in moralischer Hinsicht *tatsächlich* anders verhält, als von beiden *faktisch* behauptet wird. Nun scheint sich der Realismus gerade dadurch auszuzeichnen, dass er ein solches Bild der moralischen Praxis konservieren kann: Der Realist analysiert moralische Sätze als Behauptungssätze. Ebenso wie bei diesen handelt es sich auch bei jenen um prinzipiell wahrheitsfähige Urteile, für die daher die gleichen logischen Regeln und Gesetze gelten. Ob ein moralisches Urteil auch tatsächlich wahr oder falsch ist, hängt davon ab, ob sich sein Inhalt erfolgreich auf eine moralische Realität bezieht. Diese Realität wiederum wird durch moralische Tatsachen konstituiert, die die Wahrheitsbedingungen für moralische Urteile festlegen und zumindest partiell unabhängig von subjektiven Leistungen *in rerum natura* existieren. Die moralische Praxis als Gegenstandsbereich der metaethischen Reflexion verhält sich also keineswegs neutral im Hinblick auf die Frage nach einer phänomenologisch adäquaten Theorienbildung. Der Realismus scheint nicht nur besonders gut zu unserer Auffassung von gültigen und ungültigen Schlüssen zu passen, sondern auch zu unserer Annahme über die Möglichkeit moralischer Erkenntnis und den zu erkennenden moralischen Wahrheiten.

5.2.3 Die Möglichkeit nicht-anthropozentrischer Werte

Ein weiterer Faktor, der manchmal als attraktives Merkmal des Realismus ins Feld geführt wird, betrifft die inhaltliche Ausrichtung der normativen Ethik. Für einige Vertreter ist der Realismus nämlich mehr als nur eine metaethische Theorie, die die bloße Möglichkeit der normativen Ethik sicherstellt. Vielmehr sehen manche ihn auch als notwendige Voraussetzung für *bestimmte* Typen normativer Ethik. Hierzu ein Beispiel: Im Kontext der neueren Natur- und Umweltethik finden wir Debatten über die Werthaftigkeit der Natur, etwa hinsichtlich der in ihr vorkommenden Artenvielfalt und ihrer natürlichen Gewachsenheit. Einige Vertreter in der Umweltethik sind nun der Meinung, dass es sich hierbei um Eigenschaften handelt, die inhärent wertvoll sind.[104] Wenn das aber so ist, wird fraglich, wie subjektivistische Theorien, ob nun Non-Kognitivismus oder Konstruktivismus, diese Intuition angemessen rekonstruieren können. Diese scheinen ja die Werthaftigkeit der Natur allenfalls anthropozentrisch, etwa mit Rekurs auf menschliche Interessen oder die erfolgreiche Anwendung eines Verfahrens, schützen zu können. Das erscheint manchen aber als eine Verzerrung der tatsächlichen Begründungspraxis, in der wir von der Möglichkeit nicht-anthropozentrischer Werte ausgehen. Der Realismus hat diese Probleme nicht: Seine Vertreter behaupten, dass moralische Normativität in moralischen Tatsachen gründet, die zumindest partiell unabhängig von subjektiven Interessen existieren. Das heißt, dass auch die werthaften Eigenschaften der Natur nicht konditional an die Interessen des Subjekts zurückgebunden werden müssen, sondern vielmehr aus sich heraus Normen begründen und entsprechende Handlungsgründe liefern. Ein wesentliches Motiv für den Realismus kann also darin gesehen werden, dass er eine intuitiv nachvollziehbare Grundlage für bestimmte Werttheorien liefert, insbesondere für solche, die von der Möglichkeit nicht-anthropozentrischer Werte ausgehen.

5.3 Die Auseinandersetzung mit dem Realismus

In der metaethischen Literatur findet man eine ganze Reihe verschiedener Argumente, die gegen den Realismus vorgebracht werden.[105] Versucht man diese in eine systematische Ordnung zu bringen, drängt sich leicht der Verdacht auf, dass es sich um eine fast unüberschaubare Menge von heterogenen Kritikpunkten handelt, die nicht viel gemeinsam haben. Dieses Bild ergibt sich aber nur auf den ersten Blick. Wenn man hingegen etwas genauer hinschaut, bemerkt man, dass viele Kritikstrategien von ganz ähnlichen Bedenken getragen werden. Zwei der zentralen Bedenken, die viele gegenüber dem Realismus haben, werden im Folgenden ausführlicher diskutiert.

5.3.1 Die Relativität der moralischen Wahrheit

Eine erste Kritiklinie setzt bei der folgenden Beobachtung an: Vergleicht man verschiedene Gesellschaften oder Kulturen im Hinblick auf die in ihnen vertretenen Moralvorstellungen, dann fällt es zumeist schwer, einen gemeinsamen inhaltlichen Kern auszumachen. Wir scheinen vielmehr auf eine Pluralität verschiedener und zum Teil konfligierender Moralsysteme zu stoßen, von denen nicht klar ist, ob sich in naher Zukunft eine Konvergenz unter ihnen abzeichnet. So betrachtet scheint die moralische Praxis eine interkulturelle Uneinigkeit nahezulegen. Aber damit nicht genug: Auch *innerhalb* einer Gesellschaft oder Kultur lässt sich eine beträchtliche Anzahl persistenter moralischer Divergenzen ausmachen, wenn es um die Beurteilung von zentralen moralischen Streitfragen geht. Wir müssen also neben dem Phänomen einer dauerhaften inter- auch von einer hartnäckigen intrakulturellen Uneinigkeit ausgehen.[106]

Im Zusammenhang mit der Realismus-Kritik ist nun wichtig, dass diese Phänomenbeschreibung den Ausgangspunkt für einen prominenten Einwand darstellt, den John Mackie unter dem Titel *Argument from Relativity* in den metaethischen Diskurs eingebracht hat.[107] Inhaltlich fußt Mackies Einwand dabei auf dem Grundgedanken, dass die Beobachtung von fortdauernden Meinungsverschiedenheiten die Theorie des Realismus grundsätzlich in Zweifel zieht. Allerdings ist dieser Zusammenhang nicht so zu verstehen, dass aus der bloßen Beschreibung moralischer Uneinigkeit etwas für die Überzeugungskraft des Realismus folgt. Vielmehr ergibt sich erst in dem Moment ein Problem, wenn man die Frage nach der *besten Erklärung* für dieses Phänomen stellt.[108] An dieser Stelle besteht nun Mackies These darin, dass der Realismus eine grundsätzlich schlechtere Erklärung für moralische Uneinigkeit geben muss, als es etwa der moralische Anti-Realismus kann.[109]

Während der Anti-Realist den Ursprung moralischer Uneinigkeit als einen Reflex der disparaten Werteinstellungen innerhalb einer Lebensform bestimmt, steht dem Realisten dieses Erklärungsmodell nicht zur Verfügung. Für ihn bilden moralische Tatsachen den letzten »Fluchtpunkt« zur Entscheidung von moralischen Meinungsverschiedenheiten, sodass er die fehlende Konvergenz in Fragen der Moral als eine depravierte Wahrnehmung dieser Tatsachen auffassen muss. Moralische Uneinigkeit spiegelt demzufolge für den Realisten nicht primär die divergierenden Werteinstellungen innerhalb einer Kultur wider, sondern die mangelhaften epistemischen Bedingungen des Urteilenden zur Bestimmung des moralisch Richtigen und Falschen. Hierbei handelt es sich für Mackie jedoch um einen Erklärungsversuch, der demjenigen des Anti-Realisten *ipso facto* unterlegen ist. Doch ist die explanatorische Strategie des Realismus tatsächlich so einfach abzuweisen?

Gegenstrategie 1:
Eine erste Gegenstrategie des Realisten könnte etwa an der von Mackie konstatierten Existenz der moralischen Uneinigkeit ansetzen. Der moralische Diskurs, so könnte argumentiert werden, enthält nämlich weitaus mehr Einigkeit über das moralisch Richtige und Falsche, als man zunächst annehmen mag. Mit Michael Smith ließe sich etwa darauf hinweisen, dass bei evaluativen Eigenschaften wie Aufrichtigkeit, Brutalität, Geiz, Höflichkeit und Loyalität eine auffällige Übereinstimmung zu beobachten ist, welche Eigenschaften als moralisch legitim und welche als moralisch verwerflich bezeichnet werden.[110] Ausgehend von diesem Befund könnte der Realist dann reklamieren, dass sich überhaupt keine minderwertige Erklärung seines Ansatzes nachweisen lässt. Es gibt schließlich gar kein Phänomen, das die realistische Position infrage stellen würde. An diesem Punkt ist jedoch noch einmal auf den logischen Status des Explanandums hinzuweisen: Denn ähnlich wie die Annahme einer fortdauernden moralischen Uneinigkeit nicht die Theorie des Anti-Realismus begünstigt, kann auch die Annahme einer weithin geteilten Einigkeit nicht die Theorie des Realismus stützen. Aus dem bloßen *Faktum* einer Konvergenz von moralischen Vorstellungen und Moralsystemen lässt sich mithin noch keine Aussage über die Tragfähigkeit einer bestimmten metaethischen Theorie ableiten. Was zur Disposition steht, ist vielmehr die Frage, welchem metaethischen Ansatz die höhere explanatorische Kraft im Hinblick auf das zu erklärende Phänomen zukommt.

Gegenstrategie 2:
Weitaus attraktiver scheint da schon eine Gegenstrategie zu sein, die auf die Schlüsselprämisse des Arguments aus der Relativität zielt. Denn das, was Mackie in der oben angeführten Textstelle zu unterstellen scheint, ist ein grob vereinfachendes Bild der Möglichkeiten, die dem Realisten offenstehen, um Meinungsverschiedenheiten im Bereich der Moral zu erklären. Der Realist kann auf ein weitaus differenzierteres Repertoire an Erklärungsmustern zurückgreifen, als ausschließlich dem jeweiligen Diskussionspartner dogmatisch moralische Blindheit vorzuwerfen. Das ist auch im Lager der Verteidiger des Realismus keine neue Einsicht. Systematisch wird sie bereits von David Brink in *Moral Realism and the Foundation of Ethics* (1989) ausgearbeitet. Brink geht darin vor allem auf drei Erklärungsoptionen ein, die dem Realismus zur Verfügung stehen[111]:

Option 1: Die No-Real-Disagreement-Strategie:

Eine erste Erklärungsstrategie könnte zum Beispiel darin bestehen, moralische Streitfragen als lediglich *scheinbare Meinungsverschiedenheiten* zu charakterisieren. Es besteht bloß der Anschein einer moralischen Uneinigkeit; bei näherer Prüfung lässt sich jedoch erkennen, dass eine Konvergenz in den moralischen Überzeugungen der Diskussionspartner besteht. Im Rahmen einer solchen Strategie kann der Realist beispielsweise behaupten, dass ...

i.) ... einer der Diskussionspartner seine geäußerte Meinung nur heuchelt. Er gibt vor, anderer Meinung zu sein, hat aber tatsächlich die gleichen moralischen Überzeugungen wie sein Diskussionspartner.

ii.) ... während beide Diskutanten die gleichen allgemeinen moralischen Überzeugungen teilen, sie sich dennoch unterscheiden im Hinblick auf ihre kontextuelle Umsetzung. Hier sieht es dann oberflächlich betrachtet so aus, als ob die Gesprächspartner disparate Überzeugungen haben. Diese Divergenz besteht jedoch nur scheinbar. Sie unterscheiden sich lediglich in der Spezifizierung von bereits geteilten moralischen Überzeugungen in verschiedenen Kontexten.

Option 2: Die Epistemic-Disagreement-Strategie:

Die Fälle von nur scheinbarer moralischer Uneinigkeit stellen für den Realisten keine problematischen Fälle dar. Dennoch ist offensichtlich, dass sich nicht jede Divergenz in moralischen Streitfragen als lediglich vermeintliche Uneinigkeit auflösen lässt. Es scheint auch Fälle von *tatsächlicher Meinungsverschiedenheit* zu geben. Aber auch hier stehen dem Realisten verschiedene Erklärungsmodelle zur Verfügung. So werden einige Fälle von moralischer Uneinigkeit durch ...

iii.) ... mangelndes empirisches Wissen oder falsches logisches Schließen begünstigt. In einigen Fällen kann die Ursache für eine moralische Uneinigkeit der Diskutanten etwa im unvollständigen oder fehlerhaften Wissen über die relevanten Fakten bestehen. So hängt etwa die moralische Einschätzung eines Gesetzesentwurfs für die Mitglieder des deutschen Ethikrates nicht unwesentlich von einer ausreichenden Kenntnis dieses Entwurfs ab. Ebenso kann ein Diskutant bei seinen moralischen Überlegungen einen logischen Fehler begehen oder von einem inkonsistenten Meinungssystem ausgehen.

iv.) ... psychologische Hindernisse hervorgerufen. In manchen Fällen ist es etwa die Selbsttäuschung der Diskussionspartner, die eine fehlende Konvergenz in den Meinungssystemen der Diskutanten begründet. Dass dieses Phänomen insbesondere bei Urteilen über das moralisch Richtige und Falsche auftaucht, lässt sich zum Teil mit dem in dieser Einführung bereits vielfach behandelten praktischen Charakter moralischer Überlegungen erklären. Anders als Urteile über chemische oder physikalische Zusammenhänge stellen moralische Urteile eine normative Forderung an unser Handeln: Die Zustimmung zu einem moralischen Urteil gibt uns einen guten Grund, entsprechend dem Inhalt des Urteils zu handeln. In vielen Situationen des alltäglichen Lebens sind die praktischen Implikationen moralischer Urteile jedoch schwer erträglich. In diesem Zusammenhang sind uns eine Reihe von psychologischen Mechanismen bekannt, die unser Urteilsvermögen bewusst oder unbewusst beeinflussen. Die zur moralischen Bewertung relevanten Fakten werden ausgeblendet, irrelevante Faktoren beeinträchtigen die angemessene Einschätzung eines moralischen Falls, oder die angemessene Wahrnehmung einer Situation wird durch verzerrende Faktoren wie emotionale Reaktionen oder Eigeninteressen erschwert.

v.) ... eine falsche semantische Kategorisierung des Einzelfalls erklärt. Wir erlernen die Bedeutung moralischer Begriffe, indem wir mit paradigmatischen moralischen Fällen konfrontiert werden. Wir wissen ausgehend von diesen Standardbeispielen, ob eine Handlung verwerflich, grausam oder empörend ist. Gleichzeitig werden wir in der Praxis jedoch auch mit neuen Handlungssituationen konfrontiert. In diesem Zusammenhang kann eine angemessene Applikation der moralischen Begriffe den moralisch Urteilenden vor schwerwiegende Probleme stellen: Ist der vorliegende Fall tatsächlich in hinreichender

Weise vergleichbar mit dem für die moralische Bewertung relevanten allgemeinen Fall?

vi.) ... einen Fehler im Prozess des praktischen Überlegens hervorgerufen. Es stellt häufig nicht nur eine Schwierigkeit dar, festzustellen, welche evaluativen Gesichtspunkte in einer Situation richtigerweise zu bestimmen sind, sondern – davon ausgehend – auch, eine Gesamteinschätzung zu skizzieren. So kann einer Situation mitunter eine Reihe von moralischen Aspekten zukommen, deren Gewichtung nicht einfach ist. Es bedarf häufig eines eingehenden und langwierigen Überlegungsprozesses und einer Diskussion mit anderen Teilnehmern des moralischen Diskurses, um zu einer angemessenen Bewertung des moralischen Falls zu gelangen.

Blicken wir auf das gemeinsame Merkmal bei der realistischen Erklärung für genuine Meinungsverschiedenheiten, dann lässt sich festhalten, dass sie im Kern durch mangelhafte epistemische Leistungen erklärt werden. Es sind bestimmte begriffliche, deliberative, psychologische oder semantische Defizite, die uns den Blick auf die moralische Realität verstellen und damit zur moralischen Uneinigkeit führen.

*Option 3: Die Deep-Disagreement-*Strategie:

Gleichzeitig schließt der Realismus jedoch nicht *per se* aus, dass selbst dann, wenn diese Fehlleistungen ausgeräumt werden können, eine Konvergenz in den moralischen Überzeugungen unvermeidlich ist. Es bildet kein Implikat seiner Theorie, dass es lediglich *eine* richtige Antwort auf moralische Streitfragen gibt, sondern es besteht prinzipiell die Möglichkeit, dass die moralischen Tatsachen die zu bewertende Handlung unterbestimmen. Eine weitere Erklärungsmöglichkeit für moralische Uneinigkeit besteht somit darin, dass sie ...

> vii.) ... durch moralische Patt-Situationen oder durch das Vorliegen von inkommensurablen moralischen Tatsachen hervorgerufen werden.[112]

Insgesamt steht dem Realisten, so lässt sich zusammenfassen, ein weites Spektrum an Erklärungsmodellen für moralische Uneinigkeit zur Verfügung. Ihn von anti-realistischer Seite von vornherein auf die dogmatische Opposition »richtige Wahrnehmung vs. falsche Wahrnehmung« festzulegen, scheint die explanatorischen Möglichkeiten grob zu verzeichnen. Es ist nicht einfach, die moralische Wirklichkeit zu erfassen. Hierfür sind eine Reihe von epistemischen Bedingungen notwendig – zum Beispiel: die Beseitigung verzerrender Faktoren, ausreichend empirisches Wissen, praktische Urteilskraft im Sinne einer Vertrautheit mit der Bedeutung der moralischen Begriffe und ihrem Zusammenwirken in einer Situation. Doch selbst, wenn diese Bedingungen erfüllt sind: Häufig lassen sich nicht alle tatsächlichen Meinungsverschiedenheiten – insofern es sich überhaupt um solche handelt – eindeutig entscheiden. Es besteht die Möglichkeit, dass es *mehrere* richtige Antworten auf *eine* moralische Streitfrage gibt.

Am Ende scheint das Argument der moralischen Uneinigkeit somit seine anti-realistische »Zugkraft« zu verlieren: Es kann in der hier diskutierten Form nicht als Argument gegen den Realismus überzeugen. Der Realist besitzt ein größeres Repertoire an Erklärungsansätzen, um moralische Uneinigkeit zu erklären, als Anti-Realisten wie Mackie häufig zugeben. Ob vor diesem Hintergrund das explanatorische Potenzial des Anti-Realisten daher höher zu bewerten ist, bleibt fraglich.

5.3.2 Die Merkwürdigkeit subjektunabhängiger moralischer Tatsachen

Eine zweite Kritiklinie fußt auf der sogenannten Merkwürdigkeit moralischer Tatsachen. Der *locus classicus* dieser Realismus-Kritik stammt wiederum von John Mackie und wird in seinem sogenannten *Argument from Queerness* formuliert.[113] Interessanterweise leugnet Mackie dabei keinesfalls, dass der realistische Ansatz eine hohe Ausgangsplausibilität besitzt, die sich durch seine Konvergenz mit der Alltagspraxis begründet. Für Mackie überwiegen die Probleme des Realismus, die in seinem Absonderlichkeitsargument angesprochen werden, diesen *Prima-facie*-Vorteil jedoch bei Weitem. Den inhaltlichen Grundgedanken seiner Kritik formuliert Mackie wie folgt:

> »If there were objective values, then they would be entities or qualities or relations of a very strange sort, utterly different from anything else in the universe. Correspondingly, we were aware of them, it would have to be by some special faculty of moral perception or intuition, utterly different from our ordinary ways of knowing everything else.«[114]

Mackies Realismus-Kritik ist zweigeteilt: Zum einen sieht er den Realisten auf die These festgelegt, moralische Tatsachen als Entitäten *sui generis* deuten zu müssen, die in einem *ad hoc* eingeführten Seinsbereich aufzufinden seien. So verortet werden sie dann, so Mackies erster Vorwurf, zu absonderlichen Entitäten, die in ontologischer Hinsicht von allen uns bekannten Entitäten unterschieden werden müssen. Zum anderen stellt sich davon ausgehend die Frage, wie uns so geartete moralische Entitäten in epistemischer Hinsicht zugänglich gemacht werden können. Was dies anbelangt, so Mackies zweiter Vorwurf, ist der Realist gezwungen, einen fragwürdigen ›sechsten Sinn‹ anzunehmen, der uns die Möglichkeit für moralische Erkenntnis eröffnet.

In der oben zitierten Textstelle werden also sowohl ontologische als auch epistemologische Bedenken gegenüber dem Ansatz des Realismus geäußert.[115] Beide Punkte sind aber nicht isoliert voneinander zu betrachten, sondern hängen in systematischer Weise zusammen. Präziser gefasst: Bei der epistemologischen »Stoßrichtung« des Einwandes handelt es sich um ein Folgeproblem der ontologischen Absonderlichkeit.[116] Erst durch die Annahme eines zusätzlichen Seinsbereichs wird die ergänzende Einführung eines epistemischen Zugangs überhaupt notwendig. Könnte der Realist folglich nachweisen, dass moralischen Tatsachen in ontologischer Hinsicht nichts Merkwürdiges oder Absonderliches anhaftet, entfällt zwar nicht die Aufgabe, eine tragfähige Erkenntnistheorie auszuarbeiten – dies ist freilich eine Notwendigkeit für *jeden* metaethischen Ansatz, nicht nur für den Realismus –, jedoch können die substanziellen epistemologischen Zweifel, wie sie Mackie formuliert, zurückgewiesen werden. Die Leistungsfähigkeit von Mackies Realismus-Kritik hängt daher entscheidend von der Überzeugungskraft des ontologischen Absonderlichkeitsvorwurfs ab. Je mehr die in ihm formulierten Bedenken plausibel gemacht werden können, umso mehr gewinnt auch der epistemologische Einwand an argumentativer Stärke.

Was aber macht nun moralische Tatsachen zu merkwürdigen und andersartigen Entitäten, die von allen bekannten Entitäten unterschieden werden müssen? Und warum lässt sich aus diesem Umstand, vorausgesetzt er trifft überhaupt zu, ihre Nicht-Existenz folgern? Die sachliche Relevanz insbesondere des zweiten Teils der Frage wird deutlich, wenn man sich vor Augen hält, dass wir im Alltag – wie Mark Platts zu Recht herausstellt – mit einer ganzen Reihe von merkwürdigen und suspekten Dingen konfrontiert werden, ohne dabei ihre Existenz zu bezweifeln.[117] Man denke etwa an Meerschweinchen, Schwarze Löcher, surrealistische Gemälde oder Zwölftonmusik.

In diesem Zusammenhang scheint es für Mackie vor allem ein Merkmal zu sein, das moralische Tatsachen von diesen Dingen unterscheidet und sie zu absonderlichen Entitäten macht – ihre *objektive Präskriptivität.* Es ist nicht einfach zu bestimmen, was er unter diesem Merkmal versteht.[118] Zu einer ersten Annäherung gelangen wir, wenn wir Mackies Auseinandersetzung mit der platonischen Idee des Guten in den Blick nehmen:

»Plato's Forms give a dramatic picture of what objective values would have to be. The Form of the Good is such that knowledge of it provides the knower with both a direction and an overriding motive [...].«[119]

Halten wir zunächst fest, dass hier zwei Merkmale angedeutet werden, die getrennt diskutiert werden müssen[120]: Moralische Tatsachen zeichnen sich nach Mackie dadurch aus, dass sie denjenigen, der sie als wahr anerkennt, i.) sowohl in seinem Handeln anleiten (»direction«) als auch ii.) ein Motiv vorgeben, entsprechend zu handeln (»motive«).

i.) Das Phänomen der rationalen Autorität moralischer Urteile

Mackies metaphorische Rede vom Richtung-Geben lässt sich in phänomenologischer Hinsicht als Implikationsverhältnis zwischen moralischen Urteilen und normativen Gründen interpretieren. Moralischen Urteilen eignet eine rationale Autorität: Sie zeichnen sich dadurch aus, dass sie uns notwendigerweise gute Gründe geben, entsprechend ihrem Inhalt zu handeln. Wer etwa das moralische Urteil akzeptiert, dass Fahrerflucht eine unmoralische Handlung ist, erhält zugleich auch einen guten Grund, diese Handlung zu unterlassen.[121]

Worin aber besteht die Schwierigkeit für den Realismus? Mackie zufolge entsteht das Problem für den Realisten genau dann, wenn er versucht, die notwendige Kovarianz zwischen moralischen Urteilen und Handlungsgründen auf der Grundlage seiner metaethischen Theorie zu explizieren. Denn die ontologische These des Realismus besteht in der Behauptung, dass moralische Tatsachen existieren, die ein moralisches Urteil wahr oder falsch machen. Daraus ergibt sich, dass der Realist verpflichtet ist, moralische Tatsachen mit einer gleichsam »eingebauten«[122] Normativität anzunehmen, um die begriffliche Verbindung zwischen einem moralischen Urteil und normativen Gründen zu erklären. Oder zurückbezogen auf Mackies Metapher: Die moralische Tatsache gibt dem Handelnden eine normative Richtung, sprich: einen Grund für sein Handeln vor. Für Mackie ist die Annahme einer eingebauten Normativität moralischer Tatsachen nun ein entscheidender Grund, sie als absonderliche, mysteriöse und obskure Entitäten zu beschreiben, die von allen bekannten Entitäten in der Wirklichkeit unterschieden werden müssen. Warum aber sollte die Annahme, dass moralische Tatsachen intrinsisch normativ sind, in irgendeiner Hinsicht merkwürdig sein? Was Mackie hier zu unterstellen scheint, ist eine bestimmte substanzielle Auffassung davon, welche Entitäten ontologisch respektabel sind und wie sich moralische Entitäten zu ihnen verhalten. Und in der Tat lassen sich Überlegungen identifizieren, in denen er eine solche Differenzierung explizit vornimmt.[123] Das grundlegende Bild, das er hierbei zeichnet, lässt sich wie folgt beschreiben: Mackie deutet objektive Werte, und als ihre Subklasse auch moralische Tatsachen, vor dem Hintergrund eines entzauberten Wirklichkeitsverständnisses, das nur Entitäten enthält, die prinzipiell auf durch die Naturwissenschaften beschreibbare Entitäten zurückgeführt werden können. So betrachtet erscheinen dann moralische Tatsachen, die mit einer eingebauten oder ihnen innewohnenden Normativität ausgestattet sind, als ontologisch problematisch, da sie sich nicht ohne Weiteres in eine so konzipierte Wirklichkeit einfügen lassen. Mackie scheint hier also eine Eli-

minationsstrategie zu vertreten, das heißt die These, dass es keine moralischen Tatsachen gibt.[124]
Was kann der Realist hierauf antworten? Zunächst einmal kann er darauf hinweisen, dass die Leugnung der Existenz von moralischen Tatsachen nicht alternativlos ist, sondern mit konkurrierenden Strategien abgewogen werden muss. Dem Realisten stehen wenigstens drei solcher Optionen offen. So kann er ...

(1) ... die Konsequenz eines vom Reich des Natürlichen unterschiedenen Reichs der Werte in Kauf nehmen. In diesem Rahmen akzeptiert der Realist die vorgegebene Wirklichkeitsauffassung der Naturwissenschaften, hält aber zugleich an der Subjektunabhängigkeit moralischer Wahrheitsmacher fest. Moralische Tatsachen müssen dann freilich als autonome Entitäten gedeutet werden, die sich jenseits der uns bekannten naturwissenschaftlichen Wirklichkeit verorten lassen. Diese Position können wir als *super-naturalistischen Realismus* bezeichnen.

(2) ... die Ausgangsfrage erneut prüfen: Lassen sich moralische Tatsachen nicht *doch* in eine von den Naturwissenschaften vorgegebene Ontologie integrieren? Auch diese Strategie erläutert eine Erwiderung auf den Mackie'schen Einwand, der innerhalb des naturalistischen Theorienrahmens verbleibt. Inhaltlich läuft sie auf den Versuch hinaus, ein modales Abhängigkeitsverhältnis zwischen moralischen und natürlichen Tatsachen zu bestimmen, wobei es ganz unterschiedliche Charakterisierungen dieses Verhältnisses gibt. Hierbei können wir von einem *naturalistischen Realismus* sprechen.

(3) ... die Ausgangsfrage selbst als verfehlt zurückweisen: Er kann den Primat eines naturwissenschaftlichen Wirklichkeitsverständnisses infrage stellen und den Realismus außerhalb

des naturalistischen Paradigmas verteidigen. Das kann auf unterschiedliche Weise geschehen: Eine Möglichkeit besteht etwa darin, einen umfassenderen Begriff des Natürlichen vorzuschlagen, der auch moralische Tatsachen mit einschließt. Davon ausgehend können moralische Tatsachen dann als autonome Entitäten gedeutet werden, die jedoch nicht in einem zusätzlichen Wirklichkeitsbereich existieren, sondern in dem gleichen Bereich, in dem auch natürliche Tatsachen zu verorten sind. In diesem Fall handelt es sich um einen *non-naturalistischen Realismus.*

Alle drei Optionen sind nicht unverbunden, sondern stehen in einem bestimmten dialektischen Verhältnis zueinander. Und im gegenwärtigen Diskurs gibt es klare Präferenzen. So kann man ohne Übertreibung sagen, dass der Naturalismus von den meisten Metaethikern für die aussichtsreichste Variante des Realismus gehalten wird, auch wenn sein non-naturalistischer Konkurrent in den vergangenen Jahren an Boden gewonnen hat. Welche Gründe für diese Priorisierung sprechen und ob sie tatsächlich gerechtfertigt ist, muss uns hier nicht interessieren. An dieser Stelle kommt es vielmehr darauf an, die verschiedenen Versionen des Realismus zunächst einmal *überhaupt* zur Kenntnis zu nehmen. Wir sehen dann, dass Mackies Eliminationsstrategie keinesfalls alternativlos ist: Dem Realisten bleiben durchaus einige Möglichkeiten, seine Position in einer Weise zu modifizieren, die auf Mackies Absonderlichkeitsargument antwortet. Natürlich kann sich am Ende herausstellen, dass alle drei Verteidigungsstrategien des Realismus scheitern. Das aber wäre erst noch zu zeigen und kann von Mackie nicht einfach vorausgesetzt werden.

ii.) Das Phänomen der motivationalen Kraft moralischer Urteile

Neben der rationalen Autorität moralischer Urteile verweist Mackie zudem auf ihre motivationale Kraft. Denn moralische Überlegungen sind praktische Überlegungen: Die Zustimmung zu einem moralischen Urteil bleibt nicht folgenlos für das Motivationsset des Urteilenden. Wer das Urteil fällt, dass es moralisch geboten ist, hilfsbedürftigen Menschen über die Straße zu helfen, ist auch in der entsprechenden Situation notwendigerweise motiviert, gemäß dem Inhalt dieses Urteils zu handeln. Im Folgenden wird eine solche Position, die den notwendigen Zusammenhang zwischen moralischen Urteilen und Handlungsmotiven herausstellt, als *motivationstheoretischer Internalismus* bezeichnet.[125]

Für den Realisten besteht die Schwierigkeit nun darin, dass er die phänomenologische Einsicht, die durch den Internalismus theoretisch reflektiert wird, nur um den Preis erheblicher Folgekosten umsetzen kann. Was der Realist nämlich nach Mackie annehmen muss, um den begrifflichen Nexus zwischen Handlungsgründen und Motivation zu erklären, ist die Existenz von moralischen Tatsachen mit einer *internen* motivationalen Kraft.[126] Mit dieser These manövriert er sich aber in die Situation, merkwürdige und absonderliche Entitäten annehmen zu müssen, die sich durch ihre motivationale Effektivität von allen anderen bekannten nicht-moralischen Entitäten unterscheiden. Für Mackie stellt diese Annahme einen triftigen Grund dar, den Realismus als mögliche Option in der Theorienbildung abzulehnen.

Allerdings muss hier auf die begrenzte Reichweite der Mackie'schen Argumentation hingewiesen werden. Denn ein Blick auf die Theorienbildung des Realismus zeigt, dass dieser, setzt man eine internalistische Position voraus, keineswegs darauf festgelegt ist, moralische Tatsachen als motivational effektive Entitäten zu deuten. Es lassen sich alternative Kandidaten ausmachen, die diese Rolle übernehmen können. Eine Möglichkeit besteht etwa darin, auf eine bestimmte Verfasstheit des wertenden Subjekts zu verweisen. Entsprechend besteht dann die Erklärung für das Bestehen eines begrifflichen Zusammenhangs von moralischer Wertung und Motiv für den moralischen Realisten nicht in der Annahme einer intrinsischen motivationalen Kraft moralischer Tatsachen, sondern in der moralischen Sensibilität des Urteilenden.[127] Dieses Beispiel zeigt: Auch dem Realisten steht es offen, einen Internalismus zu vertreten, sodass sich aus dessen Wahrheit keineswegs ein zwingendes Argument gegen eine realistische Metaethik ergibt. Um einen schlüssigen Einwand formulieren zu können, müssen daher weitere Annahmen hinzutreten.

Eine mögliche Ergänzung des Internalismus stellt die humeanische Theorie der Motivation dar.[128] Dabei handelt es sich um eine in der Metaethik besonders wirkmächtige Auffassung bezüglich der Quelle moralischer Motivation. Stark vereinfacht lässt sich die zentrale These des Humeaners als Behauptung zusammenfassen, dass einzig konative Zustände wie Einstellungen, Emotionen oder Wünsche zu entsprechendem Verhalten motivieren können. Dementgegen kommt mentalen Zuständen wie Glaubensannahmen keine motivationale Kraft zu: Sie können *aus sich heraus* nicht zu einem bestimmten Verhalten motivieren.

Die entscheidende »Hebelfunktion«, die von der Kombination der beiden Annahmen im Hinblick auf die Kritik am Realismus ausgeht, lässt sich am sogenannten *Moral Problem* verdeutlichen, wie es von Michael Smith in seiner gleichnamigen Monografie von 1994 vorgebracht wurde. Hierbei handelt es sich um ein klassisches Kompatibilitätsproblem, das sich wie folgt darstellen lässt[129]:

P_1: Wenn ich ein moralisches Urteil fälle, dann bin ich auch *pro tanto* motiviert, entsprechend zu handeln. (= motivationstheoretischer Internalismus)

P_2: Nur durch den Willen generierte konative Zustände wie Einstellungen, Emotionen oder Wünsche können motivieren. (= humeanische Motivationstheorie)
P_3: Wenn ich einem moralischen Urteil zustimme, dann werden die Wahrheitsbedingungen für dieses Urteil von subjektunabhängigen moralischen Tatsachen gebildet. (= Realismus)

Jede der drei Behauptungen mag für sich genommen überzeugend sein. Dennoch erscheinen sie zusammengenommen miteinander unvereinbar. In logischer Hinsicht entsteht ein Trilemma: Wir halten drei Behauptungen für wahr, die nicht zugleich wahr sein können. Es ist leicht zu sehen, warum ein solches Trilemma eine Bedrohung für den Realismus darstellt. Denn sollte eine notwendige Verbindung zwischen moralischen Urteilen und Handlungsmotivation bestehen und sollten zugleich nur konative Zustände prinzipiell in der Lage sein, einen Handlungsimpuls zu initiieren, dann liegt es nahe, auch diejenigen Zustände, die moralischen Urteilen zugrunde liegen, als konative Zustände zu interpretieren. Der Realismus jedoch, so wie er bisher bestimmt wurde, setzt als Prämisse voraus, dass diese nicht als konative Zustände, sondern als Glaubensannahmen analysiert werden müssen. Insofern bereits diese Grundvoraussetzung als falsche Annahme herausgestellt wird, ist dem Realismus das theoretische Fundament entzogen. Es wäre somit, ergänzt man den Internalismus um die humeanische Theorie der Motivation, ein tragfähiges Argument gegen eine realistische Metaethik formuliert. So weit die negative Seite der Rekonstruktion.

Die positive Seite besteht darin, dass das Argument bereits eine Richtung vorgibt, wie der Realismus weiter verteidigt werden kann. Es gibt grundsätzlich drei Möglichkeiten:

(1) Der Realist weist die erste Prämisse, also den Internalismus, zurück und vertritt einen Externalismus. Demnach ist es falsch, dass moralische Urteile notwendigerweise mit einer Handlungsmotivation einhergehen. Damit wird nicht unbedingt bestritten, dass auf ein moralisches Urteil *oft* oder kontingenterweise sogar *immer* eine entsprechende Motivation folgt – bestritten wird nur, dass dies *notwendigerweise* der Fall ist. Ein paradigmatisches Beispiel, an dem sich die Diskussion zwischen Internalisten und Externalisten entzündet, ist die Diskussion um die Möglichkeit des Amoralisten, also einer Person, die die Einsicht in das moralisch Gebotene hat, ohne zugleich auch nur *pro tanto* motiviert zu sein.

(2) Der Realist könnte aber auch die humeanische Motivationstheorie zurückweisen und seinerseits eine Alternative anbieten. Dies ist eine Strategie, die insbesondere in der jüngeren Vergangenheit vertreten wird. Ein wesentlicher Baustein der Kritik ist etwa die Zurückweisung der Asymmetriethese, also der Behauptung, dass einzig konative Zustände zum Handeln motivieren können. Stattdessen wird die These vertreten, dass nicht jede Motivation auch einen Wunsch voraussetzt – zum Beispiel weil auch kognitive mentale Zustände (etwa Glaubensannahmen) oder sogar von ihnen unabhängige Tatsachen eine motivationale Kraft besitzen.

(3) Der Realist kritisiert sowohl den Internalismus als auch die humeanische Theorie der Motivation. In diesem Fall leugnet er also sowohl die notwendige Kovarianz von Gründen und Motiven als auch die These, dass konative Zustände die einzige Quelle der Motivation darstellen. Positiv gewendet vertritt er demnach einen Externalismus und eine anti-humeanische Theorie der Motivation, wobei ihm mit Blick auf die positive

Ausgestaltung von Letzterer die in (2) geschilderten Möglichkeiten bleiben.

Alle drei Strategien können vom Realisten genutzt werden, um seine Position zu verteidigen. Der Realist kann eine (oder beide) motivationstheoretische Prämisse(n) ablehnen, um mit dem Externalismus und der anti-humeanischen Motivationstheorie mögliche Alternativen ins Feld zu führen. Aber natürlich sind auch diese nicht unumstritten, sondern Gegenstand einer kontrovers geführten Debatte. Für die Frage nach der Überzeugungskraft des Realismus ist deren Ausgang entscheidend. Wenn der Realist zeigen kann, dass das anti-realistische Argument, wie es oben aufgeführt wurde, ins Leere geht, wäre einer wesentlichen Kritik an seinem Ansatz der Zahn gezogen. Um das entscheiden zu können, müssen aber weitere Überlegungen erfolgen, die weit in das Feld der moralischen Motivationstheorie führen. Wie dieses Feld strukturiert ist und welche Argumente sich für oder gegen bestimmte Theorien anführen lassen, wird das Thema des folgenden Kapitels sein.

5.4 Fazit und Ausblick

Der Realismus ist nach landläufiger Meinung derjenige Ansatz im metaethischen Theorienlager, der am besten zur alltäglichen Phänomenologie passt. Er scheint nur philosophisch zu explizieren, was wir ohnehin in unserer moralischen Praxis annehmen.[130]

Auch für den Realismus ergeben sich jedoch kritische Nachfragen. Zwei von ihnen wurden diskutiert: Die erste bezog sich auf die Möglichkeit einer angemessenen Rekonstruktion moralischer Uneinigkeit. Kann der Realist intra- und interkulturelle Uneinigkeit in der gleichen Weise erklären wie sein anti-realistischer Kontrahent? Hierauf wurde eine positive Antwort gegeben. Mit Blick auf die Erklärung von moralischen Meinungsverschiedenheiten ist kein entscheidender Vorteil für eines der metaethischen Lager auszumachen.

Die zweite Nachfrage machte auf die ontologischen und handlungstheoretischen Kosten des Realismus aufmerksam. Kann der Realismus tatsächlich die Einführung eines Reichs der Werte vermeiden, in dem moralische Tatsachen aufgrund ihrer intrinsischen Normativität und motivationalen Effektivität merkwürdig erscheinen? Diese Frage drückt zentrale Bedenken gegenüber dem Realismus aus, die es zu berücksichtigen gilt. Gleichzeitig wurde aber auch deutlich, dass der Realist vor diesen Nachfragen nicht kapitulieren muss, sondern Antworten anbieten kann. In ontologischer Hinsicht kann er einen Super-Naturalismus, Non-Naturalismus oder eine Version des Naturalismus verteidigen. In motivationstheoretischer Hinsicht kann er eine anti-humeanische Theorie der Motivation und/oder einen Externalismus vertreten. In der Folge ist es für den Realismus demnach entscheidend, dass er die oben genannten Positionen überzeugend plausibilisieren kann. Wenn das tatsächlich der Fall sein sollte, hat er einen wichtigen Schritt gemacht, um seine Position zu verteidigen. Sollte das nicht gelingen, erhält die Ausarbeitung einer anti-realistischen Alternative, sei es in Form des Non-Kognitivismus, sei es in Form des Konstruktivismus, neue Nahrung. Beide Debatten, sowohl die Frage nach der moralischen Motivation als auch die Frage nach dem Verhältnis von moralischen und natürlichen Tatsachen, sind demnach für die Realismus-vs.-Anti-Realismus-Diskussion zentral.

5.5 Weiterführende Lesehinweise

Für eine klassische Einführung in die Realismus-Problematik, die zugleich auch eine instruktive Einführung in die Metaethik darstellt, siehe etwa McNaughton (1988). Für einen informativen Überblick über die verschiedenen Versionen des Realismus siehe Tarkian (2004) und Sayre-McCord (2011). Die Unterscheidung zwischen einem schwachen und einer starken Version des Realismus entnehme ich aus Quante (2003), Kap. VI.1. Systematisch ließen sich noch weitere Untergliederungen vornehmen, die hier aber vernachlässigt wurden. Am bekanntesten ist wahrscheinlich die Unterscheidung zwischen einem naturalistischen und einem nicht-naturalistischen Realismus. Siehe hierfür einführend Tarkian (2004) und die weitere Diskussion in Kapitel 7. Einige hilfreiche Erläuterungen zur Attraktivität des Realismus findet man in McNaughton (1988) und Railton (2006).

Einige klassische Texte, die die wachsende Popularität des Realismus seit den späten 1980er Jahren bezeugen, finden sich in Gilespie (1986) und Sayre-McCord (1988). Für die neuere Diskussion des Realismus, in der sowohl Verteidiger als auch Kritiker zu Wort kommen, empfehle ich die Beiträge in Fischer (2004) und Heinrich/Schönecker (2011), Teil IV.

Gegenwärtig findet man eine ganze Reihe von Metaethikern, die sich dem Realismus verpflichtet fühlen. Zu den bekanntesten englischsprachigen Vertretern gehören sicherlich Richard Boyd (1988), David Brink (1989), John McDowell (1994, 1998), Russ Shafer-Landau (2003), Ralph Wedgwood (2007) und David Enoch (2011). Im deutschen Sprachraum werben mitunter Peter Schaber (1997), Franz von Kutschera (1999, 2011), Michael Quante (2003) und Christoph Halbig (2007) für eine realistische Metaethik.

Es gibt einige Einwände, die gegen den Realismus angeführt werden. Einen ersten Einstieg, von dem aus sich das Feld erschließen lässt, liefert Shafer-Landau (2009), Kap. 21. Für eine umfassende Verteidigung des Realismus, die neben einer Diskussion fast aller Kritiklinien auch ein positives Argument enthält, siehe Enoch (2011).

Ich habe lediglich zwei klassische Kritikpunkte herausgegriffen, die jedoch das Unbehagen vieler Kritiker wiedergeben:

Die erste Kritiklinie bezog sich auf die Möglichkeit einer angemessenen Rekonstruktion moralischer Meinungsverschiedenheiten. Der *locus classicus* ist Mackies *Argument from Relativity* (siehe Mackie [1977], Kap. 1.8). Für die neuere Rezeption des Arguments siehe Lillehammer (2004) und Tersman (2006). Die vorgetragenen Verteidigungen schöpfen vor allem aus Brink (1989) und Halbig (2007), Kap. 4.7.3.

Die zweite Kritiklinie basierte auf dem Verdacht, dass die Annahme von moralischen Tatsachen den Realismus auf ontologische, epistemologische und handlungstheoretische Probleme festlegt. Der klassische Kardinalvorwurf, das *Argument from Queerness*, findet sich in Mackie (1977), Kap. 1.9. Eine erhellende Interpretation, der ich mich bei der Darstellung weitestgehend angeschlossen habe, findet sich in Schmidt (2004). Die weitere Auseinandersetzung lehnt sich vor allem an Halbig (2007) und Rüther (2013) an.

6. Schlüsselkontroverse I: Moralische Motivation und humeanischer Internalismus

6.1 Vorbemerkungen

Moralische Urteile haben einen praktischen Charakter. Wer beispielsweise meint, dass bestimmte Handlungen unmoralisch sind, hat in der Regel auch ein Motiv, sie zu unterlassen. Natürlich geben solche Gesichtspunkte in Konfliktfällen nicht immer den Ausschlag. Manchmal überwiegen andere Motive, etwa solche des Eigeninteresses. Nichtsdestoweniger unterstellen wir, dass die aufrichtige Zustimmung zu einem Urteil nicht folgenlos für das Motivationsset des Urteilenden bleibt. Wie sollte es auch anders sein? Moralische Überlegungen sind ja immerhin *praktische* Überlegungen, in denen es nicht nur um die Erkenntnis, sondern auch um die Realisierung des moralisch Gebotenen geht. Diesem Umstand muss auch eine angemessene Theorie der Moral gerecht werden. Sie muss erklären, wie es möglich ist, dass die Moral uns zu Handlungen anleiten kann.[131]

Eine solche Beschreibung des praktischen Charakters der Moral wird auch von den meisten Metaethikern akzeptiert. Der Streit dreht sich vielmehr um etwas anderes. Er dreht sich nicht um die angemessene Darstellung des Phänomens, sondern um seine philosophische Interpretation. Hierbei kann sich die Auseinandersetzung auf verschiedene Aspekte richten und auf unterschiedliche Erkenntnisziele konzentrieren. Wenn wir uns aber die jüngeren motivationstheoretischen Diskussionen in der Metaethik ansehen, lassen sich vor allem zwei Themenkreise ausmachen, die im Zentrum der Aufmerksamkeit stehen[132]:

(1) Die Frage nach der ontologischen Quelle: Motivierende Gründe sind Gründe, aus denen wir handeln. Was aber sind diejenigen Entitäten, die uns tatsächlich zum Handeln motivieren?

(2) Die Frage nach dem Zusammenhang: Motivierende Gründe sind nicht nur Gründe, aus denen wir handeln. Sie stehen auch in einem engen Zusammenhang mit normativen Gründen, also Gründen, die uns verständlich machen, aus welchen Gesichtspunkten heraus wir so und nicht anders handeln sollten. Aber wie lässt sich der Zusammenhang zwischen diesen beiden Klassen philosophisch rekonstruieren?

Für beide Themenkreise gibt es Standardantworten, die sich in einem ersten Zugriff wie folgt charakterisieren lassen: Was uns zu moralischen Handlungen motiviert, sind ausschließlich psychische Zustände, die die Quelle der motivierenden Gründe bilden. Zwar ergeben sich innerhalb dieses Lagers verschiedene Möglichkeiten, wie man die psychischen Zustände genauer verstehen kann. Die wohl einflussreichste Theorie, der sogenannte *Humeanismus*, besagt aber, dass der motivierende Zustand durch ein Paar aus Wunsch und instrumenteller Glaubensannahme gebildet wird, wobei der Wunsch die entscheidende motivationale Rolle übernimmt. Was ist aber die Standardtheorie mit Blick auf die zweite Frage? Hier wird zumeist ein notwendiger Zusammenhang zwischen Gründen und Motiven unterstellt. Diejenige Theorie, die diese Intuition in eine metaethische Theorie umsetzt, ist der sogenannte *motivationstheoretische Internalismus*. Der Internalist[133] behauptet, dass Motive notwendigerweise mit Handlungsgründen zusammenhängen. Demnach hat jeder, der einen guten Grund hat, immer auch ein Motiv, entsprechend zu handeln.

Für die metaethische Theorienbildung ist nun interessant, dass beide Positionen sehr häufig zusammen vertreten werden. Das Standardbild der moralischen Motivation sieht daher so aus, dass konative Zustände die Quelle der moralischen Motivation sind und Gründe und Motive einen notwendigen Zusammenhang aufweisen. Humeaner sind oft auch Internalisten (und natürlich umgekehrt!). Und wenn wir dieser Kombination einen Namen geben wollen, können wir von einem *humeanischen Internalismus* sprechen.

Was aber hat das mit unseren bisherigen Diskussionen in dieser Einführung zu tun? Das lässt sich erkennen, wenn wir uns nochmals die Auseinandersetzung mit dem metaethischen Realismus, und noch präziser: mit John Mackies Absonderlichkeitsargument, in Erinnerung rufen.[134] Mackies motivationstheoretische Spitze bestand darin, den Realismus auf die Annahme von Tatsachen festzulegen, die aus sich heraus eine motivationale Kraft entwickeln können. Mackie und viele andere mit ihm finden das mysteriös und seltsam. Aber warum eigentlich? Das liegt mitunter daran, dass sie das Standardmodell moralischer Motivation akzeptieren. Sie meinen, dass nicht Tatsachen, sondern lediglich Wünsche motivieren können. Viele Realismus-Kritiker sind Humeaner, sodass für sie die Annahme von motivational wirksamen Tatsachen natürlich seltsam erscheint. Aber könnte der Realist nicht einfach weiterhin davon ausgehen, dass es moralische Tatsachen gibt, zugleich aber den Humeanismus akzeptieren? Das kann er in der Tat, und es ist ein sehr häufig beschrittener Weg.[135] Für die Kritiker ist das hingegen ein Irrweg, da der Realist ja in diesem Fall davon ausgehen muss, dass Handlungsgründe und -motive nicht notwendig miteinander verbunden sind – eine Vorstellung, die die Realismus-Kritiker aufgrund ihrer Neigung zum Internalismus für nicht akzeptabel halten. Wie auch immer man es wendet: Der Realist hat schlechte Karten, wenn es um die philosophische Rekonstruktion der moralischen Motivation geht. Er muss in der einen oder anderen Weise das Standardmodell ablehnen; entweder verstößt er gegen die humeanische Theorie der Motivation oder gegen den Internalismus – oder auch gleich gegen beide.

In der metaethischen Theorienbildung ist diese Kompatibilitätproblematik zwischen humeanischem Internalismus und Realismus schon früh bemerkt worden.[136] Am bekanntesten ist sicherlich das sogenannte *Moral Problem*, wie es Michael Smith in seiner gleichnamigen Monografie formuliert hat. Auf die genaue Ausformulierung des Problems sind wir schon im vorigen Kapitel eingegangen.[137] Aufmerksamkeit verdient an dieser Stelle Smiths Lösung: Diese besteht nämlich darin, den humeanischen Internalismus als argumentative Ressource zu verwenden, um den Realismus zugunsten eines Konstruktivismus zu ersetzen. Mit dieser Strategie ist Smith im anti-realistischen Lager nicht alleine. So formuliert etwa auch Simon Blackburn ein ganz ähnliches Kompatibilitätsproblem für den Realismus, für das er allerdings keinen konstruktivistischen, sondern einen non-kognitivistischen Lösungsansatz favorisiert.[138] Diese (und weitere) Argumente haben natürlich jeweils Unterschiede im Detail. Gemeinsam ist ihnen aber, dass der humeanische Internalismus einen wichtigen Baustein bildet, der einerseits die Stärken der eigenen Theorie hervorhebt – sei sie nun non-kognitivistischer und konstruktivistischer Provenienz –, andererseits aber auch auf die Schwächen der realistischen Alternative aufmerksam macht.

Aber sind Anti-Realisten auch darin gerechtfertigt, beide Elemente als wahr vorauszusetzen? Das ist die Leitfrage, die im

Zentrum dieses Kapitels stehen wird. Um ihr nachzugehen, werde ich in drei Schritten vorgehen. In einem ersten Schritt werden die Attraktivität der jeweiligen Elemente des humeanischen Internalismus erläutert und die Beweggründe dargestellt, die unabhängig vom *Movens* der Realismus-Kritik für diese angeführt werden können. In einem zweiten Schritt werde ich mich dann dem Humeanismus und Internalismus einzeln zuwenden und das Für und Wider kritisch diskutieren. Hierfür wird es auch nötig sein, die jeweiligen Alternativen zu nennen und kurz zu erläutern. In einem dritten Schritt werde ich schließlich die Ergebnisse zusammentragen und auch einen Ausblick auf die zu erwartenden Erträge der Debatte werfen.

6.2 Die Attraktivität des Humeanismus und Internalismus

Die wahrscheinlich wichtigste Triebfeder, warum der humeanische Internalismus vertreten wird, haben wir oben bereits erläutert. Es ist die Möglichkeit, eine überzeugende Kritik am metaethischen Realismus zu formulieren. Allerdings setzt dieses Anliegen voraus, dass auch die Prämissen der Kritik überzeugend sind, also der Humeanismus und der Internalismus. Bei beiden handelt es sich um Standardpositionen, die in der Metaethik eine breite Zustimmung finden.

6.2.1 Der Humeanismus und die intentionale Ausrichtung von mentalen Zuständen

Ein wichtiger Aspekt, warum viele Metaethiker mit dem Humeanismus sympathisieren, besteht in seiner Kompatibilität mit einer Standardtheorie zur Unterscheidung von intentionalen Zuständen. Diese geht von folgender Überlegung aus: Wenn wir verschiedene intentionale Zustände unterscheiden wollen, können wir das tun, indem wir ihre intentionale Ausrichtung vergleichen, oder etwas technischer ausgedrückt: ihre unterschiedliche »direction of fit«[139]. Was aber sind die unterschiedlichen Ausrichtungen von Glaubensannahmen und konativen Zuständen? Die Standardantwort: Die Ausrichtung von Glaubensannahmen besteht darin, dass sie eine »Geist-auf-Welt-Ausrichtung« aufweisen. Der Zweck[140] des mentalen Zustandes besteht darin, den repräsentationalen Gehalt – um die Metapher wieder aufzunehmen – auf die Welt auszurichten. Das Ziel der Glaubensannahmen ist es daher, mit der Welt übereinzustimmen. Anders verhält es sich demgegenüber bei konativen Zuständen. Ihre intentionale Ausrichtung lässt sich mit Blick auf das relationale Verhältnis von mentalem Zustand und Wirklichkeit genau umgekehrt beschreiben. Sie besitzen eine »Welt-auf-Geist-Ausrichtung«. Das heißt: Ihr Zweck besteht nicht darin, ihren Gehalt mit der Wirklichkeit in Übereinstimmung zu bringen und ihn bei Nichtübereinstimmung zu verändern, sondern es ist vielmehr die Wirklichkeit, die sich nach dem konativen Zustand zu richten hat. Mit dieser etwas unscharfen Bemerkung ist gemeint, dass das Ziel von konativen Zuständen weniger darin besteht, uns Informationen über die Beschaffenheit der Welt zu vermitteln, als vielmehr darin, sie gemäß ihrem eigenen Gehalt zu verändern. Nun erkennt man leicht, warum der Humeanismus und die Standardtheorie der intentionalen Ausrichtung gut zusammenpassen: Die Standardtheorie scheint nämlich dem Humeaner eine Begründung für seine zentrale These an die Hand zu geben, welche besagt, dass einzig konative Zustände zu Handlungen motivieren können. Der Grund liegt in ihrer mentalen Ausrichtung: Anders als Glaubensannahmen handelt es sich bei Wünschen um konative Zustände, die eine »Welt-auf-Geist-Ausrichtung« besitzen. Ihre Pointe besteht nicht darin, bestimmte Informationen über die Welt zu sammeln, sondern sie auf eine gewisse Weise zu verändern. Natürlich haben auch Glaubensannahmen, wie wir unten noch sehen werden, innerhalb eines humeanischen Modells ihre Berechtigung. Einen motivationalen Impuls können sie aufgrund ihrer intentionalen Ausrichtung aber nicht übernehmen. Das bleibt alleine den konativen Zuständen überlassen.

6.2.2 Internalismus und die Moralphänomenologie

Der Internalismus, also die These, dass es einen notwendigen Zusammenhang zwischen moralischer Wertung und Motiv gibt, ist eine weitverbreitete Theorie innerhalb der moralischen Handlungstheorie. Die Gründe, warum viele sie für eine attraktive Option halten, sind vielfältig. Einer der häufigsten Gründe stellt aber wohl die unterstellte Konvergenz mit den Gehalten der Alltagspraxis dar – und zwar sowohl synchron als auch diachron. In synchroner Hinsicht wird jemand, der angibt, ein moralisches Urteil zu akzeptieren, aber keine Motivation hat, entsprechend zu handeln, zur Frage Anlass geben, ob er tatsächlich dem Urteil zugestimmt hat oder überhaupt verstanden hat, was das moralische Sprachspiel ausmacht. In diachroner Hinsicht wird jemand, der seine Ansicht über die moralische Richtigkeit einer Handlung ändert, auch seine motivationalen Strukturen ändern. Wenn ich ein bestimmtes Besteuerungsgesetz der Regierung moralisch verwerflich finde, dieses Urteil aber im Lichte neuerer Daten revidiere, werde ich auch motiviert sein, mein Verhalten entsprechend zu ändern. Das ist auch dasjenige Bild, das wir in der argumentativen Praxis zugrunde legen. Wenn ich jemanden zur Verhaltensänderung bringen will, werde ich ihm Gründe nennen, die sein Urteil ändern sollen. Das hat, so scheinen wir zu unterstellen, auch einen Einfluss auf seine Motive. Wenn er tatsächlich meine Gründe anerkennt, wird das auch einen motivationalen Einfluss auf ihn haben. – Wir erkennen also: Die moralische Alltagspraxis verhält sich nicht neutral gegenüber der Frage, ob eine internalistische Position zutrifft oder nicht. Die Beispiele scheinen vielmehr nahezulegen, dass der Internalist lediglich eine Analyse liefert, die philosophisch expliziert, was ohnehin in der Praxis angelegt ist, das heißt: die notwendige Kovarianz zwischen moralischem Urteil und dem Motiv, entsprechend zu handeln.

6.3 Eine Auseinandersetzung mit dem Humeanismus

Die humeanische Motivationstheorie ist, wie oben schon ausgeführt, eine Theorie über die ontologische Quelle der moralischen Motivation. Ihr Grundgedanke lässt sich in zwei Thesen wiedergeben[141]:

> T_1: Der motivierende Zustand wird durch ein konatives und ein kognitives Element gebildet. (= Paarthese)
>
> T_2: Es besteht eine Asymmetrie zugunsten des konativen Elements: Die motivationale Kraft liegt allein bei diesem, während das kognitive Element lediglich die Aufgabe hat, den vom konativen Element ausgehenden Impuls in eine bestimmte Richtung zu lenken. (= Asymmetriethese)

John McDowell hat dieses Modell des menschlichen Handelns als ein quasi-hydraulisches System des Handelns beschrieben[142]: Die motivationale »Arbeit« wird allein vom konativen Element geleistet, das einen bestimmten Handlungsimpuls aussendet (=

T_2). Damit dieser jedoch eine Richtung erhält, bedarf es einer Glaubensannahme, die ihn in einer entsprechenden Weise kanalisiert (= T_1). Ohne Glaubensannahme bleibt der Impuls blind, ohne Impuls fehlt der Glaubensannahme die motivationale Wirkung.

Der handlungswirksame Impuls geht also allein vom konativen Element aus. Aber wodurch zeichnet sich dieses aus? Eine Standardversion, die wir als Ausgangspunkt für die weitere Auseinandersetzung verwenden können, stammt von David Hume und wird von ihm in seiner Theorie der Emotionen im zweiten Buches seines *A Treatise of Human Nature* (1978/1738) entwickelt. Darin beschreibt Hume das konative Element als »emotion of aversion and propensity«[143], wobei er statt »emotion« auch von »passion« spricht. Solche Zustände entstehen laut Hume durch die Aussicht auf Lust und Unlust, wobei diese Aussicht jedoch nicht als intentionales Objekt der Emotion gedeutet wird. Emotionen haben nach Hume überhaupt keinen repräsentationalen Gehalt. Vielmehr handelt es sich bei ihnen um die Folge, die sich einstellt, wenn wir etwas mit der Aussicht auf Lust oder Unlust verbinden. Wenn sich jemand in einem Zustand der Angst befindet, handelt es sich nicht um eine mentale Einstellung zu einer Gefahrensituation, sondern lediglich um eine Einstellung, die sich als kausale Folge einfach einstellt und demnach, wie Hume sich ausdrückt, genauso wenig über sich hinausweist wie die Tatsache, dass ich durstig, krank oder fünf Fuß groß bin.[144] Gleichwohl deutet Hume den motivationalen Zustand keineswegs als bloßes Zuschreibungsprodukt. Es handelt sich nicht um bloße Konstrukte, die wir durch Beobachtung des Verhaltens *ex post* zuschreiben können, sondern um ontologisch-reale Zustände. Das zeigt sich unter anderem daran, dass er neben dem Folgekriterium noch ein weiteres Kriterium ausmacht – ihren phänomenalen Gehalt.[145] So können wir laut Hume verschiedene konative Elemente voneinander abgrenzen, indem wir sie anhand ihrer Erlebnisqualität unterscheiden. Wer sich beispielsweise in einem Zustand der Angst befindet, wird eine Situation phänomenal sicherlich ganz anders erfahren als jemand, der sich in freudiger Erregung befindet. Warum aber sollten wir nun annehmen, dass nur so definierte Zustände die Quelle der moralischen Motivation bilden? Eine erste Möglichkeit besteht darin, auf weiterführende Argumente in der Anthropologie, Handlungstheorie und Philosophie des Geistes zu setzen, die diese Asymmetriethese stützen. Das ist eine Strategie, die Hume selbst vertreten hat.[146] Entscheidend für den Humeaner wird damit die Überzeugungskraft der jeweiligen Theorien, die in diesen Bereichen vertreten werden. Darüber hinaus verlagert sich die Debatte von der Motivationstheorie auch in andere Bereiche der Philosophie, was ihre Verteidigung denkbar anspruchsvoll macht. Diejenigen Metaethiker, die sie vertreten, müssen verschiedene philosophische Bereiche und ihre Zusammenhänge im Auge behalten und in jedem von ihnen die Überzeugungskraft der für den Humeanismus entscheidenden Positionen nachweisen.

Viele ziehen daher eine zweite Möglichkeit in Betracht, die darauf fußt, keine materiale, sondern eine formale Begründung der Asymmetriethese anzustreben. Den wahrscheinlich systematisch geschlossensten und meistbeachteten Beitrag in diese Richtung liefert Michael Smith in *The Humean Theory of Motivation* (1987).[147] Seine Grundidee besteht darin, den Nachweis zu führen, dass sich die Asymmetriethese bereits analytisch aus dem *Begriff* der Handlungsmotivation ableiten lässt. Der Vorteil dieser Strategie liegt auf der Hand: Es bedarf keiner materialen Zusatzannahmen, etwa aus der Handlungstheorie, der Philosophie des Mentalen, der Rationalitätstheorie usf. Vielmehr expliziert der Humeanismus nur begrifflich, was ohnehin in unseren Vorstellungen über Handlungsmotivationen angelegt ist. Smiths Argument stützt sich hierbei auf drei Prämissen[148]:

(1) »Having a motivating reason is, inter alia, having a goal.«
(2) »Having a goal is being in a state with which the world must fit.«
(3) »Being in a state with which the world must fit is desiring.«

Wer handelt, so Smiths Überlegung, der verfolgt notwendig ein Ziel. Dieses Ziel ist noch nicht »in der Welt« realisiert; vielmehr gibt es die Richtung vor, in der die Welt verändert werden soll – bis eben das Ziel erreicht ist. Durch diese spezifische Richtung des Passens unterscheiden sich praktische von theoretischen Einstellungen[149]: Die für theoretische Einstellungen charakteristische Richtung des Passens verläuft von der Welt zur Einstellung – die Einstellung soll zur Welt passen. Wer glaubt, dass p, aber feststellt, dass nicht-p, wird seine theoretische Einstellung ändern müssen. Wer p verwirklichen will, setzt hingegen geradezu voraus, dass nicht-p; ansonsten bestünde für ein entsprechendes Handeln ja gar keine Notwendigkeit mehr. Hier gilt es, die Welt dem Inhalt der praktischen Einstellung anzupassen.

Smith beansprucht mit dem vorliegenden Argument, allein aus einer Analyse der teleologischen Struktur intentionalen Handelns, wie sie in den Prämissen (1)-(3) enthalten ist, den Kern der humeanischen Motivationstheorie abzuleiten. Ob das jedoch gelingt, gilt als keineswegs ausgemacht.[150] Zwei Kritikpunkte, die ich für bedenkenswert halte, sollen kurz erwähnt werden:

Erstens scheint fraglich, ob das Argument in *formaler* Hinsicht tatsächlich zeigen kann, was es zeigen soll. Smith argumentiert mit seinem Argument nämlich streng genommen nur für die These, dass ein Wunsch in der Menge der Handlungsmotivationen immer präsent sein muss.[151] Er argumentiert also für die Paarthese, die ausschließt, dass Glaubensannahmen alleine zu Handlungen motivieren können. Das reicht aber nicht aus, um die stärkere Asymmetriethese zu rechtfertigen, nämlich dass Wünsche nicht nur präsent sind, sondern auch die entscheidende Rolle übernehmen können. Es bleibt möglich, dass mich beispielsweise die Glaubensannahme, ich solle meine Versprechen halten, dazu führt, einen entsprechenden Wunsch auszubilden, dem dann die geforderte Richtung des Passens zukommt.[152] Smiths Argument reicht daher nicht aus, um die humeanische Motivationstheorie zu stützen, sondern erweist sich sogar als kompatibel mit konkurrierenden Alternativen. Aber lassen wir diese formale Schwäche einmal beiseite und gestehen probeweise zu, dass sich diese durch einige Modifikationen beheben lässt. Zweitens erscheint in *inhaltlicher* Hinsicht dann immer noch zweifelhaft, ob alle drei Prämissen überzeugen können. Hierbei konzediert Smith selbst, dass die Einwände vor allem an seiner Prämisse (3) ansetzen werden, also an der These, dass Wünsche überhaupt einen Bestandteil des motivierenden Zustandes bilden. Das erscheint, wenn wir auf die Alltagspraxis schauen, denn auch als keineswegs unkontrovers. Wenn ich zum Beispiel widerwillig einen Freund im Krankenhaus besuche, um ein Versprechen zu halten, obwohl ich darauf gar keine Lust habe, dann will ich ihn im üblichen Sinne auch nicht besuchen. Trotzdem können wir mein Verhalten und meine Motivation leicht verständlich machen: Was mich motiviert, ist eben die Glaubensannahme, dass ich an mein Versprechen gebunden bin. Ein solcher Fall legt nahe, dass wir sehr oft Dinge absichtlich tun und sehr oft zu Dingen motiviert sind, die wir im beschriebenen Sinne gerade nicht wünschen. – Hierauf kann der Verteidiger des Humeanismus auf mindestens dreierlei Weisen antworten:

Erstens könnte er das Beispiel als einen marginalisierbaren Fall herunterspielen, der lediglich die berühmte Ausnahme von der allgemeinen Regel darstellt. Wenn wir uns aber, so der Verteidiger, in unserer Alltagspraxis genauer umsehen, würden wir erkennen, dass der Humeanismus sehr gut zu den Gehalten der Alltagspraxis passt. Darauf lässt sich Folgendes antworten: Zum einen ist die Konvergenzthese des Humeaners keineswegs eindeutig. Stattdessen lassen sich zahlreiche Beispiele formulieren, die deutlich machen, dass wir in sehr vielen Fällen nicht durch Wünsche, sondern durch andere Gesichtspunkte motiviert werden. Zum anderen – und das ist hier noch wichtiger – verkennt die Verteidigung die Pointe der Kritik. Diese richtet sich gar nicht darauf, dass Wünsche meistens keine Quelle der Motivation sind. Vielmehr soll kritisiert werden, dass Wünsche das einzige Movens des Handelns sein können. Was also infrage gestellt wird, ist die Asymmetriethese, die davon ausgeht, dass Wünsche *immer* die Quelle der moralischen Motivation sind. Und hier ist es wie bei allen All-Aussagen: Es reicht aus, wenn wir ein einziges Beispiel nennen, um die Wahrheit der These infrage zu stellen.

Zweitens könnte der Humeaner im Rahmen einer Irrtumstheorie daran festhalten, dass auch in diesem vermeintlichen Gegenbeispiel ein Wunsch vorliegt. Hume selbst scheint diese Strategie zu vertreten, wenn er auf seine Theorie der *calm passions* verweist.[153] Nach ihm setzen sich die *calm passions* aus zwei unterschiedlichen Gruppen zusammen, nämlich aus natürlichen Instinkten wie dem Wohlwollen gegenüber einem Mitmenschen; zum anderen aus der allgemeinen Neigung zum Guten und der Abneigung gegenüber dem Bösen. Aber auch hier stellen sich Probleme ein. Zunächst ist etwa fraglich, ob seine Theorie tatsächlich das leisten kann, was sie leisten soll, namentlich eine Integration der Gegenbeispiele in seine Motivationstheorie. So spricht Hume etwa davon, dass auch die *calm passions* bei näherer introspektiver Prüfung eine phänomenale Qualität haben, wenngleich diese nur sehr schwach ausfällt. Er spricht beispielsweise von einer *calm passion* als »little emotion«[154]. Wie aber kann in diesem Fall den Gegenbeispielen Rechnung getragen werden? Die naheliegende Antwort: eigentlich gar nicht, denn diese fußen ja gerade darauf, dass *kein* phänomenaler Gehalt vorliegt. Als Lösung bieten sich daher zwei Möglichkeiten an: Zum einen steht es Hume offen, eine *Hardliner*-Strategie anzustreben und die Kontraintuitivität seiner Theorie der Emotionen schlicht zu akzeptieren. Hier drängt sich jedoch der Verdacht auf, dass es sich um ein Musterbeispiel einer *Ad-hoc*-Lösung handelt. *Nur weil* Hume aufgrund von internen Theorienzwängen unbedingt daran festhalten muss, dass die moralische Handlungsmotivation immer von den von ihm bestimmten Emotionen ausgeht, bleibt keine andere Lösung, als an seiner kontraintuitiven Theorie festzuhalten.[155] Zum anderen kann er sich aber auch bereitwillig den Gegenbeispielen fügen und diese zum Anlass nehmen, seine Theorie grundsätzlich zu hinterfragen. In diesem Fall steht natürlich die Frage im Raum, wie eine alternative Bestimmung des motivierenden Zustandes aussehen kann. Wie lassen sich die konativen Zustände, die der Humeaner als motivational wirksam ansieht, bestimmen, wenn das Kriterium der phänomenalen Qualität aufgegeben wird? Diese Nachfrage führt uns direkt auf die letzte Strategie.

Drittens nämlich könnte der Humeaner versuchen, dem genannten Arbeitsauftrag nachzukommen, und konative Zustände in einer Weise modifizieren, die es erlaubt, den Gegenbeispielen Rechnung zu tragen. Klassischerweise stehen insbesondere zwei Optionen zur Auswahl:

(1) Zum einen könnte er behaupten, dass sich diese nicht über ihren phänomenalen Gehalt, sondern in vielen Fällen über ihr intentionales Objekt (zum Beispiel: die evaluative Tatsache,

dass ich meinen Freund besuchen sollte) individuieren lassen. Interessanterweise hat Hume diesen Weg ebenfalls ausgelotet, etwa in seiner Abgrenzung des Stolzes (*pride*) von der Freude (*joy*).[156] Nach ihm richtet sich Letztere immer auf den Gegenstand, der die Freude verschafft. Erstere hingegen richtet sich nicht nur auf ein Objekt, sondern auch auf das empfindende Subjekt. Ich freue mich darüber, dass etwas gelungen ist, aber ich bin stolz darauf, dass mir etwas gelungen ist. Der Stolz scheint demnach nicht nur ein, sondern sogar zwei intentionale Objekte zu haben. Eine solche Individuierung wirkt auf den ersten Blick nachvollziehbar. Auf den zweiten ist aber nicht nur fraglich, ob sie mit Humes eigenen Analysen konsistenterweise zusammenpasst, sondern auch, ob er damit nicht bereits seine Ausgangstheorie aufgegeben hat.[157] Er geht ja davon aus, dass lediglich konative Zustände zu moralischem Verhalten motivieren können. Wenn aber nachgewiesen würde, dass diese sich durch ihre intentionalen Gehalte unterscheiden, wäre es naheliegend, anzunehmen, dass auch diese Gehalte einen motivationalen Impuls entwickeln können. Die Asymmetriethese des Humeanismus und die Individuierung über ein intentionales Objekt scheinen daher kaum miteinander vereinbar.

(2) Zum anderen besteht aber auch die Möglichkeit, sich nicht am Wunschbegriff, sondern am Begriff der *pro-attitude* zu orientieren. Hierbei soll es sich um eine Entität handeln, die inhaltlich sehr viel breiter angelegt ist als die Kategorie des Wunsches und neben diesem auch noch zahlreiche weitere Entitäten umfassen kann. Eine solche Ausweitungsstrategie erfährt auch gegenwärtig viel Beachtung und wird von Smith ebenfalls als möglicher Modifikationsversuch favorisiert.[158] Gleichwohl stellen sich auch hierbei Zweifel ein: Eine *pro-atti-*

tude ist nämlich streng genommen kein mentaler Zustand, sondern lediglich das Implikat eines jeden intentionalen Handelns.[159] Dass jemand zu einer bestimmten moralischen Handlung motiviert ist, liegt einfach daran, dass er etwas an dieser Handlung findet. Was dieses »etwas« jedoch ist, darüber wird keine Auskunft gegeben. In der Handlungstheorie wird manchmal auch von einer Platzhalter-Bedeutung gesprochen[160]: Die *pro-attitude* ist lediglich der Platzhalter für den tatsächlich motivierenden Grund, der das Subjekt zur entsprechenden Handlung motiviert. Dieser Platzhalter kann durch einen humeanischen Wunsch substituiert werden. Genauso gut kann es aber auch sein, dass die Quelle der moralischen Motivation in einer moralischen Glaubensannahme oder Tatsache liegt. Mit anderen Worten: Die Kategorie der *pro-attitude* verhält sich neutral gegenüber der Frage, welche Klassen von *ontologischen* Entitäten es nun sind, die die Quelle der moralischen Motivation bilden. Anders als viele Humeaner meinen, eignet sie sich daher nicht, um eine humeanische Motivationstheorie zu verteidigen.

Insgesamt scheint also Smiths Argumentation in doppelter Weise zu scheitern: Zum einen ist nicht zu sehen, dass das Argument seinen eigenen Ansprüchen gerecht wird. Es zeigt lediglich, dass ein konatives Element bei jeder Handlungsmotivation vorhanden sein muss, nicht aber, wie der Humeaner behauptet, dass dieses auch die einzige Quelle der moralischen Motivation bildet. Zum anderen kann – wenn man die formalen Schwächen ignoriert – konstatiert werden, dass eine zentrale Schwierigkeit darin besteht, zu bestimmen, worin eigentlich das konative Element besteht. Hier gerät der Humeaner in ein Dilemma: Entweder lehnt er sich an die klassische Theorie der Emotionen von David Hume an, dann ist er mit zahlreichen Gegenbeispielen konfrontiert, die seinen Ansatz als hochgradig kontraintuitiv ausweisen. Oder er modifiziert seine Vorstellung davon, was konative Zustände sind. In diesem Fall hat die Diskussion der verschiedenen Optionen jedoch gezeigt, dass der Humeaner dadurch in eine Spannung zu seiner Ausgangstheorie gerät. Es ist zweifelhaft, ob er – zum Beispiel durch einen breiten Wunschbegriff wie die *pro-attitude* – die Asymmetriethese noch überzeugend rechtfertigen kann oder sie nicht sogar – durch die Annahme eines intentionalen Kriteriums – bereits »unter der Hand« aufgeben muss.

6.4 Ein Blick auf die Alternativen: Anti-humeanische Motivationstheorien

Welche Optionen aber haben wir, wenn die humeanische Theorie abgelehnt wird? Diese lassen sich in drei Gruppen einteilen:

(1) Eine erste Gruppe von Theorien teilt mit dem Humeanismus die These, dass es lediglich psychische Zustände sind, die uns zu Handlungen bewegen können. Ebenso wird davon ausgegangen, dass dieser psychische Zustand durch ein Paar, ein konatives Element und eine Glaubensannahme, gebildet wird. Demnach teilen die Vertreter auch die Paarthese des humeanischen Modells. Der Unterschied liegt in der Umkehrung der Asymmetriethese: Es sind in vielen Fällen nicht Wünsche, sondern Glaubensannahmen, die uns zu Handlungen motivieren können. Eine paradigmatische Theorie, die diese These philosophisch einzulösen verspricht, stammt von Thomas Nagel und wird von ihm in *The Possibility of Altruism* (1979) verteidigt. Nagel führt darin einen Unterschied zwischen zwei Arten von Wünschen ein, indem er zwischen motivierten und nicht-motivierten Wünschen differenziert.[161] Beide Klassen von

Wünschen unterscheiden sich in der Art und Weise ihres Zustandekommens. Motivierte Wünsche sind das Resultat eines praktischen Überlegens; nicht-motivierte Wünsche finden wir als gegeben vor. Das bedingt auch, dass wir beide unterschiedlich erklären: Motivierte Wünsche werden durch ihre zugrunde liegende Glaubensannahme rational verständlich gemacht, die Bildung von nicht-motivierten Wünschen erschließen wir über ihre kausale (z. B. ihre chemische oder physiologische) Genese. Die Idee hinter dieser Unterscheidung ist offensichtlich: Nagel möchte der Beobachtung Rechnung tragen, dass wir in manchen Fällen nicht durch Wünsche, sondern durch Glaubensannahmen motiviert werden. Darin besteht die Pointe der Einführung der Kategorie des motivierten Wunsches, der sich gerade dadurch auszeichnet, dass er sowohl kausal durch Glaubensannahmen hervorgebracht als auch durch diese erklärt wird.[162] Gleichwohl wirft diese Einführung auch einige Probleme auf. So scheint zunächst klar, dass Nagel die humeanische Asymmetriethese ablehnt. Nicht so klar ist hingegen sein Umgang mit der Paarthese. So gibt es einerseits Stellen, an denen er Wünsche als eigenständige mentale Zustände deutet, die weiterhin einen Teil des motivierenden Zustandes bilden – insbesondere in Fällen, wenn die motivierende Kraft von der Glaubensannahme ausgeht.[163] Das Festhalten an der Paarthese ist aber nicht unproblematisch: Denn wofür braucht man noch den Wunsch als mentalen Zustand, wenn die Glaubensannahme doch die ganze motivationale Arbeit macht? Hier droht Nagel auf die schon oben besprochenen Schwierigkeiten des Humeaners zurückzufallen, dass Wünsche in vielen Fällen gar kein Teil des motivierenden Zustandes sind. Andererseits finden sich aber auch Stellen bei Nagel, in denen er den Wunsch nicht mehr als mentalen Zustand, sondern nur noch als bloßen Reflex unserer Zuschreibungspraxis interpretiert.[164] In diesem Fall bleibt aber fraglich, inwiefern Nagel sich überhaupt noch auf dem Boden des Humeanismus bewegt. Immerhin verhält sich die Deutung der Wünsche als Zuschreibungsprodukte, wie oben schon erläutert, neutral gegenüber der Frage, um welche mentalen Zustände es sich denn nun handelt, die die Quelle der moralischen Motivation bilden. Wenn Nagel demnach diesen Weg beschreiten würde, wäre das durchaus kompatibel mit Ansätzen, die motivierende Zustände als Glaubensannahmen deuten. Mit anderen Worten: Er könnte einen Ansatz nicht ausschließen, der sowohl die humeanische Asymmetriethese als auch die Paarthese ablehnt. Was aber bliebe dann noch vom Humeanismus übrig?

(2) Eine zweite Gruppe von Theorien nimmt diesen letzten Gedanken zum Ausgangspunkt, um die beiden Thesen des Humeanismus grundsätzlich zu hinterfragen. Zwar deuten auch deren Vertreter den motivierenden Zustand als psychischen Zustand, geben aber die Annahme auf, dass Wünsche, seien sie nun motiviert oder nicht-motiviert, überhaupt einen Bestandteil des motivierenden Zustands bilden. Ein prominenter Vertreter ist Jonathan Dancy, der in den ersten drei Kapiteln von *Moral Reasons* (1993) ein alternatives Modell entwickelt, das er als reinen Kognitivismus (*pure cognitivism*) bezeichnet. Die Grundidee lautet dabei, dass sich der motivierende Zustand aus einem Paar von Glaubensannahmen zusammensetzt.[165] Die erste Annahme hat die Ausgangssituation zum Gegenstand. Sie besagt etwas darüber, welche Mittel angewendet werden müssen und unter welchen Bedingungen die Handlung stattfinden kann. Die zweite Annahme beinhaltet die Zielvorgabe der Handlung. Sie besagt etwas darüber, in welcher Weise die Welt verändert werden soll. Beide Glaubensannahmen sind nach Dancy hinreichend für die Handlungsmotivation.

An dieser Stelle erkennen wir den Vorteil des reinen Kognitivismus gegenüber der Theorie von Nagel: Letzterer hatte das Problem, dass er im Fall des Vorliegens eines motivierten Wunsches etwas darüber sagen musste, was genau unter »Wunsch« zu verstehen ist. Das führte Nagel in das Dilemma, entweder an der Paarthese des Humeanismus festzuhalten und damit eine kontraintuitive Theorie zu vertreten oder aber die Paarthese abzulehnen, damit aber Gefahr zu laufen, die eigene Ausgangstheorie zu unterminieren. Das ist eine Problemkonstellation, die der reine Kognitivismus vermeidet. Zwar vertritt auch Dancy weiterhin eine Paarthese. Anders als bei Hume und Nagel bildet der Wunsch aber keinen Bestandteil des motivierenden Zustandes mehr. Die schwierige Frage nach der Individuierung von konativen Zuständen stellt sich für Dancy daher nicht. Allerdings ist auch der reine Kognitivismus nicht unwidersprochen geblieben. Ein bekannter Einwand lautet etwa[166]: Wenn wir uns, wie Dancy es tut, an unserer alltäglichen Praxis der Handlungserklärung orientieren, sind es gerade keine psychischen Zustände – egal, ob Wünsche oder Glaubensannahmen –, die uns zu Handlungen motivieren. Es sind vielmehr moralische Tatsachen in der Wirklichkeit. Wer gefragt wird, warum er einem Freund beim Umzug geholfen hat, wird vielleicht sagen: »Weil er meine Hilfe benötigt hat.« Was dazu motiviert, dem Freund zu helfen, ist der Umstand, dass er auf die Hilfe angewiesen ist – zum Beispiel, weil viele potenzielle Helfer abgesagt haben. Ein so beschriebenes Handlungsmotiv enthält keine Referenz auf einen psychischen Zustand. Jedoch: Dancy steht es frei, auch diese Fälle im Rahmen seiner Theorie zu deuten. Lässt sich nicht doch hinter jeder Tatsache genauer besehen eine Glaubensannahme ausmachen, die solche Fälle erklären kann? Eine solche Integration ist fraglos möglich. Kritisch zu hinterfragen wäre aber, warum man sie vertreten sollte. Der einfache Grund, dass wir durch die Integration weiterhin reine Kognitivisten sein könnten, trägt dabei nicht viel aus. Die entscheidende Frage besteht ja gerade darin, ob es gute Gründe gibt, diese Theorie gegenüber anderen vorzuziehen. Aussichtsreicher wäre es daher, die Schwächen der Gegner in den Blick zu nehmen. So mag es vielleicht besser zu den Gehalten der Alltagspraxis passen, wenn wir auf moralische Tatsachen als Quelle der motivierenden Gründe abstellen. Im Hinblick auf die Rekonstruktion von anderen Zusammenhängen ergeben sich indes entscheidende Nachteile, die diese intuitive Adäquatheit schnell aufwiegen. Hierzu zwei Anmerkungen: Zum einen ist fraglich, dass Dancy diese Strategie tatsächlich offensteht. So ist die Konvergenz mit der Alltagspraxis gerade derjenige Pluspunkt, mit dem er seine eigene Theorie gegenüber der von Hume und Nagel verteidigt. Dieses Kriterium aber genau in dem Moment für nicht schlagend zu halten, wenn der eigene Ansatz mit Gegenbeispielen konfrontiert wird, erscheint als ziemlich halbherzig und *ad-hoc.* Zum anderen scheint der Hinweis auf einen Abwägungsprozess bereits eine implizite Beweislastverschiebung vorzunehmen. Der reine Kognitivist gesteht ja zu, dass er für manche Fälle eine kontraintuitive Lösung anbieten muss. Dieser Malus wird aber dadurch aufgewogen, dass es die Gegner noch viel schwerer haben. Damit aber verschiebt sich die Diskussion auf die Seite einer möglichen Alternative. Wenn diese nachweisen kann, dass ihre Probleme kleiner sind als diejenigen des reinen Kognitivismus, wäre dieser Ansatz in jedem Fall vorzuziehen.

(3) Eine nunmehr dritte Gruppe von Metaethikern erwägt daher einen radikalen Schritt, um den Psychologismus der bisher besprochenen Varianten aufzugeben. Der wahrscheinlich

bekannteste alternative Ansatz, den wir als Non-Psychologismus bezeichnen können, stammt wiederum von Jonathan Dancy und findet sich unter anderem in seinem Werk *Practical Reality* (2000). Dancys Grundgedanke ist dabei, dass es nicht psychische Zustände sind, sondern Tatsachen *in rerum natura*, die uns zu Handlungen motivieren. Getragen wird der Ansatz von zahlreichen Alltagsbeispielen, die alle aufzuzeigen scheinen, dass wir in den meisten Fällen von dieser Grundannahme ausgehen. Interessanterweise soll das sogar für Fälle gelten, in denen uns die moralische Tatsache auf den ersten Blick nicht transparent ist, etwa weil sich diese direkt auf unsere eigenen Überzeugungen richtet.[167] Zum Beispiel: Jemand bemerkt, dass er sich in einem bestimmten psychischen Zustand befindet, der ihn sadistische Handlungen ausführen lassen würde. Das motiviert ihn nun dazu, sich in die psychiatrische Klinik einzuweisen. Worin besteht der motivationale Faktor? Nach Dancy ist es auch in diesem Fall eine Tatsache, namentlich diejenige, dass der Urteilende etwas glaubt oder wünscht, was moralisch fragwürdige Konsequenzen hätte. Diese Tatsache ist es, die den Urteilenden dazu veranlasst, sich selbst einzuweisen. Es gibt allerdings auch Bedenken gegenüber dem Non-Psychologismus. Auf drei von ihnen möchte ich kurz hinweisen: Erstens ist nur schwer zu sehen, wie die Annahme von moralischen Tatsachen als Quelle der moralischen Motivation mit einer naturwissenschaftlichen Hintergrundontologie zusammenpasst, die keine moralischen Tatsachen kennt, welche aus sich heraus motivational wirksam sind. Darauf kann an dieser Stelle nicht detailliert eingegangen werden. Non-Psychologisten antworten darauf jedoch zumeist mit einer Kritik einer solchen Hintergrundontologie und der Exposition eines alternativen Modells, was sich entweder als Super- oder Non-Naturalismus beschreiben lässt. Wie ein solches Modell moralischer Tatsachen aussehen kann, wird noch Gegenstand des nächsten Kapitels sein. Zweitens erscheint einigen fraglich, ob der Non-Psychologist den internen Zusammenhang zwischen Handlungsmotivation und epistemischem Wissen befriedigend erklären kann.[168] Wenn das Subjekt nicht weiß, dass p, kann es durch p nicht motiviert werden. Wäre es daher nicht aussichtsreicher, davon auszugehen, dass es das Wissen um p ist und nicht p selbst, das es motiviert? Der Psychologist hat jedenfalls nur wenige Schwierigkeiten, den kontrafaktischen Zusammenhang deutlich zu machen. Dass das Subjekt nicht motiviert ist, liegt einfach daran, dass es nicht von p überzeugt ist oder p nicht wünscht. An dieser Stelle steht der Non-Psychologist vor der Schwierigkeit, eine Erklärung zu finden, die dem Zusammenhang zwischen epistemischem Wissen und Motivation Rechnung trägt, ohne zugleich in eine Version des Psychologismus abzugleiten. Drittens lässt sich ein Einwand anführen, der sich auf die Erklärung von moralischen Irrtümern bezieht.[169] Dieser Einwand geht von der kaum bezweifelbaren Beobachtung aus, dass wir in Bezug auf die Tatsachen, die uns motivieren, häufig falsch liegen: Wir glauben, dass eine solche besteht, obwohl das eigentlich gar nicht der Fall ist. Wie aber lässt sich erklären, dass wir manchmal von Entitäten motiviert werden, die eigentlich keine guten Gründe hinter sich haben? Eine auf den ersten Blick nachvollziehbare Option bietet der Psychologismus: Es handelt sich bei diesen Entitäten einfach um psychische Zustände, die weder wahr noch falsch sind. Diese sind somit, in der Formulierung von John McDowell, der »höchste gemeinsame Nenner«[170] zwischen richtigen und falschen Motiven. Dem Non-Psychologismus steht diese Möglichkeit nicht offen. Er nimmt ja an, dass der motivierende Zustand durch Tatsachen gebildet wird. Diese sind aber *qua* Tatsache immer etwas, was der Fall ist.

Wie aber kann der Non-Psychologist ausgehend von dieser Annahme erklären, dass wir manchmal durch Entitäten motiviert werden, die gerade nicht zu existieren scheinen? – Alle drei Problemkomplexe, die in den verschiedenen Kritiklinien angesprochen wurden, haben in der Literatur breiten Niederschlag gefunden. So hat es auch vonseiten des Non-Psychologisten einige Antwortversuche gegeben, die hier nicht zur Sprache kommen können.[171] Vor dem Hintergrund der skizzierten Dialektik sollte jedoch deutlich geworden sein, dass es sich bei dieser Debatte um eine wichtige »Schaltstelle« in der Motivationstheorie insgesamt handelt. Wenn der Non-Psychologismus auf die genannten Bedenken eine überzeugende Lösung entwickeln kann, entfällt auch ein Großteil der Skepsis gegenüber seiner Theorie.

6.5 Eine Auseinandersetzung mit dem Internalismus

Nachdem wir uns im letzten Abschnitt mit dem Humeanismus beschäftigt haben, wenden wir uns nun einem weiteren Element zu, dem motivationstheoretischen Internalismus. Dieser wurde oben schon kurz beschrieben, seine Grundidee ist aber noch erläuterungsbedürftig. Beginnen wir mit der zentralen These, die sich wie folgt formulieren lässt:

> (T) Wer ein moralisches Urteil fällt, ist auch *pro tanto* motiviert, entsprechend zu handeln.

Versuchen wir zunächst eine Präzisierung der verschiedenen Satzglieder, die es erlaubt, den Internalismus, wie er im Folgenden diskutiert werden soll, genauer zu charakterisieren:

(a) Was heißt es, ein moralisches Urteil zu fällen? Wenn der Internalist davon spricht, dass jemand ein moralisches Urteil fällt, ist gemeint, dass das Subjekt der Äußerung den Inhalt des Urteils i.) erkennt und ii.) auch anerkennt.[172] Mit i.) ist der Umstand beschrieben, dass ein guter Grund nur dann motivieren kann, wenn er auch als solcher erkannt worden ist. Wer nicht erkannt hat, dass etwa eine bestimmte Besteuerung falsch ist, wird auch nicht aus diesem Grund motiviert sein, eine entsprechende Handlung auszuführen. Das heißt natürlich nicht, dass auch ohne die Erkenntnis dieses Grundes ein solcher bestehen kann. Zu dieser These, die uns in die Realismus-Diskussion führt, verhält sich der Internalismus neutral. Seinen Vertretern geht es nicht um die Frage nach der Existenz von moralischen Tatsachen, sondern um die Beziehung zwischen normativen und motivierenden Gründen. Mit ii.) ist hingegen das Phänomen angesprochen, dass wir ein Urteil nicht nur erkennen, sondern auch anerkennen können. Beides muss unterschieden werden. So können wir einen guten Grund erkennen, diesen aber nur als hypothetische Möglichkeit erwägen oder ihn in theoretischer Absicht zur Kenntnis nehmen. Wenn wir dagegen ein moralisches Urteil auch anerkennen, meinen wir damit, dass wir es als praktische Forderung an unsere Handlungen verstehen. Beide Elemente, das Erkennen und das Anerkennen eines Urteils, sind notwendige Bedingungen des Internalismus.

(b) Was ist eine *Pro-tanto*-Motivation? Mit einer solchen Motivation fasst der Internalist das Phänomen, dass eine Motivation nicht immer durchschlagend ist.[173] Wer eine bestimmte Vorstellung über die moralische Angemessenheit einer Handlung hat, agiert nicht immer entsprechend. Hierbei handelt es sich um ein sehr vertrautes Phänomen, das man aus begrifflichen

Gründen nicht ausschließen sollte. Der Internalist behauptet demnach eine Verbindung zwischen Handlungsgründen und Motiven, nicht zwischen Motiven und faktischer Handlung. Der Internalist hält daher an der kontrafaktischen Forderung fest, dass die durch die moralische Wertung implizierte Motivation ausreicht, wenn keine anderen motivationalen Faktoren entgegenstehen. Wer ein moralisches Urteil fällt, ist notwendig motiviert zum Handeln, obgleich diese Motivation nicht immer ausschlaggebend ist.

(c) Welchen Status hat der Zusammenhang zwischen Wertung und Motiv? Im Folgenden wird die obige These nicht als normative, sondern als deskriptive These über das Verhältnis von Gründen und Motiven verstanden. Eine normative Variante des Internalismus würde etwa behaupten, dass ein moralisches Urteil nur genau dann motiviert, wenn der Urteilende hinreichend rational ist.[174] In diesem Sinne könnte man das Ausbleiben einer Motivation mit der mangelnden Rationalität des jeweils Urteilenden erklären. Eine deskriptive Variante des Internalismus, die hier als Grundlage der weiteren Diskussion verwendet wird, behauptet hingegen, dass immer, wenn eine moralische Wertung vorliegt, auch eine Motivation vorhanden ist. – Ob hingegen jemand rational ist oder nicht, spielt bei dieser Verbindung keine Rolle. Sie würde dem deskriptiven Internalisten zufolge auch in dem Fall bestehen, wenn wir es mit paradigmatischen Fällen von Irrationalität zu tun hätten.

(d) Welche Modalität hat die Beziehung zwischen Wertung und Motiv? Der Internalist versteht die Verbindung, wie schon gesagt, als eine notwendige Beziehung der beiden Relata. Allerdings ist damit noch nicht die Frage berührt, von welcher Art der Notwendigkeit hier gesprochen wird. In diesem Zusammenhang gibt es mehr als nur eine Option. Im Folgenden wird der Internalismus als eine Position verstanden, die von einer begrifflichen Notwendigkeit des Verhältnisses von Wertung und Motiv ausgeht. Der Internalismus ist seinem eigenen Selbstanspruch zufolge demnach ein Implikat dessen, was wir unter einem moralischen Urteil verstehen. Ein moralisches Urteil zu fällen heißt, ein Motiv zu haben, entsprechend zu handeln. Wer demnach ein Urteil fällt, aber nicht motiviert ist, hat entweder das Sprachspiel der Moral nicht verstanden oder – wenn er die Bedeutung der moralischen Begriffe kennt – bei näherem Hinsehen gar kein moralisches Urteil getroffen.

Aber wie überzeugend ist nun der Internalismus? Um das genauer zu sehen, beginnen wir mit einem klassischen Gegenbeispiel, das die Diskussion um den Internalismus seit jeher begleitet – die Möglichkeit des Amoralisten.[175] Hierbei soll es sich um eine Person handeln, die um die Werte und Normen ihrer Mitmenschen weiß und sie auch als richtig akzeptiert. Hierin unterscheidet sie sich beispielsweise vom Skeptiker oder Nihilisten. Gleichzeitig zeichnet sich diese Person aber dadurch aus, dass sie in keinerlei Weise motiviert ist, entsprechend dem Urteil zu handeln.

Nun zum Problem für den Internalisten. Dieses besteht darin, dass er die Möglichkeit einer solchen Position anscheinend leugnen muss. Für einen Vertreter des Internalismus ist der Amoralist eine begriffliche Unmöglichkeit[176]: Der Internalist nimmt schließlich nicht nur an, dass es eine verlässliche Kovarianz zwischen Wertung und Motivation gibt, sondern auch, dass es sich hierbei um einen begrifflichen Zusammenhang der beiden Relata handelt. Das aber impliziert, dass es keine Person geben kann, die eine Wertung trifft, ohne ein Motiv zur entsprechenden Handlung auszubilden. In der alltäglichen Praxis scheinen wir jedoch zumindest von der Möglichkeit einer solchen Person auszugehen.

Den Amoralisten, so meinen wir, kann es tatsächlich geben. Wie kann der Internalist darauf reagieren? In der metaethischen Literatur werden zumindest drei Antworten diskutiert:

Erstens kann der Internalist behaupten, dass der Amoralist in der Praxis nur sehr selten vorkommt und die Reichweite des Einwandes daher sehr begrenzt ist. Im Kern ändert sich also nichts an der Überzeugungskraft des Internalismus. Darauf ist Folgendes zu erwidern: Eine solche Replik verkennt die Schlagkraft des Einwandes, der gar nicht darauf abzielt, dass Amoralisten selten oder vielleicht sogar gar nicht in Erscheinung treten. Das mag sogar faktisch zutreffen. Dem Kritiker ging es vielmehr um die Infragestellung der begrifflichen These des Internalisten, der zufolge wir die Rede von einem moralischen Urteil so verstehen, dass mit ihm immer ein Motiv zu handeln verbunden wird. Um jedoch diese begriffliche These zu widerlegen, reicht auch ein bloß *hypothetischer* Fall, der uns vor Augen führt, was es heißt, ein moralisches Urteil zu fällen. Wenn der Kritiker daher nachweisen kann, dass wir den Amoralisten intuitiv für möglich halten, wäre der Internalismus widerlegt.

Zweitens erscheint es daher aussichtsreicher, wenn der Internalist die gegen ihn angeführten Gegenbeispiele ernst nimmt und versucht, sie mit seiner Theorie zu harmonisieren. Eine Möglichkeit, das zu tun, wäre etwa, zu behaupten, dass die vermeintlichen Gegenbeispiele bei genauerem Hinsehen eigentlich gar nicht gegen den Internalismus sprechen. Vielmehr könnte auch der Internalist beanspruchen, solche Fälle auf dem Boden seiner Theorie zu erklären. Dabei sind seine Erklärungsoptionen sehr vielfältig. Drei Möglichkeiten seien kurz genannt:

Option 1: Der Internalist könnte etwa behaupten, dass wir in den Amoralisten-Beispielen mit einer Person konfrontiert sind, die gar keine moralische Wertung trifft, zum Beispiel, weil sie die Bedeutung moralischer Urteile gar nicht kennt. Eine solche Person steht gleichsam außerhalb der Moral und kann daher auch nicht durch ihre Wertungen zu Handlungen motiviert werden. Sie versteht schlichtweg nicht, was eine moralische Wertung überhaupt ist.

Option 2: Auch könnte es sein, dass in den vermeintlichen Amoralismus-Beispielen der Urteilende nicht wirklich eine moralische Wertung abgibt, sondern eine andere Absicht verfolgt. Er könnte ja auch ein Lügner sein, also seine Wertung nur heucheln. Der vermeintliche Amoralist gibt demnach nur vor, dass er eine moralische Wertung teilt, während er in Wirklichkeit diese für falsch hält.

Option 3: Weiterhin besteht die Möglichkeit, dass der vermeintliche Amoralist, wie Richard Hare es nennt, seine moralische Wertung nur in Anführungszeichen gebraucht.[177] Der Urteilende akzeptiert weder die Wertung, noch heuchelt er sie. Vielmehr verwendet er sie als eine Art von Zitat, das die geteilten Moralstandards, von denen er sich distanzieren will, beinhaltet. Er spricht demnach über moralische Wertungen, und zwar ohne selbst welche zu treffen.

Gemeinsam ist allen drei Analysen des Internalisten, dass sie einen Versuch darstellen, die vermeintlichen Gegenbeispiele aufzulösen. Zwar mag der Kritiker recht haben, dass wir auf den ersten Blick mit dem Amoralisten ein Beispiel vor uns haben, das die notwendige Beziehung von moralischem Urteil und Motivation infrage stellt. Auf einen zweiten Blick erkennen wir aber, dass es eine solche Person nicht geben kann. Es handelt sich hierbei vielmehr um Fälle, die sich so analysieren lassen, dass jemand überhaupt scheitert, eine Wertung zu treffen, seine Zustimmung nur heuchelt oder lediglich über den Inhalt seines Urteils referiert. Eine wirkliche Zustimmung zum moralischen Urteil, so die Überzeugung des Internalisten, gibt es jedenfalls nicht.[178] Was ist von diesen Rettungsversuchen zu halten? Hier ist zu betonen, dass sie eigentlich nur denjenigen überzeugen, der bereits den internalistischen Standpunkt eingenommen hat. Denn erst vor dem Hintergrund, dass eine begriffliche Verbindung zwischen Wertung und Motiv besteht, werden die obigen Erklärungsmodelle überhaupt nötig. Der Kritiker wird freilich diese Notwendigkeit gar nicht sehen. Er wird weiterhin daran festhalten, dass es sich beim Amoralisten um ein vertrautes Phänomen handelt, das nur dann infrage gestellt werden sollte, wenn vonseiten des Internalismus eine substanzielle Argumentation geführt wird.[179] Diese im Rahmen der internalistischen Analyse einfach vorauszusetzen präjudiziert eine Antwort auf die Streitfrage, die eigentlich noch nicht entschieden ist, nämlich ob es sich beim Internalismus um eine überzeugende Theorie handelt.

Drittens könnte der Internalist versuchen, die Möglichkeit des Amoralisten einzuräumen. Aber wie ist das mit seiner Theorie vereinbar? Mit van Roojen könnte man etwa eine Modifikation des Internalismus in Erwägung ziehen, wie sie oben schon kurz angesprochen wurde.[180] Denn man kann den Internalismus nicht nur als begriffliche, sondern auch als normative Variante verstehen. Die normative Variante des Internalismus besagt, dass derjenige, der aufrichtig einem moralischen Urteil zustimmt, auch zu entsprechendem Handeln motiviert sein *sollte*. In diesem Fall könnte es tatsächlich Amoralisten geben. Sie zeichnen sich dem normativen Internalisten zufolge nur durch einen Mangel an praktischer Rationalität aus, welcher dazu führt, dass sie in keiner Weise motiviert sind. Allerdings ist bei dieser Strategie Vorsicht geboten: Zum einen scheint sie die wesentliche Streitfrage auf eine andere Ebene zu verschieben. Der zentrale Streitpunkt betraf die Frage, ob moralische Wertungen notwendigerweise Handlungsmotivationen implizieren, nicht die inhaltliche Frage, ob Wertungen eine rationale Person motivieren sollten. Zum anderen, und das ist noch folgenreicher, scheint der normative Internalismus bereits den begrifflichen Internalismus zu falsifizieren.[181] Gerade weil der normative Internalist annimmt, dass es keine notwendige Verbindung zwischen Wertung und Motiv gibt, kann er von der Möglichkeit des Amoralisten ausgehen. Im Kern handelt es sich bei dieser Strategie also nicht um eine Verteidigungsoption, sondern um eine solche, die der Gegenposition bereits denkbar weit entgegenkommt.

6.6 Ein Blick auf die Alternative: Der Externalismus

Der Internalismus ist sicherlich die dominierende Position in der Metaethik, wenn es um die Rekonstruktion des Verhältnisses von moralischem Urteil und Motiv geht. Gleichwohl lassen sich, wie wir gesehen haben, auch gegen seine Position einige Überlegungen anführen. Folgen wir diesem Gedankengang, wirft das die Frage nach den Alternativen auf. Diese Gegenposition können wir als *motivationstheoretischen Externalismus* bezeichnen. Seine Vertreter teilen mit dem Internalismus die These, dass es eine verlässliche Kovarianz zwischen moralischer Wertung und Motivation gibt. Unstrittig zwischen beiden ist auch, dass eine Änderung in einer moralischen Wertung auch zu einer Änderung im Motivationsset führt. Ein Unterschied ergibt sich jedoch in dem Moment, wenn es um die Deutung dieses Zusammenhangs geht. Der Internalist sieht darin den Ausdruck einer begrifflichen Wahrheit darüber, was es heißt, ein moralisches

Urteil zu fällen. Der Externalist hingegen lässt sich von Gegenbeispielen wie dem Amoralisten beeindrucken und ist vorsichtiger. Er meint, dass es sich lediglich um einen kontingenten Zusammenhang handelt, der natürlich in vielen Fällen besteht, aber – wie das Amoralisten-Beispiel zeigt – eben nicht in allen. Daraus ergibt sich natürlich ein höherer Arbeitsaufwand: Der Externalist muss die häufige Kovarianz der beiden Relata erklären und kann – anders als der Internalist – nicht behaupten, dass die motivationale Kraft ein begriffliches Implikat eines moralischen Urteils ist. Er braucht daher eine andere Erklärung.

Die klassische Strategie des Externalisten besteht darin, ein konatives Element einzuführen, das diese vermittelnde Rolle übernehmen kann. Der für viele naheliegende Kandidat ist dabei der Wunsch, das moralisch Richtige zu tun.[182] Die verlässliche Kovarianz erklärt sich dann so: Immer wenn ein moralisches Urteil vorliegt, generiert der moralische Wunsch zusammen mit der Wertung ein Handlungsmotiv. Hierbei handelt es sich um einen verlässlichen Prozess, der aber nicht ohne Ausnahme bleibt. In manchen Fällen, wie beim Amoralisten, fehlt der Wunsch, das moralisch Richtige zu tun. Es entsteht ein »Graben« zwischen moralischem Urteil und der Motivation, entsprechend zu handeln. Andererseits: Auch der Internalist wird sich an dieser Stelle natürlich nicht geschlagen geben, sondern seinerseits Einwände gegen diese Überlegungen anführen. Drei von ihnen möchte ich kurz darstellen:

(1) Der erste Einwand wurde von Michael Smith als der sogenannte Fetischismus-Vorwurf in die Diskussion eingeführt.[183] Gehen wir zunächst von einem Beispiel aus: Nehmen wir an, dass jemand ein bestimmtes Besteuerungssystem für moralisch angemessen hält, etwa weil wir im Rahmen seiner Gerechtigkeitstheorie zu diesem Ergebnis kommen. Folgen wir dem Ex-

ternalisten, wird dieser Grund nur in dem Fall motivational wirksam, wenn der Urteilende zudem den Wunsch ausbildet, das moralisch Richtige zu realisieren. Smiths Einwand ist nun, dass es sich bei diesem Wunsch um einen solchen handelt, der den Handelnden von den tatsächlichen moralischen Gründen entfremdet. Die Moral wird zu einem Fetisch: Jemand, der eine bestimmte Besteuerung nicht deshalb ablehnt, weil sie moralisch ungerechte Verhältnisse hervorbringt, sondern weil er das moralisch Richtige tun will, setzt sich dem Verdacht aus, überhaupt kein moralisches Urteil mehr zu fällen. Die gerechte Besteuerung muss als solche angestrebt werden und darf nicht bloß in einem instrumentellen Verhältnis stehen. Hierauf kann der Externalist Folgendes antworten: Smiths Einwand unterstellt, dass es lediglich eine instrumentelle Beziehung zwischen dem Wunsch, das Richtige zu tun, und dem Wert, der durch die Handlung realisiert wird, geben kann. Das aber ist nicht gerechtfertigt.[184] Wenn wir auf die alltägliche Praxis blicken, erhalten wir ein gänzlich anderes Bild. Dort treffen wir nämlich auf Fälle, in denen der Wunsch, das moralisch Richtige zu tun, darin besteht, einen bestimmten Wert zu realisieren. So kann jemand durchaus eine ungerechte Besteuerung ablehnen, einfach weil darin das moralisch Richtige besteht. Hier besteht zwischen den beiden Relata keine instrumentelle, sondern eine konstitutive Verbindung. Das heißt natürlich nicht, dass sich nicht auch instrumentelle Beziehungen ausmachen lassen – der Fetischismus ist eine real existierende Möglichkeit. Im Gegensatz zur Unterstellung in Smiths Vorwurf ist aber darauf abzustellen, dass es nicht *ausschließlich* solche Beziehungen zwischen dem Wunsch, das Richtige zu tun, einerseits und dem moralischen Wert andererseits gibt. Die Behauptung, dass der Externalismus notwendigerweise auf einen moralischen Fetischismus hinausläuft, ist daher zurückzuweisen.

(2) Der zweite Einwand wiederum macht geltend, dass die konsequente Anwendung des Externalismus die Moral zu einem rein theoretischen Projekt macht. Der Grundgedanke ist dabei, dass eine externalistische Deutung des Zusammenhangs von Wertungen und Motiven dazu führt, dass der Gegenstand der moralischen Wertung für den Urteilenden keine normative Relevanz mehr besitzt. Moralische Urteile geben dann ähnlich wie Urteile über naturwissenschaftliche Zusammenhänge keine Auskunft darüber, in welcher Weise wir eigentlich handeln sollen, sondern nur darüber, welche Zusammenhänge faktisch vorliegen. Hierbei handelt es sich um einen häufig vertretenen Einwand, der von Vertretern ganz verschiedener Provenienz ins Feld geführt wird.[185] Allerdings ist häufig gar nicht so klar, wogegen er sich eigentlich richtet. Denn streng genommen handelt es sich gar nicht um einen Einwand, der gegen den Externalismus spricht. Was kritisiert wird, ist eine bestimmte Auffassung über die Quelle der moralischen Normativität, nämlich dass bestimmte Thesen hierüber dazu führen, dass moralische Urteile ihren verpflichtenden Charakter verlieren. Der Externalismus, wie er in diesem Abschnitt charakterisiert wurde, stellt hierüber jedoch gar keine Behauptung auf. Ihm geht es um die These, dass moralische Gründe und Motive in kontingenter Weise miteinander verbunden sind. Was die Quelle dieser Gründe oder diese Motive ausmacht, muss jedoch durch andere Überlegungen entschieden werden. Der Externalismus jedenfalls gibt darüber keine Auskunft.

(3) Der dritte Einwand hingegen zielt nicht auf die vermeintlich problematischen Konsequenzen der Theorie, sondern auf deren Prämissen. Gegenstand der Kritik ist häufig, dass der Wunsch, das Richtige zu tun, als der entscheidende motivatio-

nale Faktor bestimmt wird. Liegt dieser Wunsch, wie im Fall des Amoralisten, nicht vor, gibt es auch keinen Zusammenhang zwischen moralischem Urteil und moralischer Motivation. Worin liegt nun das Problem? Dieses sehen einige darin, dass es eben der Wunsch sein soll, der diese Verbindung herstellt. Das kann man aus mindestens zwei Gründen problematisch finden: Zum einen weil man skeptisch gegenüber der These ist, dass Wünsche eine Quelle der moralischen Motivation bilden. Diese Position haben wir im letzten Abschnitt bereits ausführlich diskutiert. Zum anderen finden einige die sich aus dem Externalismus und dem Humeanismus ergebende Konstellation von normativen und motivierenden Gründen problematisch.[186] Das Argument lautet in aller Kürze: Wenn es stimmt, dass es ein Wunsch ist, der uns zu moralischen Handlungen motiviert, und es zugleich stimmt, dass etwas anderes – ein anderer Wunsch, eine Glaubensannahme, eine Tatsache usf. – die Quelle der normativen Gründe bildet, dann erhalten wir ein schizophrenes Handlungsmodell. Es ist schizophren, weil es impliziert, dass diejenigen Gründe, die für eine Handlung sprechen, *niemals* diejenigen Gründe sind, aus denen wir tatsächlich zu Handlungen motiviert werden. Aber ist das tatsächlich ein Problem? Das sehen nicht alle Externalisten so. Einige von ihnen halten eine normative Entfremdung von unseren Handlungsmotiven sogar für eine Schlussfolgerung, die es konsequenterweise zu ziehen gilt.[187] Andere Externalisten hingegen sind kritischer und erwägen eine Modifikationsstrategie, die ein schizophrenes Handlungsmodell vermeidet. Aussichtsreich erscheinen manchen etwa die Aufgabe des konativen Elements und die Anbindung an eine non-psychologistische Motivationstheorie.[188] Und es gibt noch weitere Möglichkeiten, die hier aber nicht eigens diskutiert werden können. In jedem Fall aber gilt: Welche Möglichkeit gewählt wird, hängt auch von weiteren Annahmen ab, die über die enge Externalismus/Internalismus-Debatte hinausgehen. Sie beinhalten etwa Überlegungen zur ontologischen Quelle normativer Gründe und über die Frage, wie Ansichten hierüber andere Ansichten in der Handlungs- und Motivationstheorie beeinflussen.

6.7 Fazit und Ausblick

Bei der philosophischen Analyse des Phänomens der moralischen Motivation handelt es sich um einen der zentralen Themenbereiche der Metaethik. Wenngleich hier verschiedene Fragestellungen relevant sind, nehmen zwei von ihnen eine Sonderstellung ein – die Frage nach der ontologischen Quelle der moralischen Motivation und die Frage nach dem Zusammenhang zwischen normativen Gründen und Motiven. Die Standardtheorie, die auf beide eine Antwort formuliert, ist der sogenannte humeanische Internalismus. Diese Theorie besagt, dass konative Zustände die Quelle der Handlungsmotivation darstellen und eine notwendige Verbindung zwischen Handlungsgründen und -motiven anzunehmen ist. Die Gründe, warum Metaethiker sich auf eine solche Theorienallianz verpflichten, sind vielfältig. Besonders hervorzuheben ist aber ihre Bedeutung für die Realismus-Kritik. Der humeanische Internalismus stellt einen wichtigen »Baustein« dar, von dem ausgehend Non-Kognitivisten und Konstruktivisten den realistischen Kontrahenten kritisieren. Dabei verfügen sowohl der Humeanismus als auch der Internalismus ebenso über eine davon unabhängige Attraktivität. Der Humeanismus empfiehlt sich aufgrund seiner Kompatibilität mit einem wirkmächtigen Modell zur Individuierung mentaler Zustände; der Internalismus wird in besonderer Weise durch die Gehalte der alltäglichen Praxis gestützt. Gleichwohl sind beide Theorienelemente nicht unumstritten.

Betrachten wir zunächst den Humeanismus. Dieser hatte das Problem, dass er entweder hochgradig kontraintuitiv wurde oder, wenn das vermieden wird, in das gegnerische Lager überzulaufen drohte. Wenn wir die argumentative Dialektik weiterverfolgen, erscheint eine non-psychologistische Alternative als aussichtsreichster Kandidat, da sie es als einzige ermöglicht, die Alltagspraxis ohne Irrtumsunterstellung zu integrieren. Gleichzeitig werden aber auch an diese Alternativen Rückfragen gerichtet. Auch non-psychologistische Vertreter sehen sich zahlreicher Kritik ausgesetzt, bei der noch nicht zu sehen ist, ob sie hinreichend entkräftet werden kann. Was an dieser Stelle daher noch ansteht, ist ein Theorienvergleich zwischen psychologistischen und non-psychologistischen Theorienvarianten in der Motivationstheorie.

Nun zum Internalismus. Seine Vertreter gehen davon aus, dass er eine einfache und phänomengerechte Erklärung des Zusammenhangs von moralischem Urteil und Motivation gibt – es handelt sich um einen begrifflichen Zusammenhang. Bei näherem Hinsehen zeigte sich aber, dass der Internalist mit Fällen konfrontiert ist, die seine Theorie infrage stellen. Der klassische Fall ist der Amoralist, den der Internalist für eine begriffliche Unmöglichkeit halten muss. Wenn wir dieses Beispiel jedoch ernst nehmen, liegt es nahe, eine externalistische Position einzunehmen. Deren Vertreter müssen freilich eine umfangreichere Erklärung des Verhältnisses von Wertung und Motiv angeben. Externalisten müssen beispielsweise erklären, wie es zu einer häufigen Kovarianz zwischen beiden kommt und warum diese manchmal – wie beim Amoralisten – nicht besteht. In diesem Zusammenhang wurden verschiedene Erklärungsmodelle des Externalisten durchgespielt, insbesondere die Annahme eines Wunsches, der die vermittelnde Rolle übernehmen soll. Dabei zeigte sich jedoch, dass eine Diskussion dieser Theorie über die Grenzen der Motivationstheorie hinausführt: Sie beinhaltet beispielsweise eine neuerliche Auseinandersetzung mit dem Humeanismus und einer Theorie über die ontologische Quelle normativer Gründe. Am Ende dieses Kapitels angelangt lässt sich daher festhalten, dass eine voreilige Parteinahme in der Motivationstheorie vermieden werden sollte. Sowohl der Humeanismus als auch der Internalismus sind keineswegs so unumstößlich, wie ihre Verteidiger häufig annehmen. Gegen beide lassen sich Einwände vortragen, die durchaus Gehör verdienen. In jedem Fall aber sollten beide noch ausführlicher mit den jeweiligen Alternativen verglichen werden, wobei hierfür auch Überlegungen zu berücksichtigen sind, die über das enge Gebiet der moralischen Motivationstheorie hinausweisen.

6.8 Weiterführende Lesehinweise

Es gibt mittlerweile eine Reihe von Einführungsartikeln zum Thema der moralischen Motivation. Einen guten Einstieg, der auch Hinweise auf weitere Literatur beinhaltet, liefern Scarano (2002), Kirchin (2012), Kap. 7, und Rosati (2014). Die Verbindung von humeanischem Internalismus und Realismus-Kritik wird explizit im *Moral Problem* von Michael Smith hergestellt, bei dem es sich um das wahrscheinlich bekannteste Kompatibilitätsargument handelt; siehe hierfür Smith (1994). Für einen Überblick über die verschiedenen Kompatibilitätsargumente siehe Ernst (2008), Teil 1. Darüber hinaus kursieren verschiedene Termini, um die beiden Theorien des Humeanismus und des Internalismus zu klassifizieren. Gerade das Internalismus-Etikett erfreut sich zahlreicher Bedeutungsfacetten, die mitunter auf ganz verschiedenen Problemebenen liegen. Vgl. für einen Überblick über die

Möglichkeiten der Definition Halbig (2007), Exkurs 2. Die Attraktivität der beiden Elemente, des Humeanismus und des Internalismus, wird in Shafer-Landau (2003), Kap. 5 und 6, erläutert.

Der klassische Text zum Humeanismus findet sich in David Humes Theorie der Emotionen. Siehe Hume (1978/1738), bes. Buch II. Die Forschungsliteratur, die sich mit dem Humeanismus auseinandersetzt, ist mittlerweile auf ein beträchtliches Maß angewachsen. Für einen ersten Einstieg, von dem aus sich die systematischen Optionen erschließen lassen, eignen sich aber immer noch die klassischen Ausführungen in McNaughton (1988), Kap. 7 und 8. Wer an einem jüngeren Überblick interessiert ist, der auch die neueren Theorienentwicklungen miteinbezieht, dem sei Enoch (2011), Kap. 9, empfohlen. Für eine kritische Diskussion, die nahezu alle der auch in dieser Einführung behandelten Aspekte abdeckt, siehe Dancy (2000). Für eine Erläuterung der Alternativen siehe Halbig (2007), Kap. 1.

Die Diskussion um den Internalismus in der Motivationstheorie ist umfangreich. Einige überblicksartige Erläuterungen zur Diskussionslage finden sich in Shafer-Landau (2003), Kap. 6, und Fisher (2011), Kap. 9. Lesenswert sind auch die Ausführungen in Alvarez (2010) und Mayr (2011), die allerdings bereits über den engen Kontext der moralischen Handlungstheorie hinausweisen. Eine neuere Verteidigung des Amoralisten-Arguments findet sich in Halbig (2007), Kap. 6. Für eine pointierte Kritik des Arguments siehe Ernst (2006).

7. Schlüsselkontroverse II: Metaethischer Naturalismus und naturalistischer Realismus

7.1 Vorbemerkungen

Roy Wood Sellars verkündete bereits 1922 die Ankunft eines neuen Zeitalters, indem er feststellte: »We are all naturalists now.«[189] Damals war diese Behauptung, wenn man sie als soziologische Zeitdiagnose versteht, noch kühn. Heute ist sie es nicht mehr. Traut man nämlich der jüngsten Umfrage von David Chalmers und David Bourget, ist ein Großteil der angelsächsischen Philosophie zum naturalistischen Lager zu rechnen.[190] Diese Diagnose gilt auch für die Metaethik. Auch hier bekennen sich die meisten Forscher dezidiert zum Naturalismus und manche sogar so vehement, dass er schlichtweg als alternativlos und kaum rechtfertigungsbedürftig eingestuft wird.[191] Angesichts dieser Lage könnte es als ausgemacht gelten, was der Naturalismus eigentlich besagt. Das ist aber offensichtlich nicht der Fall. Unter dem Naturalismusbegriff versammeln sich in der Metaethik ganz verschiedene Projekte, die in ihrer jeweiligen Ausgestaltung sehr heterogen sind. Allerdings ist die Lage auch nicht hoffnungslos, zumindest wenn wir uns auf eine Bestimmung der Grundgedanken der meisten dieser Projekte konzentrieren.

Einige Gedanken wurden bereits im Grundlagenkapitel dieser Einführung genannt und lassen sich für die Zwecke dieses Kapitels präzisieren.[192] Im Zentrum des metaethischen Naturalismus steht eine besondere Auffassung darüber, wie moralische Grundbegriffe analysiert werden sollen. Der metaethische Naturalismus, so wurde erläutert, ist ein Ismus der Naturwissenschaften. Seine Vertreter zeichnen sich durch eine besondere »science-friendliness«[193] aus: Sie meinen, dass wir zur Analyse dessen, was moralische Urteile, Überzeugungen, Erkenntnisse und Tatsachen sind, die Heuristiken der Naturwissenschaften verwenden sollten. Diese Formulierung ist natürlich noch sehr vage und muss präzisiert werden. So muss der Naturalist zum Beispiel etwas darüber sagen, bei welchen Naturwissenschaften es sich um die *ok sciences* handelt. Hat er eine bestimmte im Auge oder gleich ein Konglomerat? Ebenso muss er genauer darauf eingehen, was er genau unter einer *Natur*wissenschaft versteht. Sind nicht auch Astrologie, Theologie oder, um ein noch schwierigeres Beispiel zu nennen, die Psychologie in gewissem Sinne Naturwissenschaften? Und nicht zuletzt: Aus welchem Grund sollten wir den Naturwissenschaften überhaupt einen Primat zubilligen? Diese (und weitere) Fragen sind nicht zu vernachlässigen und setzen das Programm des Naturalismus einem beträchtlichen Legitimationsdruck aus.[194] Aber nehmen wir an dieser Stelle einmal an, dass sich diese »Einwürfe« in nachvollziehbarer Weise beantworten lassen. Es fehlt dann noch immer eine Präzisierung der naturalistischen Methode. Was soll es heißen, dass moralische Grundbegriffe mithilfe der Naturwissenschaften *analysiert* werden sollen? In diesem Zusammenhang reden Naturalisten oft davon, dass moralische auf natürliche, d.h. durch die Naturwissenschaften erfassbare, Grundbegriffe zurückgeführt, oder wie man manchmal sagt: »reduziert«, werden können.[195] Das verschiebt aber nur die grundsätzliche Frage vom Analyse- auf den Reduktionsbegriff, den es natürlich ebenfalls zu explizieren gilt. Das haben auch Naturalisten bemerkt, sodass hierzu eine nicht unerhebliche Menge an Literatur entstanden ist. Auf zwei Interpretationen des Reduktionsbegriffs, die für unser Thema besonders relevant sind, werde ich weiter unten noch genauer eingehen.

Mit dieser ersten Annäherung in der Hinterhand können wir den Naturalismus nun von den bisher bekannten Theorie-Optionen abgrenzen. Non-Kognitivisten, Konstruktivisten und Realisten versuchen die Frage zu beantworten, woher der verpflichtende Charakter der Moral stammt. Non-Kognitivisten verorten ihn in bestimmten mentalen Zuständen, Konstruktivisten in der Ausführung eines Verfahrens, Realisten in subjektunabhängigen Eigenschaften und Tatsachen. Demgegenüber verfolgen Naturalisten ein anderes Projekt. Sie behaupten nichts über die Subjekt- oder Objektgebundenheit der moralischen Normativität, sondern über deren mögliche Einpassung in einen naturwissenschaftlichen Erklärungshorizont. Naturalisten meinen, dass sich moralische auf natürliche Grundbegriffe zurückführen lassen. Das heißt natürlich nicht, dass sich nicht auch Non-Kognitivisten, Konstruktivisten und Realisten diesem Projekt verpflichtet fühlen können. Das ist sogar sehr häufig der Fall. Wichtig ist aber, dass keine der drei Optionen den Naturalismus *impliziert*. Wer demnach Non-Kognitivist, Konstruktivist oder Realist ist, muss nicht notwendigerweise von einer Reduktionsthese ausgehen, sondern kann dieser auch skeptisch gegenüberstehen. So gesehen stehen Naturalismus- und Realismus-Diskussion quer zueinander und lassen inhaltlich vielfältige Kombinationsmöglichkeiten zu.

Traditionell wird der Naturalismus in der Metaethik jedoch meistens sehr viel eingeschränkter diskutiert. Zum einen finden die naturalistischen Versionen des Non-Kognitivismus und Konstruktivismus nur wenig Beachtung. Im Fokus stehen eher die realistischen Vertreter des Naturalismus, was sicherlich auch an der dominanten Stellung des Realismus in der gegenwärtigen Theorienbildung liegt.[196, 197] Zum anderen wird die naturalistische Herangehensweise auch nicht auf alle Grundbegriffe ausgeweitet, sondern nur auf die Analyse des realistischen Tatsachenbegriffs. Wie etwa im Rahmen eines solchen Realismus moralische Urteile, Überzeugungen oder Erkenntnisse zu analysieren sind, findet allenfalls vereinzelt Erwähnung.[198] Mit anderen Worten: Wer in der Metaethik sagt, er sei ein Naturalist, meint damit in der Regel, dass er einen metaethischen Realismus vertritt und eine Reduktion von moralischen Tatsachen anstrebt. Beide Positionen erscheinen im metaethischen Diskurs als nahezu deckungsgleich, sodass ich sie im Weiteren als austauschbar betrachte.

Für den Leser dieser Einführung ist der metaethische Naturalismus freilich kein Unbekannter. Wir haben ihn bereits im Kapitel zum Realismus kennengelernt. Dort sind wir unter anderem auf John Mackies *Argument from Queerness* gestoßen, dessen Pointe darin bestand, den Realismus auf die Annahme eines obskuren Reichs der Werte festzulegen. Für den Realisten ergaben sich an dieser Stelle mehrere Verteidigungsmöglichkeiten. Eine von ihnen stellte der Versuch dar, die eigene Theorie unter naturalistischen Vorzeichen zu verteidigen, um so die konstatierten ontologischen Folgekosten zu vermeiden. Das heißt, seine Vertreter konnten dafür argumentieren, dass moralische Tatsachen keine merkwürdigen Entitäten *in rerum natura* darstellen, sondern auf natürliche Tatsachen zurückführbar sind, die in ontologischer Hinsicht als weitaus weniger problematisch angesehen werden.

Der metaethische Naturalismus hat momentan eine herausragende Stellung in der metaethischen Theorienbildung. Er ist nicht nur eine häufig rezipierte Position, sondern gehört zu den Theoriengruppen, die von vielen zu den aussichtsreichsten gerechnet werden.[199] Es ist also angebracht, sich auf die eine oder andere Weise zu ihm zu verhalten. Im Folgenden soll eine solche Auseinandersetzung angebahnt werden. Dabei will ich in drei Schritten vorgehen: In einem ersten Schritt wird erläutert, welche Motive eigentlich Anlass für eine naturalistische Metaethik geben. In einem zweiten Schritt wird eine spezifische Ausformulierung des metaethischen Naturalismus näher in den Blick genommen. Hierbei wird insbesondere auch die Auseinandersetzung mit den wesentlichen Kritiklinien eine Rolle spielen. In einem dritten und letzten Schritt werde ich schließlich auf die möglichen Alternativen eingehen und ihre Erfolgsbedingungen erläutern.

7.2 Warum ist man ein metaethischer Naturalist?

Es gibt eine Unmenge von verschiedenen naturalistischen Programmen, die alle unterschiedlichen Motiven folgen und damit zusammenhängend ganz unterschiedliche Ambitionen zum Ausdruck bringen. Entsprechend schwierig ist es auch, diejenigen Gründe zu identifizieren, die jemanden zum Naturalismus bringen. Dennoch, so meine ich, ist die Lage in der Metaethik nicht ganz so unübersichtlich. Es lassen sich zumindest einige Kernmotive nennen, die verständlich machen, warum sich so viele Metaethiker zum naturalistischen Programm hingezogen fühlen.

7.2.1 Der globale Kontext des metaphilosophischen Naturalismus

Ein erstes Motiv, warum einige den metaethischen Naturalismus attraktiv finden, besteht darin, dass man ihn als Teil eines größeren Gesamtprojekts deutet, welches in der gegenwärtigen philosophischen Landschaft für viele die Normalposition darstellt – den metaphilosophischen Naturalismus. Metaphilosophische Naturalisten vertreten eine bestimmte Ansicht darüber, was Philosophie eigentlich ist und wie sie betrieben werden sollte. Die zentrale These lautet dabei, dass sich *alle* philosophischen Begriffe auf Begriffe der modernen Naturwissenschaften zurückführen lassen.[200] Folgen wir diesem Selbstanspruch, ist es auch nicht verwunderlich, dass wir seine Umsetzung in fast allen Bereichen der Philosophie finden. Es gibt Naturalisten in der Erkenntnistheorie, der Philosophie des Geistes, der Religionsphilosophie, der Wissenschaftstheorie und eben auch in der Metaethik. Die Beweggründe für dieses umfassende Programm sind vielfältig.[201] Ein zentrales Motiv bildet sicherlich die Hoffnung, den explanatorischen Erfolg der Naturwissenschaften auch für die Philosophie fruchtbar zu machen. »Fruchtbar machen« klingt an dieser Stelle mit Blick auf alternative Herangehensweisen natürlich noch recht liberal und tolerant. Das ist aber nicht immer so gemeint. Metaphilosophische Naturalisten sind in der Regel rigoroser und behaupten, dass die empirischen Naturwissenschaften – wie Wilfrid Sellars einmal formuliert hat – das Maß aller Dinge sind.[202] Sie sind also nicht bloß irgendein Zugang zur Analyse zentraler philosophischer Begriffe, sondern sie bieten uns den *besten* Analyseweg. Dieser Anspruch gilt natürlich auch für den metaethischen Naturalismus, dessen Vertreter sich um eine lokale Umsetzung des globalen Programms bemühen. Auch beim metaethischen Naturalismus geht es darum, die naturalistische Analyse auf die relevanten Grundbegriffe anzuwenden. Und das heißt für metaethische Naturalisten meistens, wie wir gesehen haben, einen metaethischen Realismus zu vertreten und darüber Auskunft zu geben, wie sich moralische Tatsachen naturalisieren lassen.

7.2.2 Theoretische Sparsamkeit und das Projekt der Vereinheitlichung

Darüber hinaus lassen sich auch methodische Vorzüge nennen, die den metaethischen Naturalismus auszeichnen. Einen von vielen wichtigen Aspekten erkennen wir, wenn wir uns noch einmal an die Grundidee erinnern: Der metaethische Naturalismus versucht, moralische Tatsachen auf natürliche Tatsachen zurückzuführen. In diesem Sinne handelt es sich um ein ontologisches Vereinheitlichungsprogramm, also ein Programm, das versucht, vermeintlich Verschiedenes auf eine gemeinsame Grundlage zu stellen. Was hat der Naturalist dadurch im Erfolgsfall gewonnen? Das sind zumindest zweierlei Dinge: Zum einen muss er kein *zusätzliches* Sonderreich für moralische Tatsachen annehmen, also einen Bereich, welcher jenseits des Bereichs des Natürlichen liegt. Wenn nämlich nachgewiesen wird, dass moralische Tatsachen eigentlich natürliche Tatsachen sind oder zumindest ontologisch von diesen abhängen, können sie auch dem gleichen ontologischen Bereich zugeordnet werden.[203] Zum anderen ergibt sich ausgehend von der ontologischen auch eine epistemologische Vereinheitlichung. Da für den Naturalisten nämlich sowohl der Entdeckungsprozess als auch die Begründung moralischer Urteile über den Rekurs auf die Naturwissenschaften erfolgt, muss er auch keine *zusätzliche* Erkenntnis- oder Begründungstheorie annehmen. Diese theoretische Zusatzleistung wird ja nur benötigt, wenn moralische Tatsachen eine nicht-natürliche Sonderklasse bilden. Wenn diese Option, wie der Naturalismus es anstrebt, aber ausgeschlossen werden kann, benötigen wir auch nicht notwendigerweise eine alternative Erkenntnis- oder Begründungstheorie. Vor diesem Hintergrund kann man daher sagen, dass das Vereinheitlichungsprogramm des Naturalismus in ontologischer und epistemologischer Hinsicht besonders sparsam ist, da es das Ziel hat, mit besonders wenigen Annahmen auszukommen.

7.2.3 Moralische Objektivität und das naturwissenschaftliche Wirklichkeitsverständnis

In der Metaethik wird dem Naturalismus noch ein weiterer Vorzug zugeschrieben, der mit der Objektivität der Moral zu tun hat. Damit ist nicht nur die Intuition angesprochen, dass wir mit moralischen Urteilen wahre oder falsche Aussagen formulieren. Vielmehr ist auch gemeint, dass es subjektunabhängige moralische Tatsachen gibt, die die Wahrheitsbedingungen dieser Urteile festlegen. Hierbei, so wird zumeist argumentiert, handelt es sich um ein konstitutives Element unserer moralischen Praxis, die es auch auf der Ebene der philosophischen Theorienbildung zu bewahren gilt. Aber wie kann das gelingen, ohne die von Mackie angemahnte ontologische »Wiederverzauberung« anzunehmen? Der metaethische Naturalismus verspricht an dieser Stelle einen verheißungsvollen Ausweg: Er kann einerseits an unserer Unabhängigkeitsintuition festhalten, da er *qua* seines Realismus von der Existenz subjektunabhängiger moralischer Tatsachen ausgeht; andererseits kann er jedoch problematische ontologische Folgekosten vermeiden, da er moralische Tatsachen auf natürliche Tatsachen, die er für ontologisch respektabel hält, zurückführt. Der Naturalismus verspricht also, zwei Dinge miteinander zu vereinbaren – moralische Objektivität und eine an den Naturwissenschaften orientierte Ontologie.

7.3 Eine Auseinandersetzung mit dem metaethischen Naturalismus

7.3.1 Einige Vorentscheidungen

In der Metaethik werden typischerweise zwei Versionen des Naturalismus diskutiert, eine reduktive und eine nicht-reduktive

Variante. Der reduktive Naturalismus lässt sich durch die These definieren, dass moralische Tatsachen mit natürlichen Tatsachen identisch sind. Diese These wirft eigene Folgefragen auf, etwa diejenigen, welche Art von Identität jeweils genau gemeint ist und ob sich überhaupt informative Identitätsbeziehungen ermitteln lassen. Beides sind gewichtige Nachfragen, die nicht einfach zu beantworten sind.[204] Viele Naturalisten haben daher in der jüngeren Vergangenheit eine Abkehr von dieser Version der Abhängigkeit erwogen und sich dem nicht-reduktiven Naturalismus zugewandt. Dieser verfolgt eine schwächere Form der Verhältnisbestimmung, indem er im Unterschied zur reduktiven Variante die Relation zwischen den beiden Tatsachenklassen nicht als symmetrisches Identitätsverhältnis, sondern als asymmetrische Supervenienzbeziehung auffasst. Demzufolge hängen moralische Tatsachen zwar in einer bestimmten Weise von natürlichen Tatsachen ab, sind aber nicht mit diesen identisch.

Die Debatte um die beiden Versionen ist mittlerweile recht umfangreich und nur schwer zu überblicken. In jedem Fall erfordert ein umfassender Überblick weitaus mehr Raum, als in dieser Einführung zur Verfügung steht. Inhaltlich werde ich meine Darstellung daher in zweierlei Weise einschränken.

Zum einen werde ich lediglich auf die nicht-reduktive Variante des Naturalismus eingehen, wohingegen der reduktive Naturalismus ausgespart bleibt. Der nicht-reduktive Naturalismus stellt innerhalb des naturalistischen Lagers mittlerweile eine Mehrheitsposition dar und kann damit als idealer Repräsentant aufgefasst werden. Darüber hinaus ist die Aussparung auch aus argumentationslogischen Gründen kein Verlust: Die Auseinandersetzung mit dem nicht-reduktiven Naturalismus wird so angelegt sein, dass sie sich auf die reduktive Variante übertragen lässt. Die Gründe, die gegen den nicht-reduktiven Naturalismus vorgetragen werden, sind folglich *auch* Gründe gegen die reduktive Variante.[205]

Zum anderen werden jedoch nicht alle Überlegungen berücksichtigt, die mit Blick auf eine Naturalismus-Kritik vorgetragen wurden. Diese sind mittlerweile Legion. Stattdessen werde ich mich auf die Darstellung eines Einwandes konzentrieren, der im Diskurs als »Normativitätseinwand« bezeichnet wird und den ich für besonders bedenkenswert halte, um die Erfolgsaussichten für den Naturalismus insgesamt einzuschätzen.[206] Den systematischen Ausgangspunkt hierfür bildet das Phänomen der praktischen Normativität, dessen Rekonstruktion für den Naturalismus das entscheidende *pièce de résistance* bilden soll. In aller Kürze zusammengefasst lautet die Kritik: Der Naturalismus ist mit einem Dilemma konfrontiert, welches darin besteht, *entweder* die praktische Normativität der Moral zu eliminieren, was ihn auf einen moralischen Nihilismus festlegt, *oder* aber die praktische Normativität zu konservieren, damit aber seine naturalistische Ausgangsbasis aufzugeben. Er hat also die Wahl zwischen zwei gleich unliebsamen Optionen, zwischen Skylla und Charybdis.

7.3.2 Die praktische Normativität der Moral

Beginnen wir zunächst mit einer Beschreibung desjenigen Phänomens, das sich einer naturalistischen Rekonstruktion entziehen soll. Worin genau besteht die praktische Normativität der Moral? Hierbei handelt es sich um das alltägliche Phänomen, dass wir beim Bestehen einer moralischen Tatsache[207] unterstellen, der moralisch Urteilende habe auch einen normativen Grund, entsprechend zu handeln. Damit ist ein notwendiges Modalverhältnis angesprochen. Denn stellen wir uns ein Gegenbeispiel vor, sagen wir, dass es für eine Person P *all things considered* geboten ist, eine bestimmte Handlungsweise zu unterlassen, zum Beispiel Ehebruch. Nehmen wir weiterhin an, dass diese Person um die Richtigkeit dieser moralischen Verpflichtung weiß, aber leugnet, dass gute Gründe dafür sprechen, der eigenen Frau oder dem eigenen Mann die Treue zu halten. In diesem Fall setzt sich die Person P dem Verdacht der Unaufrichtigkeit oder der begrifflichen Konfusion aus. Sie hat, so unterstellen wir, die Einsicht in die moralische Verwerflichkeit des Ehebruchs nur geheuchelt oder einfach die begrifflichen Implikationen des Sprachspiels nicht verstanden. Positiv gewendet beinhaltet die These von der praktischen Normativität der Moral also:

> Wenn die moralische Tatsache besteht, dass eine Handlung ›x‹ für eine Person P[208] moralisch geboten ist, dann hat Person P notwendigerweise auch einen normativen Grund, entsprechend zu handeln.[209]

Die praktische Normativität der Moral ist in den letzten Jahren im metaethischen Diskurs zu einem wichtigen Dreh- und Angelpunkt in der Naturalismus-Debatte geworden. So lässt sich ein großer Teil der Diskussion durch die Frage strukturieren, wie die jeweiligen metaethischen Positionen den Zusammenhang zwischen moralischen Tatsachen einerseits und Handlungsgründen andererseits theoretisch reflektieren. Gleichzeitig ist die Prominenz dieser Fragestellung auch nicht sonderlich überraschend. Bei der praktischen Normativität der Moral handelt es sich um ein wesentliches Charakteristikum unserer moralischen Praxis. Dementsprechend gilt es auch, sie in der Theorienbildung zu berücksichtigen. Metaethische Ansätze müssen der phänomenologischen Einsicht Rechnung tragen, dass die Inhalte der Moral, wie Christine Korsgaard formuliert, einen »normativen Druck«[210] auf den Handelnden ausüben.

7.3.3 Was ist falsch am metaethischen nicht-reduktiven Naturalismus?

Der tragende Grundgedanke des nicht-reduktiven Naturalisten wurde bereits referiert. Im Gegensatz zum reduktiven betrachtet der nicht-reduktive Naturalist das Verhältnis zwischen moralischen und natürlichen Tatsachen nicht als eine symmetrische Identitätsrelation, sondern als ein asymmetrisches Verhältnis zweier Relata. Entsprechend sind moralische Tatsachen auch nicht mit natürlichen Tatsachen identisch, sondern stehen in einem noch näher zu explizierenden Konstitutions- oder Determinationsverhältnis zu ihnen.[211] In der Metaethik wird dieses Verhältnis zwischen den beiden Klassen auch als Supervenienzbeziehung bezeichnet. Eine gängige Version, die im Folgenden zur Illustration angeführt werden kann, lässt sich wie folgt wiedergeben[212]:

> Angenommen moralische Tatsachen supervenieren auf natürlichen Tatsachen, dann folgt, i.) dass zwei Handlungen, Personen oder Gegenstände, die mit Blick auf ihre natürlichen Tatsachen identisch sind, auch bezüglich der moralischen Tatsachen identisch sind und ii.) dass keine Änderung der moralischen Tatsachen ohne eine Änderung der natürlichen Tatsachen eintritt.

Im Vergleich zur Reduktions- handelt es sich bei der Supervenienzstrategie um einen bescheideneren Versuch, das Verhältnis von moralischen und natürlichen Tatsachen zu charakterisieren. Anders als der reduktive kann der nicht-reduktive Naturalist nämlich die Frage, warum eine bestimmte moralische Tatsache eine bestimmte moralische Qualität hat, nicht mit dem Hinweis auf eine identische natürliche Tatsache beantworten. Er wird vielmehr auf strukturell vergleichbare Fälle aufmerksam machen müssen, die eine bestimmte Korrelation zwischen natürlichen und moralischen Grundbegriffen nahelegen. Und weil der vorliegende Fall mit den vorigen vergleichbar ist, sprich: beide sich in allen relevanten natürlichen Merkmalen gleichen, lässt sich dann auch auf eine analoge Struktur der moralischen Merkmale schließen. So weit die kurze Rekonstruktion der naturalistischen Strategie. Aber ist sie auch plausibel?

Hierfür blicken wir nochmals auf die Supervenienzthese und fragen uns, auf welche Weise der nicht-reduktive Naturalist zwischen relevanten und nicht-relevanten natürlichen Tatsachen unterscheidet. Wie lässt sich ermitteln, dass es *bestimmte* moralische Tatsachen sind, die auf *bestimmten* natürlichen Tatsachen supervenieren?[213]

Mit Blick auf eine Antwort kann der nicht-reduktive Naturalist zunächst folgenden Vorschlag machen: Er kann beispielsweise behaupten, dass sich *ex post* aus dem faktisch beobachtbaren Verhalten sehr häufig eine verlässliche Kovarianz zwischen der Supervenienzbasis und den moralischen Tatsachen ausfindig machen lässt. Aus dieser Abhängigkeit lassen sich dann durch induktive Schlüsse bestimmte Typen von relevanten Tatsachen ermitteln.[214] Die Tatsache, dass eine bestimmte Handlung jemandem körperliche Schmerzen zufügt, scheint etwa in vielen Situationen bedeutsam zu sein, um sie als moralische Tatsache darüber zu deuten, dass sie moralisch verwerflich ist. Dass diese Handlung auf dem Berliner Bahnhof um 12.30 Uhr stattfindet, in vielen Fällen jedoch nicht. *Prima facie* scheint es also so, als ob auch der nicht-reduktive Naturalist relevante Typen von natürlichen Tatsachen ausmachen kann.

Mit James Griffin lässt sich jedoch bezweifeln, ob ein solches Vorgehen in normativer Hinsicht hinreichend informativ ist.[215] Denn streng genommen besteht das Verfahren darin, das faktische Verhältnis von moralischen und natürlichen Tatsachen zu beschreiben. Damit ist aber nur wenig gewonnen. Jedenfalls bekommen wir mit diesem Vorgehen keine Antwort auf die Frage, welche Gesichtspunkte eigentlich dafür sprechen, so ermittelte Tatsachen auch für relevant zu halten. Was wir stattdessen erhalten, ist die Einsicht, was wir (eine soziale Gruppe, eine Gesellschaft oder eine Kultur) *de facto* für relevant halten, aber nicht, was wir für relevant halten sollten.

Eine Möglichkeit, auf dieses Problem zu reagieren, besteht darin, die beschreibende Betrachtungsweise aufzugeben und eine normativ gehaltvolle Präzisierung der relevanten Tatsachen vorzunehmen. Der nicht-reduktive Naturalist kann auf grundlegende Inhalte (oder ein Konglomerat von Inhalten) hinweisen, die dann als Kriterien fungieren, um die normative Qualität der Supervenienzbasis festzulegen. Eine solche Strategie scheint etwa Richard Boyd anzudeuten, wenn er Aussagen darüber trifft, wie die natürlichen Tatsachen gestaltet sein sollen. Diese müssten nämlich im Rahmen eines »homeostatic consequentialism«[216] im Hinblick auf das menschliche Wohl konkretisiert werden:

»Some of these needs are physical or medical. Others are psychological and social; these (probably) include the need for love and friendship, the need to engage in cooperative efforts, the need to exercise control over one's own life, the need for intellectual and artistic appreciation and expression, the need for physical recreation, etc.«[217]

Allerdings ist fraglich, ob eine solche Präzisierungsstrategie dem nicht-reduktiven Naturalisten tatsächlich weiterhilft. Denn betrachten wir genauer, *von welcher Art* diejenigen Tatsachen sind, die Boyd bestimmt, um relevante von nicht-relevanten natürlichen Tatsachen zu unterscheiden. Hierbei handelt es sich nämlich, wie er selbst zugesteht, um solche, die ein möglicher Gegenstand einer naturalistischen Herangehensweise sind:

»According to the homeostatic consequentialist conception, goodness is a property quite similar to the other properties studied by psychologists, historians, and social scientists, and observations will play the same role in moral inquiry that they play in the other kinds of empirical inquiry about people.«[218]

Folgen wir Boyd, dann sind die von ihm erläuterten relevanten Tatsachen das Ergebnis einer naturwissenschaftlichen Untersuchung. Sie sind demnach vergleichbar mit Tatsachen wie »Wasser ist H_2O«, »Temperatur ist ein Maß für die mittlere kinetische Energie« oder »Stromstärke und -spannung verhalten sich proportional zueinander«. Daraus ergibt sich aber ein Problem, das mit der oben referierten Normativität der Moral zu tun hat: Die durch eine solche Untersuchung zutage geförderten Tatsachen sind neutral mit Blick darauf, ob wir in der einen oder anderen Weise handeln sollen.

Einen solchen Mangel an praktischer Normativität kann man sich auf verschiedene Weisen verdeutlichen.[219] Besonders instruktiv (und prominent) ist zum Beispiel die folgende Überlegung. Stellen wir uns etwa vor, dass uns jemand ein bestimmtes Ergebnis einer empirischen Studie nennt, zum Beispiel, dass Wasser H_2O ist. Weiterhin gehen wir davon aus, dass wir darauf die folgende Rückfrage stellen: »Ja, ich weiß, dass Wasser H_2O ist, aber gibt mir das tatsächlich einen Grund, in einer gewissen Weise zu handeln?« Nun fragen wir nach dem Status dieser Frage: Handelt es sich tatsächlich um eine offene Rückfrage oder versprachlicht sie lediglich einen begrifflichen Zusammenhang? Die Antwort ist intuitiv eindeutig. Bei der Rückfrage handelt es sich in der Tat um eine offene Frage, die wir sinnvoll stellen können. Es scheint demnach keine begriffliche Verbindung zwischen empirischen Ergebnissen und normativen Gründen zu existieren. – Denn würde es ein solches modales Verhältnis geben, müsste die

Rückfrage eine begriffliche Konfusion auslösen. Sie wäre dann gleichbedeutend mit anderen Rückfragen, die ebenfalls bestimmte begriffliche Zusammenhänge nicht beachten, zum Beispiel: »Sind Junggesellen tatsächlich unverheiratete Männer?«, »Sind Zwerge wirklich kleine Menschen?«, »Sind Schimmel tatsächlich weiße Pferde?« usf. Es ist aber offensichtlich, dass sich die obige Rückfrage nach dem Zusammenhang von empirisch gewonnenen Ergebnissen und normativen Gründen von diesen Rückfragen unterscheidet. Anders als diese versprachlicht jene keinen begrifflichen Zusammenhang, woraus sich ableiten lässt, dass die Ergebnisse einer empirischen Untersuchung keine Gründe zum Handeln implizieren.

7.3.4 Ein Zwischenfazit – Das Dilemma des metaethischen Naturalismus

Was diese Überlegungen für den nicht-reduktiven Naturalismus bedeuten, sollte nun klar geworden sein. Der nicht-reduktive Naturalismus behauptet, dass moralische auf natürlichen Tatsachen supervenieren. Um diese These plausibel zu machen, muss er aufzeigen können, *welche* moralischen Tatsachen es sind, die auf *welchen* natürlichen Tatsachen supervenieren. Er muss also prinzipiell in der Lage sein, zwischen relevanten und nicht-relevanten natürlichen Tatsachen zu unterscheiden. Das scheint aber nur dann möglich zu sein, wenn natürliche Tatsachen uns aus sich heraus verständlich machen können, warum sie für unser Handeln relevant sind. Darin, so wurde gesagt, besteht ein wesentliches Charakteristikum des Moralischen – seine praktische Normativität. An diesem Punkt entsteht jedoch ein Problem: Der Naturalist muss nämlich behaupten, dass natürliche Tatsachen, die für ihn die Grundlage der Moral darstellen, normativ neutral sind. Natürliche Tatsachen geben uns aus sich heraus gerade keine normativen Gründe für unser Handeln vor. Das heißt aber nun, dass sich im Rahmen der Supervenienztheorie für den moralischen Kontext[220] keine Relevanzkriterien für natürliche Tatsachen formulieren lassen.

Aber warum sollte diese Diagnose den Naturalisten beunruhigen? Die Antwort lautet: Sie sollte ihn beunruhigen, da ihm streng genommen nur zwei komplementäre, aber gleichermaßen unattraktive Möglichkeiten bleiben, um mit der besprochenen Schwierigkeit umzugehen:

> Die erste Möglichkeit besteht darin, eine *Hang-tough*-Strategie zu vertreten und damit den konstatierten Mangel an praktischer Normativität zuzugestehen. In diesem Fall erscheint jedoch *jede* Auswahl einer natürlichen Tatsache, die als Basis der Supervenienzbeziehung dienen soll, als willkürlich und arbiträr. Denn, wie oben bereits festgestellt, gibt es schlicht *keinen* Grund, warum bestimmte natürliche Tatsachen bestimmten moralischen Tatsachen unterliegen sollten. Das heißt aber nichts anderes, als dass sich der Naturalismus einer Position annähert, die man als moralischen Nihilismus bezeichnen kann, also einer Sichtweise, die davon ausgeht, dass es keine besseren oder schlechteren Gründe für oder gegen ein Moralurteil gibt.
>
> Die zweite Möglichkeit besteht darin, dass der Naturalist versucht, dieser Konsequenz entgegenzutreten, indem er seine Position revidiert. Aussichtsreich erscheint dabei die Aufgabe der Prämisse, die ihn überhaupt auf dieses Problem geführt hat, nämlich das Primat seiner naturwissenschaftlichen Herangehensweise bei der Analyse von moralischen Tatsachen. Damit aber droht der Naturalist unter der Hand sein eigenes Grundsatzprogramm zu unterminieren, was ja gerade darin be-

steht, *ausgehend von dieser Herangehensweise* moralische Grundbegriffe verständlich zu machen.

Diese Wahl möchte ich im Folgenden als das Dilemma des metaethischen Naturalismus bezeichnen. Der Naturalist changiert zwischen zwei gleichermaßen unattraktiven Polen. Er muss entweder die unliebsame Konsequenz eines moralischen Nihilismus akzeptieren; oder aber er muss erwägen, seine Ausgangstheorie aufzugeben, demnach also eingestehen, dass der naturalistische Grundgedanke, mit dem er ursprünglich angetreten ist, nicht tragfähig ist. In diesem Fall erscheint es aussichtsreich, einer alternativen Theorienbildung den Vorzug zu geben und sich in der Folge an der philosophischen Ausarbeitung eines solchen Projekts zu beteiligen.

7.4 Die dialektischen Optionen für den Naturalismus

Allerdings wird der Naturalist an dieser Stelle nicht das Handtuch werfen. Er wird vielmehr seinerseits Gegenstrategien ausarbeiten, mit denen er hofft, auf eine angemessene Weise mit dem Dilemma umzugehen. Mit Blick auf den metaethischen Diskurs lassen sich drei solcher Strategien ausmachen:

7.4.1 Die Ad-hoc-Erklärungsstrategie

Die erste Gegenstrategie bezieht sich auf die Reichweite der Kritik. So kann der Naturalist darauf abstellen, dass der dargelegte Einwand nicht so schwerwiegend ist, wie der Naturalismus-Kritiker behauptet, sondern mithilfe einer unproblematischen Modifikation der Ausgangstheorie ausgeräumt werden kann.

Eine solche Strategie wird beispielsweise von Peter Railton vertreten.[221] Railtons Ausgangspunkt besteht darin, für eine soziale Theorie über die Genese der Normativität der Moral zu argumentieren. Eine solche Theorie soll aufdecken, warum wir geneigt sind, moralischen Tatsachen einen notwendigen Zusammenhang mit Handlungsgründen zuzusprechen. Inhaltlich gründet Railtons Vorschlag auf der Annahme eines sozialen Koordinationsprozesses: Durch einen Prozess der gegenseitigen Einflussnahme (z.B. mithilfe von Sanktionssystemen) komme es in einer sozialen Gemeinschaft zu einer Angleichung des rational Gesollten und des durch die naturalistische Theorie ermittelten moralisch Gesollten.[222]

Betrachten wir jedoch die Strategie im Hinblick auf ihren logischen Status, dann erscheint sie als wenig zwingend. Streng betrachtet setzt sie nämlich voraus, was noch zu beweisen wäre: Denn der Grund dafür, dass eine Erklärung für die Annahme einer quasi-internen[223] Verbindung zwischen moralisch Gesolltem und Handlungsgründen überhaupt notwendig wird, besteht darin, dass dieser bereits *ex ante* als kontingent gedeutet wird. Was Railton an dieser Stelle also unterstellt, ist, dass es sich beim modalen Verhältnis zwischen beiden Relata um eine nicht-begriffliche Abhängigkeitsrelation handelt. Mit anderen Worten: Er vertritt die These, dass das Phänomen der praktischen Normativität der Moral eine Illusion ist. Was aber sind die Gründe für diese Behauptung? Hier klafft in der Verteidigungsstrategie von Railton eine »Lücke«. Er unterstellt einen Zusammenhang, der eigentlich noch zu belegen wäre.

7.4.2 Eine Kritik der praktischen Normativität der Moral

An dieser systematischen Gelenkstelle setzt eine zweite Gegenstrategie an. Ihre Vertreter versuchen dem beschriebenen Desiderat Rechnung zu tragen, indem die Ausgangsprämisse der Kritik angezweifelt wird. Die Strategie besteht also darin, die praktische Normativität der Moral zurückzuweisen. Entsprechend kommt es in der Folge darauf an, mögliche Gegenbeispiele anzuführen, die den begrifflichen Zusammenhang zwischen moralischen Tatsachen und normativen Gründen infrage stellen. Kann es nicht doch Personen geben, die erkannt haben, worin das moralisch Gesollte besteht, aber in keiner Weise mit einem normativen Anspruch konfrontiert sind, entsprechend zu handeln? Das Gegenbeispiel, auf das sich die Kritiker klassischerweise berufen, haben wir schon in einem anderen Kontext kennengelernt, es ist der sogenannte Amoralist.[224] So geht etwa David Brink im Hinblick auf die praktische Normativität, die er terminologisch als Internalismus der Gründe beschreibt, wie folgt auf das Amoralisten-Beispiel ein:

> »But internalism of reasons, like internalism about motives, comes at a high price. The internalist about motives, as we noted, cannot represent the possibility of the amoralist and cannot even consider the amoralist skepticism in the usual way.«[225]

In diesem Zusammenhang kann nicht detailliert auf die Möglichkeit des Amoralismus eingegangen werden.[226] Im Wesentlichen scheint sie jedoch davon abzuhängen, wie weit man den Begriff der Ethik fasst. Diejenige Verständnisweise, die im Rahmen dieser Einführung zugrunde gelegt wird, versteht unter Ethik eine Disziplin, die uns sagt, was wir *alles in allem* tun sollen.[227] Geht man von dieser Auffassung aus, dann ist der Amoralist eine begriffliche Unmöglichkeit.[228] Die Aussage »Es ist alles in allem betrachtet moralisch richtig, Handlung ›x‹ auszuführen, aber es sprechen keine guten Gründe dafür, Handlung ›x‹ auszuführen« ist ebenso widersprüchlich wie die Aussage »Peter ist ein verheirateter Junggeselle«. Die Normativität der Moral – und dies wird zumeist auch vom Naturalisten anerkannt[229] – ist ein Implikat unserer alltäglichen moralischen Praxis. Was den Naturalisten zu seiner Ablehnung ermutigt, lässt sich daher nur selten mit einer gegenläufigen Interpretation der moralischen Phänomenologie erklären. Zu vermuten ist eher, dass es die internen Theoriezwänge der Ausgangstheorie sind, die auf der Ebene der metaethischen Reflexion zu einer Kritik zwingen.

7.4.3 Die Tu-quoque-Argumentation

Die dritte Strategie verfolgt einen anderen Weg. Ihre Vertreter gehen davon aus, dass die praktische Normativität der Moral durchaus ein Adäquatheitskriterium für jede metaethische Theorie darstellt. Ebenso wird zugestanden, dass naturalistische Ansätze ihre Schwierigkeiten damit haben, diese zu rekonstruieren. Allerdings: Dieses Defizit wird durch den Umstand aufgewogen, dass die alternativen Positionen mit weitaus schwerwiegenderen Einwänden konfrontiert sind. In diesem Sinne handelte es sich beim naturalistischen Ansatz – nach Abwägung aller Gesichtspunkte – um das kleinere Übel. Was ist darauf zu sagen? Zunächst Folgendes: Der Naturalist sollte bei dieser Abwägungsstrategie nicht unterschätzen, welche Tragweite der hier präsentierte Einwand tatsächlich hat. Um es noch einmal deutlich zu sagen: Die Schwierigkeit des metaethischen Naturalismus besteht darin, dass er nicht verständlich machen kann, was es heißt, einen guten Grund zum Handeln zu haben. Damit sind hohe Folgekosten verbunden! Denn sollte die Diagnose tatsächlich zutreffen, dann scheinen die Ansatzpunkte dafür zu fehlen, *überhaupt* eine normative Qualifizierung im Bereich der Moral leisten zu können. Wie soll eine normative Bewertung einer Handlung vorgenommen werden, wenn die *Möglichkeit* dafür fehlt, gute und schlechte Gründe für die eine oder andere Handlungsoption zu unterscheiden? Mit seiner metaethischen Theorie scheint der Naturalist damit auf direktem Wege in einen moralischen Nihilismus hineinzulaufen, also die These zu vertreten, dass im Bereich der Moral jedweder Unterschied zwischen Besser und Schlechter, Gut und Richtig, Angemessen und Unangemessen obsolet ist. Was aber könnte auf der anderen Seite für eine Schwierigkeit stehen, die dieses normative Defizit des Naturalismus aufwiegt? Das ist gar nicht so einfach zu sehen. – Immerhin ist die Möglichkeit einer normativen Qualifizierung von Handlungsgründen ein wesentliches Element unserer moralischen Praxis, das zudem tief in unserem Selbstverständnis verankert ist. Andererseits: Damit ist natürlich nicht gesagt, dass wir es nicht faktisch revidieren könnten. Möglicherweise ist das im Rahmen eines Zwei-Ebenen-Modells tatsächlich möglich.[230] Die Frage ist aber, ob wir es auch in Betracht ziehen sollten oder ob wir neben dem Naturalismus nicht noch andere Optionen haben, die in philosophischer Sicht weniger radikal mit den Gehalten der Alltagspraxis umgehen.

7.5 Ein kurzer Blick auf die Alternativen: Super-Naturalismus, Eliminativismus und Non-Naturalismus

Der metaethische Naturalismus ist wohl eine der am häufigsten vertretenen Positionen in der Metaethik. Allerdings haben die vorangegangenen Überlegungen auch gezeigt, dass sich durchaus einige Bedenken formulieren lassen. Es ist nicht klar, ob der Naturalist tatsächlich eine intuitiv nachvollziehbare Rekonstruktion der praktischen Normativität der Moral leisten kann. Vor dem Hintergrund dieser Probleme kann es daher einmal lohnenswert sein, sich nach möglichen Alternativen umzuschauen. Was vertritt man eigentlich, wenn man kein metaethischer Naturalist ist? Klassischerweise werden dem Naturalismus in der Metaethik drei Optionen gegenübergestellt, die wir im Realismus-Kapitel bereits kurz benannt hatten.[231] Diese können wir nun präzisieren:

(1) Eine erste Variante stellt der metaethische *Super-Naturalismus* dar. Eine solche Position wird häufig den frühen moralischen Realisten wie G. E. Moore, H. A. Prichard oder W. D. Ross zugeschrieben. Super-Naturalisten vertreten die These, dass es sich bei moralischen Tatsachen um Tatsachen *sui generis* handelt, die einem autonomen, nicht-natürlichen ontologischen Reich angehören. Für den Super-Naturalisten ist es demnach kein Wunder, dass die Reduktionsstrategie scheitert: Der naturalistische Realist sucht aufgrund seiner naturwissenschaftlichen Grundorientierung, metaphorisch formuliert, immer schon an der falschen Stelle. Moralische Tatsachen gehören vielmehr einer anderen Wirklichkeit an, die von den Naturwissenschaften nicht erfasst werden kann. Diese letzte Bemerkung scheint aber bereits das Urteil über diese Theoriengruppe zu sprechen. Mit Mackie halten nämlich viele die Annahme eines autonomen Wertreichs für äußert fragwürdig. Sind so verortete moralische Tatsachen nicht ontologisch und motivationstheoretisch hochgradig merkwürdige Entitäten, deren Erkenntnis zudem auf eine Art »sechsten Sinn« angewiesen bleibt? Es gibt nicht wenige Metaethiker, die das bejahen und den Super-Naturalismus deshalb für keine gangbare Option

halten. Entsprechend findet er auch gegenwärtig nur wenig Anhänger, die sich um eine konsequente Ausarbeitung bemühen.[232] Zumeist wird der Super-Naturalismus als rhetorisches Mittel verwendet – zum Beispiel als Endpunkt eines *Reductio*-Arguments oder als argumentativer Strohmann, um die eigene Position zu schärfen.

(2) Eine zweite Variante ist der metaethische *Eliminativismus.* Auch seine Vertreter gehen vom Scheitern jeglicher Reduktionismen aus. Daraus leiten sie aber nicht ab, dass moralische Tatsachen in einem autonomen ontologischen Sonderreich zu verorten sind. Vielmehr lehnen sie den ontologischen Dualismus des Super-Naturalismus ab und halten an der Einheit des naturwissenschaftlichen Weltbildes fest. Ihre Lösung besteht daher in einem radikalen Schritt: Dass sich moralische Tatsachen nicht reduzieren oder als eigenständige Entitäten ausweisen lassen, liegt einfach daran, dass sie nicht existieren. Eliminativisten behaupten demnach die Nicht-Existenz moralischer Tatsachen. Das ist eine durchaus prominente Strategie in der Metaethik. Sie wurde am Beispiel von Mackies Irrtumstheorie schon angesprochen. Aber auch Non-Kognitivisten und manche Konstruktivisten wählen diesen Weg, wobei beide das in unterschiedlicher Radikalität und mit unterschiedlichen Begründungen tun. Non-Kognitivisten leugnen in der Regel etwa den Begriff der moralischen Tatsache, etwa weil sie die wahrheitsfunktionale Voraussetzung nicht teilen, die die Rede von Tatsachen überhaupt sinnvoll macht. Konstruktivisten hingegen teilen in vielen Fällen diese Voraussetzung, finden aber die Rede von moralischen Tatsachen aus anderen Gründen, etwa aus epistemologischen, motivationstheoretischen oder ontologischen Überlegungen heraus problematisch.

(3) Eine dritte Variante ist der metaethische *Non-Naturalismus*. Hierbei handelt es sich um eine Theoriengruppe, die in der jüngeren Vergangenheit wieder an Aufmerksamkeit gewonnen hat und zumeist unter realistischen Vorzeichen verteidigt wird. Wichtige Vertreter sind etwa William FitzPatrick, John McDowell und Russ Shafer-Landau. Non-Naturalisten gehen zunächst mit dem Super-Naturalisten davon aus, dass sich moralische Tatsachen weder reduzieren noch eliminieren lassen. Anders als der Super-Naturalist ziehen sie daraus aber nicht den Schluss, dass wir unser Selbst- und Wirklichkeitsverständnis in ontologisch problematischer Weise erweitern müssen. Um das zu vermeiden, gibt es verschiedene Strategien. Zwei seien kurz erläutert: Die erste Strategie konzentriert sich darauf, den Begriff der *natürlichen* Tatsache zu hinterfragen. Was soll es eigentlich heißen, zum Bereich des Natürlichen zu gehören? Für den Naturalisten war die Antwort klar: Als natürlich kann dasjenige gelten, was die Naturwissenschaften entdecken können. Ausgehend von der Naturalismus-Kritik sieht der Non-Naturalist jedoch keinen Grund, dem Primat der Naturwissenschaften zu folgen. Stattdessen plädiert er für einen erweiterten Begriff des Natürlichen, der auch moralische Tatsachen umfasst.[233] Für den Vertreter der ersten Strategie sind moralische Tatsachen also genau deshalb nicht ontologisch problematisch, weil sie auch natürliche Tatsachen sind. Allerdings finden nicht alle Non-Naturalisten diese Ausweitung des Natürlichen plausibel. Diese Vertreter lassen sich mitunter einer zweiten Strategie zuordnen, deren Kerngedanke darin besteht, den Naturwissenschaften weiterhin den Primat zuzuschreiben. Entsprechend handelt es sich bei moralischen Tatsachen auch nicht um natürliche, sondern um nichtnatürliche Tatsachen. Gleichwohl muss das nicht bedeuten, dass Erstere entweder keine realen Entitäten sind (*pace* Elimi-

nativismus) oder in ein ontologisches Sonderreich abgeschoben werden müssen (*pace* Super-Naturalismus). Wie kann dieser Spagat gelingen? Vertreter dieser Strategie versuchen ihn zu vollziehen, indem sie den Natur- und den Realitätsbegriff voneinander entkoppeln.[234] Sie halten demnach keineswegs für ausgemacht, dass nur diejenigen Tatsachen, die zum Bereich des Natürlichen gehören, auch in unproblematischer Weise real sein können. Vielmehr gehen sie davon aus, dass auch nichtnatürliche Tatsachen diese ontologische Einordnung verdienen. Wenn also Vertreter der zweiten Strategie behaupten, dass moralische Tatsachen in den Bereich des Nicht-Natürlichen gehören, legt sie das nicht auf ein ontologisches Sonderreich fest. Ihnen zufolge existieren moralische Tatsachen als integraler Bestandteil derjenigen Wirklichkeit, der auch natürliche Tatsachen angehören. Beide Strategien des Non-Naturalisten, sowohl die Extension des Bereiches des Natürlichen als auch die Entkopplung von Natur- und Realitätsbegriff, werden gegenwärtig diskutiert. Welche der beiden vorzuziehen ist, muss an dieser Stelle aber nicht entschieden werden. Für die Zwecke dieses Abschnitts ist es ertragreicher, die Gemeinsamkeit herauszustreichen, die in einer anti-dualistischen »Stoßrichtung« besteht: Moralische Tatsachen existieren in der *gleichen* ontologischen Realität wie natürliche Tatsachen. Ob moralische Tatsachen nun wie in der ersten Strategie als Teilklasse der natürlichen Tatsachen gedeutet werden oder wie in der zweiten Strategie aus dieser Klasse ausgegliedert werden, erscheint vor diesem Hintergrund eher zweitrangig. In beiden Fällen nehmen Non-Naturalisten für sich in Anspruch, ohne ontologische Sonderreiche auszukommen.

Beim Super-Naturalismus, Eliminativismus und dem Non-Naturalismus handelt es sich um die drei Standardoptionen, die genannt werden, wenn man den Naturalismus in der Metaethik ablehnt. Zwar bildet der Naturalismus, wie schon erwähnt, für viele immer noch den Goldstandard. Wenn sich aber im Zuge der Auseinandersetzung weiter erhärten sollte, dass der Naturalismus tatsächlich nihilistische Tendenzen aufweist, sollte das zumindest einen Anlass geben, auch mögliche Alternativen in den Blick zu nehmen und diese im Rahmen eines Theorienvergleichs zu evaluieren. Aber welchen Ansatz sollten wir hierfür wählen?

Das ist nicht einfach zu beantworten, da wir hierfür einen globalen Vergleich der naturalistischen Alternativen anstreben müssten. Ein solches Projekt aber liegt jenseits dieser Einführung. An dieser Stelle daher nur einige Bemerkungen zur dialektischen Lage, wie sie sich aus meiner Sicht darstellt: Zunächst zum *Super-Naturalismus.* Dieser, und das wurde oben erwähnt, hat gegenwärtig keinen guten Leumund. Mit epistemologischen, handlungstheoretischen oder ontologischen Sonderreichen will jedenfalls kaum jemand in der Metaethik etwas zu tun haben. Es ist daher nicht überraschend, dass sich momentan kaum Vertreter ausmachen lassen, die sich dezidiert zu diesem Programm bekennen. Der Super-Naturalismus ist eher ein Schreckgespenst, das Gegner aufbauen, um ihre eigene Position zu plausibilisieren. Als gleichwertiger Diskussionspartner wird er eher selten betrachtet.

Anders verhält es sich beim *Eliminativismus.* Seine Vertreter investieren einiges an Arbeit, um die Überzeugungskraft ihrer Position nachzuweisen. Andererseits: In dialektischer Hinsicht handelt es sich beim Eliminativismus eher um eine *via desperationis.* Die Existenz von moralischen Tatsachen ist ein wesentliches Element der moralischen Alltagserfahrung. Diese Annahme sollte daher nicht ohne Prüfung von Ansätzen infrage gestellt werden, die sie konservieren können. Für den Eliminativismus, und das gestehen auch seine Vertreter zumeist zu, besteht daher die Hauptaufgabe zunächst darin, die Folgekosten dieser Annahme zu betonen.[235] Wenn das gelingen sollte, wäre die Symmetrie in der Beweislast wiederhergestellt, und der Eliminativismus wäre offen gegenüber einem Vergleich mit den anderen Naturalismus-Gegnern. Das klingt jedoch einfacher, als es tatsächlich ist. Insbesondere im Fortgang dieser Einführung sollte deutlich geworden sein, dass der Realismus, der die Unabhängigkeitsannahme zum Ausgangspunkt seiner Theorie macht, eine weitaus attraktivere Option darstellt, als seine Kritiker oft zugestehen. Mit einem bloßen Hinweis auf Mackies Absonderlichkeitsvorwurf ist jedenfalls noch nicht viel gewonnen.

Aus dieser Konstellation heraus betrachtet ist es nachvollziehbar, dass der *Non-Naturalismus* gegenwärtig eine Renaissance erlebt und für viele eine ernst zu nehmende Option darstellt.[236] Non-Naturalisten versprechen uns einerseits, am realistischen Tatsachenbegriff festzuhalten, ohne damit jedoch andererseits einer ontologischen »Wiederverzauberung« zu erliegen. Ungeachtet der wachsenden Zustimmung zur Grundidee gibt es aber immer noch wenige ausgearbeitete Versuche, ein positives Programm zu formulieren. Non-Naturalisten wissen in der Regel sehr gut, was an den gegnerischen Ansätzen problematisch ist, weitaus seltener aber, wie man eine Alternative formulieren könnte.[237] Vor dem Hintergrund der verschiedenen Ausarbeitungsstufen fällt es daher schwer, eine Einschätzung für einen Theorienvergleich zu geben. Nehmen wir aber die dialektische Lage der Debatte als Ausgangspunkt, erscheint es durchaus lohnenswert, diesem Projekt weiter nachzugehen. Wie sich diese ausgearbeiteten Non-Naturalismen aber schlussendlich zum Super-Naturalismus und Eliminativismus einerseits und dem Naturalismus andererseits verhalten, kann an dieser Stelle nicht vorweggenommen werden.

7.6 Fazit und Ausblick

Der metaethische Naturalismus ist, wenn er als Variante des Realismus vertreten wird, vielleicht diejenige Theorie in der Metaethik, die am meisten Zuspruch findet. Die naturalistische Tendenz in der Metaethik ist durchaus erklärbar: Naturalisten wissen sich im Einklang mit einem an breiter Front akzeptierten metaphilosophischen Naturalismus, vermeiden die Annahme von epistemologischen, motivationstheoretischen und ontologischen Sonderreichen und versprechen eine Vereinbarkeit von moralischer Objektivität mit einem naturwissenschaftlichen Wirklichkeitsverständnis.

Dennoch lassen sich auch mit Blick auf den metaethischen Naturalismus zahlreiche Kritikpunkte vorbringen. Hierbei haben sich die vorangegangenen Ausführungen auf eine Kritikstrategie konzentriert, die auch gegenwärtig im Zentrum der Aufmerksamkeit steht. Den Ausgangspunkt bildete die naturalistische Rekonstruktion des Phänomens der praktischen Normativität. Dabei wurde hervorgehoben, dass der metaethische Naturalismus im Rahmen seiner Rekonstruktionsversuche entweder dem moralischen Nihilismus beträchtlich nahekommt oder aber Gefahr läuft, seinen Ausgangsansatz aufzugeben.

Trotz alledem ist mit einer finalen Einschätzung des Naturalismus Vorsicht geboten. Und das aus mindestens zwei Gründen: *Zum einen* mussten viele Aspekte bei der Auseinandersetzung unberücksichtigt bleiben. In der Einleitung zu diesem Kapitel wurde bereits erläutert, dass der Naturalismus in der Metaethik zumeist als Version des Realismus diskutiert und in diesem Kontext insbesondere auf eine Auseinandersetzung mit der Naturalisierung von moralischen Tatsachen reduziert wird. Diesem Usus bin ich bei meiner Darstellung gefolgt. Dabei sollte aber nicht vergessen werden, dass der metaethische Naturalismus grundsätzlich auch weiter gefasst werden kann. Er muss nicht auf eine bestimmte metaethische Theoriengruppe oder einen bestimmten Grundbegriff eingeschränkt werden, sondern kann ganz allgemein auf alle moralischen Grundbegriffe angewendet werden. Es kann ja nicht grundsätzlich ausgeschlossen werden, dass die Analyse von moralischen Urteilen, Überzeugungen und Erkenntnissen eine Wendung bringt, die das naturalistische Projekt in der Metaethik in ein anderes, nunmehr viel besseres Licht rückt. Wer demnach an einer Gesamteinschätzung des metaethischen Naturalismus interessiert ist, müsste diese zusätzlichen Analyseebenen auch berücksichtigen.

Zum anderen fehlt eine hinreichende Einschätzung derjenigen Theorien, die dem Naturalismus gegenübergestellt werden können. Sowohl Eliminativismus als auch Non-Naturalismus könnten Optionen sein. Welche der beiden man wählt, hängt aber auch von weiteren Vorentscheidungen ab, etwa davon, wie man sich in der Debatte um den metaethischen Realismus positioniert. Wenn wir jedoch allein auf das dialektische Verhältnis der beiden Lager schauen, scheint der Non-Naturalismus zunächst der aussichtsreichere Gegner. Gleichzeitig wurde aber auch deutlich, dass er in der eigenen Theorienbildung immer noch zu wenig entwickelt ist, um sich mit dem Naturalismus messen zu können.

Beide Aspekte, sowohl die Eingrenzung auf einen lokalen Naturalismus als auch die strategische Situation der Naturalismus-Gegner, machen eine Gesamteinschätzung schwierig. Gleichzeitig liefern sie aber auch einen wichtigen Fingerzeig, wie die Debatte um den Naturalismus weitergeführt werden kann. Wer eine umfassende Auseinandersetzung anstrebt, darf sich nicht nur auf den Tatsachenbegriff konzentrieren, sondern muss auch die anderen metaethischen Grundbegriffe berücksichtigen. Gleichzeitig gilt es aber auch, die aussichtsreichsten Alternativen im Blick zu behalten und deren Ausarbeitung voranzutreiben. An dieser

Stelle empfiehlt sich insbesondere ein Fokus auf den metaethischen Non-Naturalismus, dessen Ausarbeitung auch positive Effekte für ein tieferes Verständnis der Gesamtdebatte haben könnte.

7.7 Weiterführende Lesehinweise

Es ist kein einfaches Unterfangen, den Naturalismus in einer Weise zu charakterisieren, die hinreichend informativ ist und zugleich eine gewisse Konsensfähigkeit besitzt. Bei meiner eigenen Bestimmung bin ich von einer präskriptiven Definition ausgegangen, die sich weniger darum kümmert, was faktisch unter dem Naturalismus-Begriff verstanden wird, als sich darauf zu konzentrieren, was man unter »Naturalismus« verstehen sollte. Inhaltlich habe ich mich dabei auf die methodische Herangehensweise des Naturalisten fokussiert. Für eine ausführlichere Darlegung dieser Vorentscheidung siehe Rüther (2013), Kap. 12, und Rüther (2015). Es gibt aber auch andere Versuche. Für eine Übersicht über die verschiedenen Naturalismus-Definitionen und die mit ihnen zusammenhängenden Schwierigkeiten siehe Keil (2000, 2008).

Für einen ersten Einstieg in die Naturalismus-Problematik in der Metaethik siehe Harman (2012), Lenman (2014) und Tarkian (2014). Diese Artikel enthalten neben einer nützlichen Übersicht über die verschiedenen Debatten rund um den metaethischen Naturalismus auch zahlreiche Literaturquellen, die eine inhaltliche Weiterarbeit ermöglichen.

Einige Hinweise für die Motive, die Metaethiker zum Naturalismus führen, finden sich in Railton (1995), Sturgeon (2006) und Tiefensee (2008). Die Verbindung von metaethischem und metaphilosophischem Naturalismus wird insbesondere in Railton (2004) und Rosenberg (2013) betont.

Es gibt unterschiedliche Arten, den metaethischen Naturalismus zu differenzieren. Geläufig ist etwa die Unterteilung in reduktive und nicht-reduktive Varianten. Es gibt aber auch weitere. Wie man das Feld aufteilt, hängt auch vom jeweiligen Erkenntnisinteresse ab. Für einen allgemeinen Überblick über die verschiedenen Attribut-Naturalismen siehe Rosenberg (2000); für die Metaethik im Speziellen Tarkian (2004) und Tiefensee (2008).

Die Darstellung der Auseinandersetzung mit dem metaethischen Naturalismus hat sich am bekannten Normativitätseinwand orientiert. Eine konzise Darstellung des Einwandes liefern Dancy (2006) und Tarkian (2009), bes. Kap. 2 und 3. Eine ausführliche Auseinandersetzung mit den Verteidigungsstrategien des Naturalisten findet sich in Ernst (2006) und Halbig (2011). Die vorgetragene Kritik schöpft darüber hinaus vor allem aus Halbig (2007), bes. Kap. 4.7.1, FitzPatrick (2011, 2014) und Parfit (2011), bes. Kap. 27.

Eine überblicksartige Darstellung der Alternativen findet man in den verschiedenen Einführungswerken und Sammelbänden. Für eine informative und ausgewogene Erläuterung siehe etwa die Positionsdarstellungen in Miller (2003), Fisher (2011) und Kirchin (2012). Mit Blick auf die Literatur in Sammelbänden seien die Beiträge in Copp (2006) und Fisher/Kirchin (2006) empfohlen.

8. Zusammenfassung und Ausblick

Wir haben einen langen Weg hinter uns gebracht, der über verschiedene Themen, Positionen und Argumente geführt hat. Nun sind wir am Ende dieser Einführung angelangt. Um uns noch einmal die wichtigsten Erträge vor Augen zu führen, bietet es sich an, einen philosophischen »Kassensturz« vorzunehmen. Beginnen wir zunächst mit zwei formalen Aspekten der metaethischen Theorienbildung, die schon mehrfach erwähnt wurden, aber jetzt inhaltlich konkretisiert werden können.

Zum einen haben wir im Fortgang durch die metaethische Theorienlandschaft mehr als nur einmal bemerkt, dass eine umfassende Auseinandersetzung denkbar viele Gesichtspunkte berücksichtigen muss. Jede metaethische Theorie besitzt eine gewisse Ausgangsplausibilität, die mit ihren Nachteilen abgewogen werden muss. Das wurde insbesondere im Rahmen der Auseinandersetzung mit den Standardtheorien deutlich: So ist der Non-Kognitivismus insbesondere deshalb für viele besonders attraktiv, weil er eine nachvollziehbare Erklärung des praktischen Charakters der Moral geben kann und gleichzeitig mit einem naturwissenschaftlichen Wirklichkeitsverständnis kompatibel ist. Andererseits ergeben sich für Non-Kognitivisten einige Schwierigkeiten, wenn es darum geht, die Quelle der moralischen Normativität zu bestimmen. Non-kognitive Zustände scheinen vielmehr kategorial ungeeignet zu sein, um diese Aufgabe zu übernehmen. Diese Diagnose bildet den Ausgangspunkt für eine weitere Theorie, den Konstruktivismus, dessen Vertreter beanspruchen, die motivationstheoretischen und die ontologischen Stärken des Non-

Kognitivismus einzufangen, ohne jedoch seine Schwierigkeiten zu teilen. Der Grundgedanke seiner Vertreter besteht darin, den Ursprung der moralischen Normativität nicht in einem psychischen Zustand, sondern im Kontext eines Verfahrens zu verorten. Gleichzeitig schien aber auch der Konstruktivist einige Probleme zu haben, wenn er die Quelle der moralischen Normativität bestimmen sollte. So war es nicht ohne Weiteres einsichtig, wie er diese Aufgabe bewältigen könnte, ohne auf Gesichtspunkte zurückzugreifen, die jenseits des von ihm in Anschlag gebrachten Verfahrens liegen. Das führte uns zu einer weiteren Theorie, dem Realismus. Seine Vertreter schienen eine intuitiv adäquate Analyse zu liefern: Dem Realisten zufolge sind es weder nonkognitive Zustände noch die Anwendung eines Verfahrens, die eine Handlung in moralischer Hinsicht qualifizieren, sondern moralische Tatsachen, die zumindest eine partielle Unabhängigkeit vom Subjekt aufweisen. Aber auch der Realismus hat seinen Preis: Seine Vertreter scheinen nämlich – anders als die Vertreter der metaethischen Konkurrenz – zum einen Probleme damit zu haben, eine angemessene Erklärung des praktischen Charakters der Moral zu geben, und zum anderen die Frage zu beantworten, wie sich die von ihm angenommenen Tatsachen in eine naturwissenschaftliche Ontologie integrieren lassen. Egal, wie wir es also wenden: Wir erkennen, dass jeder metaethische Ansatz – ob Non-Kognitivismus, Konstruktivismus oder Realismus – seine spezifischen Stärken und Schwächen hat. Und diese gegeneinander abzuwägen ist eine Aufgabe, die auf jeden Metaethiker zukommt – eine Aufgabe, die aufgrund der Komplexität der zu berücksichtigenden Bereiche, Themen und Argumente kein einfaches Unterfangen darstellt.

Zum anderen sind wir im Laufe dieser Einführung nicht nur darauf gestoßen, dass die Abwägung der verschiedenen Ansätze denkbar umfangreich ist. Sie ist auch schwierig, weil in der Metaethik die jeweiligen Gesichtspunkte, die für oder gegen einen Ansatz sprechen, wiederum durch weitere Theorien, Argumente und Thesen gestützt oder infrage gestellt werden. Das können wir uns verdeutlichen, wenn wir uns an unsere beiden Schlüsselkontroversen erinnern.

In der ersten Kontroverse ging es um die Frage nach der angemessenen Rekonstruktion der moralischen Motivation. Hierbei, so wurde oben schon erläutert, werden Non-Kognitivisten und Konstruktivisten zumeist gute Karten zugeschrieben, während der Realismus eher Probleme zu haben scheint. Diese Einschätzung beruht aber auf der Akzeptanz einer Standardtheorie in der Motivationstheorie, die wir als humeanischen Internalismus bezeichnet haben. Beide Elemente dieser Theorie, sowohl der Humeanismus als auch der Internalismus wurden anschließend diskutiert und mit einigen Einwänden konfrontiert. Am Ende zeigte sich, dass die Theorienkombination keineswegs so unumstößlich ist, wie seine Vertreter häufig behaupten. Ebenso wenig ist der humeanische Internalismus alternativlos: Gerade in der jüngeren Vergangenheit ist ein anti-humeanisches und externalistisches Gegengewicht entstanden, das nicht vernachlässigt werden sollte.

Die zweite Kontroverse betraf die Frage, ob die Annahme von moralischen Tatsachen mit einem naturwissenschaftlichen Wirklichkeitsverständnis vereinbar ist. – Eine Nachfrage, die sich freilich nur für die Vertreter des Realismus stellt. Non-Kognitivisten und Konstruktivisten gehen ja in der Regel davon aus, dass es gar keine moralischen Tatsachen gibt, sodass eine Harmonisierungsstrategie obsolet wird. Im Weiteren wurde eine naturalistische Variante des Realismus untersucht, die viele für den aussichtsreichsten Versuch halten, eine Ontologie moralischer Tatsachen vorzulegen. Nach Abwägen des Für und Wider wurde jedoch insbesondere die Schwierigkeit deutlich, eine intuitiv adäquate

Rekonstruktion der intrinsischen Normativität der Moral zu liefern. Andererseits wurde aber auch darauf abgestellt, dass uns eine Absage an diese Version des Realismus keineswegs in die Arme der anti-realistischen Gegenseite, also in das Lager der Non-Kognitivisten oder Konstruktivisten, treibt. Es wurden vielmehr weitere Alternativen genannt, die hinsichtlich ihrer ontologischen Überzeugungskraft noch zu prüfen wären. Hierbei erschien insbesondere der Non-Naturalismus als ein attraktiver Weg, den Realismus auf eine Weise zu verteidigen, die die Skylla des Naturalismus und die Charybdis eines platonischen Wertrealismus vermeidet.

Beide Debatten müssen an dieser Stelle nicht als entschieden gelten. Es ließe sich sicherlich noch mehr sagen. Wichtiger ist, dass die Auseinandersetzung auf eine Schwierigkeit aufmerksam macht, die die Einschätzung der jeweiligen Stärken und Schwächen der metaethischen Standardtheorien betrifft. Anders als man meinen könnte, sind diese nämlich keineswegs so eindeutig verteilt. Ob etwas eine Stärke oder Schwäche ist, hängt vielmehr von der Akzeptanz weiterer Theorien ab, zum Beispiel davon, ob ein humeanischer Internalismus und/oder ein metaethischer Naturalismus vertreten wird. Wie wir gesehen haben, ist dieses Theorienpaar aber wiederum Gegenstand von Auseinandersetzungen, die uns in weitere metaethische Bereiche und Kontroversen führen. Was aber bedeutet dieses Ergebnis für die metaethische Theorienbildung? Es bedeutet, dass wir es in der Metaethik nicht nur mit einem umfangreichen Arbeitsgebiet zu tun haben, sondern auch mit einem Gebiet, in dem die verschiedenen Themen, Theorien und Argumente auf vielfältige Weise miteinander zusammenhängen. Wenn wir daher zu einem umsichtigen Theorienentscheid kommen wollen, kann es nicht nur um die Erfassung der bereichsspezifischen Attraktivitätsmerkmale von metaethischen Theorien gehen, sondern wir müssen uns auch an einer Einschätzung versuchen, ob die benannten Stärken oder Schwächen einer metaethischen Theorie auch *tatsächlich* Stärken oder Schwächen sind. Und das erfordert, wie jetzt deutlich wird, einen aufwendigen Abwägungsprozess, der durch verschiedene metaethische Bereiche und Kontroversen führt.

Darüber hinaus möchte ich noch auf einen weiteren Aspekt aufmerksam machen, der weniger mit der Art und Weise der metaethischen Theorienbildung als vielmehr mit der ›richtigen‹ metaethischen Theorie zu tun hat. Denn diese Einführung war nicht nur darauf bedacht, Themen, Theorien und ihre Zusammenhänge möglichst umfangreich darzustellen, sondern wollte auch einige Überlegungen zur Überzeugungskraft der jeweiligen Theorien einzubringen. Und dem aufmerksamen Leser wird nicht entgangen sein, dass ich einige Sympathien mit einer non-naturalistischen Version des Realismus hege, die eine non-psychologistische Motivationstheorie mit einem motivationstheoretischen Externalismus verknüpft. Die zugrunde liegende Vermutung ist, dass diese Theorienallianz am besten dafür geeignet ist, unser moralisches Welt- und Selbstverständnis auf eine intuitiv adäquate Weise zu erklären. Sie scheint aus meiner Sicht nur philosophisch zu explizieren, was implizit in unserer Praxis angelegt ist. Die konkreten Argumente für diese Hypothese lassen sich in den jeweiligen Kapiteln nachlesen. Allerdings soll auch nicht verschwiegen werden, dass dieses Ergebnis unter Vorbehalt steht. Vieles, was zur weiteren Absicherung hätte gesagt werden können, musste ungesagt bleiben.

So wurde in diesem Buch eine ganze Reihe von Themen ausgespart.[238] Zu nennen wäre etwa die Auseinandersetzung mit der sogenannten Generalismus/Partikularismus-Debatte, deren zentrale Leitfrage darin besteht, die Reichweite und die Rolle von Prinzipien in der Ethik zu bestimmen. Diese Frage ist in einer Vielzahl von möglichen Diskussionskontexten relevant – etwa mit Blick auf mögliche Urteils- und Entscheidungshilfen oder bei der Aufdeckung einer generalisierbaren Tiefenstruktur des moralischen Urteilens und Wertens. Ebenso wurde nur am Rande auf die komplexe Auseinandersetzung mit dem moralischen Erkenntnisbegriff eingegangen. Nicht berücksichtigt wurden zum Beispiel so komplexe Themen wie die Frage nach dem angemessenen Begründungsmodell und den mit ihm verbundenen Begründungsansprüchen. All diese Themen stellen Kerndebatten der Metaethik dar und werden breit diskutiert. Und es ist klar, dass jeder, der eine umfassende metaethische Theorienbildung anstrebt, sich in diesen Diskursen verorten muss.

Auch was die Darstellung der verschiedenen Positionen anging, wurden Prioritäten gesetzt. So hat sich diese Einführung weitestgehend auf die Darstellung der gewachsenen Standardpositionen beschränkt. Gerade in der neueren Theorienentwicklung zeichnen sich aber einige neue Konstellationen ab: Zum einen lassen sich in den letzten Jahren einige Theorienvorschläge ausmachen, deren Ziel darin besteht, eine Mittelstellung zwischen den verschiedenen Versionen des Anti-Realismus einerseits und den Varianten des Realismus andererseits einzunehmen. Diese Vertreter versuchen – *pace* Non-Kognitivismus und Konstruktivismus – an der Subjektunabhängigkeit von moralischer Wahrheit festzuhalten, allerdings ohne – *pace* Realismus – ontologische Folgekosten zu übernehmen. Diese Programmatik findet sich momentan in einigen metaethischen Großentwürfen wieder, zum Beispiel in Derek Parfits *On What Matters* (2011) oder Thomas Scanlons *Being Realistic about Reasons* (2014). Zum anderen lassen sich auch vermehrt Theorienvorschläge finden, die den Versuch unternehmen, die gängige Opposition zwischen Kognitivismus und Non-Kognitivismus zu unterlaufen. Methodisch geschieht dies häufig dadurch, dass metaethische Untersuchungen in der Sprachphilosophie und der Philosophie des Geistes getrennt voneinander durchgeführt werden. Dieses Vorgehen soll dann ganz neue Möglichkeiten der Theoriekonstruktion eröffnen – eine Zielsetzung, die sich nicht zuletzt in einigen Neologismen wie »kognitivistischer Expressivismus« (*cognitivist expressivism*) ausdrückt.[239]

Zu beiden Strategien habe ich an anderer Stelle einige Überlegungen vorgetragen.[240] Hier daher nur die Konklusion: Ich habe grundsätzliche Zweifel daran, dass beide Strategien den »Fallstricken« der traditionellen Positionskämpfe entgehen können. Es fällt mir schwer, zu sehen, wie man von moralischer Wahrheit reden kann, ohne ontologische Verpflichtungen einzugehen; genauso bin ich skeptisch, ob der Urteils- vom Überzeugungsbegriff in einer Weise entkoppelt werden kann, dass »neue« Theorien entstehen, die ohne die Probleme der »alten« auskommen. Aber natürlich ist die Auseinandersetzung noch nicht abgeschlossen, sondern muss im Kontext eines sich immer weiter entwickelnden Theoriendiskurses weiter verfolgt werden.

Am Ende dieser Einführung angelangt sehen wir uns daher einer ganzen Reihe von offenen Fragen gegenüber. Vieles, was noch zu erörtern wäre, musste ungesagt bleiben. Das gilt für die Behandlung der Themen genauso wie für die Erläuterung und Einschätzung weiterer Theorien und Argumente. Wenn also davon gesprochen wurde, dass eine bestimmte metaethische Theorienkombination favorisiert wird, ist das eher als ein vorsichtiger Fingerzeig zu verstehen, der noch nach weiterer Forschung verlangt. Das mag bei dem einen oder anderen Enttäuschung auslösen, ist aber letztlich eine Konsequenz metaethischer Forschung. Wir haben es mit einem komplexen Gebiet zu tun, in dem sich vielfältige philosophische Fragen miteinander vermischen.

Wenn wir darüber hinaus die Zielsetzung dieser Einführung beachten, sind die offenen Enden ohnehin kein großes Problem. Es sei nochmals wiederholt: Das Ziel der Erörterungen in diesem Buch besteht nicht darin, den Leser von einer bestimmten Theorienkombination zu überzeugen, sondern es soll ihm einen Überblick über die verschiedenen Themen, Theorien und Argumente geben, die in der Metaethik verhandelt werden. Dieser Überblick soll helfen, die Zusammenhänge zwischen den Debatten zu erkennen, die zentralen Streitpunkte zu identifizieren und vielleicht sogar – auch in Auseinandersetzung mit meinen eigenen Schlussfolgerungen – eigene Gedanken und Thesen zu entwickeln. Und das ist ein Ziel, das sowohl für den Leser wertvoll sein kann, der meinen Positionen aufgeschlossen gegenübersteht, als auch für denjenigen, der sie ablehnt. Es ist die Suche nach der richtigen metaethischen Theorie, die den Verteidiger und den Kritiker eint. Wenn nun für diese Unternehmung eine passende »Ausrüstung« bereitgestellt wurde, ist das primäre Ziel dieses Buches erreicht.

Anmerkungen

1 Die genauen Angaben der beiden Quellen finden sich im Literaturverzeichnis.
2 Für eine detailliertere Betrachtung dessen, was eine metaethische Untersuchung ausmacht, siehe Kap. 2.
3 Die Verwendung des Begriffs »konatives Element« soll signalisieren, dass es sich um ein inhaltlich noch unbestimmtes Element handelt – es wird noch nichts darüber gesagt, ob ein konatives Element mit einer Disposition, einer Einstellung, einem Wunsch usf. gleichzusetzen ist. Das muss durch eine zusätzliche Argumentation entschieden werden und wird nicht durch die Wahl der Terminologie präjudiziert.
4 Wittgenstein (1984), § 123.
5 Bei der eingeführten Unterscheidung zwischen Moral und Ethik handelt es sich um eine Standarddefinition des Verhältnisses. Vgl. zu dieser Abgrenzung und den möglichen Alternativen Birnbacher (2003), S. 1 ff.
6 Hinweisen möchte ich darauf, dass dies nicht die einzig mögliche Definition von Ethik ist. So neigen etwa einige Autoren dazu, die Begriffe »Ethik« und »ethisch« in Anlehnung an die antike Tradition zu deuten. Die Fragerichtung der Ethik ist dann nicht mehr primär auf die Erkenntnis der moralisch richtigen oder falschen Handlung gerichtet, sondern auf das gute, gelungene und glückliche Leben. Vgl. für eine Begriffsklärung und einen allgemeinen Überblick bezüglich der möglichen Definitionen des Begriffs »Ethik« Düwell/Hübenthal/Werner (2002). Im Hinblick auf die Zielsetzung des Kapitels, Fragestellungen, Teilbereiche und Positionen der Metaethik zu erläutern und diese unter anderem anhand einer Abgrenzung zur normativen Ethik zu verdeutlichen, reicht eine idealtypische Bestimmung dieser Disziplin jedoch aus.
7 Vgl. für paradigmatische Ansätze die Ausführungen in Benedict (1935) und Boas (1983/1911). Für einen ersten Überblick über die Theorien-

gruppe sowie eine Erläuterung zu den genannten Autoren siehe Rippe (1993), Kap. 3. Zur philosophischen Diskussion dieser Ansätze siehe auch die Beiträge in Endreß/Roughley (2000).

8 Vgl. die klassischen Studien Schlick (1930), Kap. I, Piaget (1983/1932) und Kohlberg et al. (1984).

9 Vgl. die Beiträge in Bayertz (1993) und die neueren Überblicksartikel Kitcher (2006) sowie FitzPatrick (2008).

10 Aufgrund dieses Grundlagencharakters der Metaethik ist sie auch als »Diskurs zweiter Ordnung« (Grewendorf/Meggle [1974], S. 1) oder als »Wissenschaftstheorie der Moral« (Kutschera [1999], S. 45) bezeichnet worden.

11 Railton (1995), S. 99.

12 Siehe zur Verbindung von Metaethik und analytischer Sprachphilosophie Newen (2005), Kap. 5.

13 Zur Erläuterung der historischen Wurzeln der Kritik siehe Hofmann-Riedinger (1992), S. 55 f., und Couture/Nielsen (1995b).

14 Problemgeschichtlich stellt die angesprochene Differenzierung ein Novum dar. Die Einsicht nämlich, dass eine metaethische Untersuchung neben sprachphilosophischen auch bewusstseinsphilosophische, epistemische und ontologische Fragestellungen umfasst, setzte sich erst in den letzten Jahrzehnten durch. Vgl. für frühe Ausführungen zu den erweiterten Arbeitsbereichen der Metaethik Railton (1986) und Darwall et al. (1992). Eine neuere und übersichtliche Differenzierung der Arbeitsbereiche und Themen findet sich in Sayre-McCord (2014).

15 Sayre-McCord (2014).

16 Um zu betonen, dass die metaethische Frage nach dem Status mentaler Zustände in den Zuständigkeitsbereich der Philosophie fällt, verwende ich zur Kennzeichnung des Untersuchungsgebietes den Terminus »Philosophie des Geistes« und nicht den in Sayre-McCords Eintrag verwendeten Terminus »Psychologie«. Vgl. zum Stellenwert der Philosophie des Geistes in der Metaethik Scarano (2001), S. 45 f., und Roojen (2005).

17 Siehe etwa die Auseinandersetzung mit dem Non-Kognitivismus in Kap. 3.3.2.

18 Vgl. für eine problemgeschichtliche Aufarbeitung der Theorienentwicklung des Non-Kognitivismus Hallich (2008), Kap. A, II und A, III, sowie Rüther (2013), Kap. 3–7.

19 Für eine kurze und instruktive Einführung in die Sprechakttheorie siehe Hindelang (2000).

20 Natürlich lassen sich noch – abhängig von der jeweiligen Ausgangstheorie – weitere Sprechakte ausmachen. So unterscheidet etwa John Searle zusätzlich zu den genannten drei Sprechakten auch deklarative und kommissive Sprechakte. Vgl. Searle (1975). Im Zusammenhang mit der Fragestellung, welcher Sprechakt kennzeichnend für die Sprache der Moral ist, sind diese zwei Arten jedoch irrelevant, genauer: Sie sind faktisch in der Theorienbildung m. W. nicht behandelt worden, sodass sie in diesen einführenden Bemerkungen unberücksichtigt bleiben.

21 Vgl. zur Verbindung von Sprachphilosophie und Wahrheitstheorie die schon älteren, aber immer noch sehr erhellenden Überlegungen in Kutschera (1975), bes. S. 73.

22 Vgl. zur Unterscheidung von *Etwas-Ausdrücken* und *Etwas-Aussagen* Bennett (1995), S. 13 f.

23 So schränkt Richard Hare die Bedeutung moralischer Terme keineswegs ausschließlich auf den Ausdruck einer präskriptiven Komponente ein. Er sieht sie vielmehr als Janus-Wörter, denen sowohl die illokutionäre Rolle des Behauptens als auch die des Ausdrückens zukommt. Vgl. die einführenden Erläuterungen zum Universellen Präskriptivismus in Hare (1998).

24 Siehe Kap. 3.3.2.

25 Eine detailliertere Auseinandersetzung mit der inter- und intrakulturellen Uneinigkeit findet sich im Realismus-Kapitel. Vgl. Kap. 5.3.1.

26 Für eine ausführliche Diskussion siehe Kap. 6.

27 Siehe für diese Diskussion die Auseinandersetzung mit dem metaethischen Naturalismus in Kap. 7.

28 Vgl. Geach (1960) und Geach (1965).

29 Insbesondere in einigen der jüngeren Beiträge zum Frege-Geach-Problem ist darauf hingewiesen worden, dass es sich bei Konditionalsätzen offensichtlich nicht um die einzigen Problembereiche handelt, in denen eine non-kognitivistische Theorie mit Schwierigkeiten konfrontiert ist. Eine ganz analoge Problematik ergibt sich beispielweise auch bei einer non-kognitivistischen Analyse von Negationen oder Fragesätzen. Auch in diesen Fällen, so die These, ist es mehr als fraglich, ob der metaethische Non-Kognitivist eine intuitiv angemessene Analy-

se ausarbeiten kann. Vgl. dazu die ausführliche Darstellung, inklusive einiger Überlegungen zu den Implikationen dieser Problematik für das non-kognitivistische Grundsatzprogramm, in Schroeder (2010), Kap. 7. Im Folgenden wird diese Kritiklinie nicht weiter verfolgt. Es wird vielmehr der für den Non-Kognitivismus günstige Fall angenommen, dass sich die Schwierigkeit auf die Analyse von moralischen Ausdrücken in eingebetteten Kontexten beschränkt.

30 Es lässt sich lediglich ein älterer Beitrag von Hare auffinden, der das Problem aber nur sehr oberflächlich behandelt. Vgl. Hare (1972).

31 Vgl. Blackburn (1984), S. 195. Blackburn knüpft mit der Behauptung einer höherstufigen Werteinstellung an die Theorie der höherstufigen Wünsche (Volitionen 2. Stufe) von Harry Frankfurt an. Vgl. Frankfurt (1981).

32 Vgl. Blackburn (1984), S. 192.

33 Vgl. Blackburn (1984), S. 195.

34 In *Ruling Passions* bezieht Blackburn seine Analyse nicht nur auf moralische, sondern auch auf nicht-moralische Urteile. Sein Programm hat demnach einen weitaus größeren Anspruch als lediglich die Analyse der Moral.

35 Vgl. etwa Gibbard (1990), Kap. I, 2–4.

36 »Propensities well-coordinated with the propensities of others would have been fitness-enhancing, and so we may view a vast array of human propensities as coordinating devices. Our emotional propensities, I suggest, are largely the results of these selection pressures, and so are our normative capacities.« Gibbard (1990), S. 67.

37 Vgl. Rüther (2013), Kap. 7.4.

38 So formuliert Simon Blackburn in seiner Würdigung des semantischen Ansatzes von Gibbard zu Recht: »Many people have taken the Frege-Geach problem as the rock on which expressive theories founder. What, according to an expressivist, is there to hypothesize, when I hypothesize that lying is wrong? What is there to disjoin, when I say that either lying is wrong or Freddy was blamed unjustly? Yet here is an extremely simple extension of ordinary semantics that seems to solve the problem immediately.« Blackburn (1992a), S. 349.

39 Vgl. dazu etwa die problemgeschichtlichen Ausführungen in Rüther (2013), Kap. 4–7.

40 Vgl. zum Begriff der *pro-attitude* die klassischen Ausführungen in Davidson (1980), S. 4: »The word ›attitude‹ does yeoman service here, for it must cover not only permanent character traits that *show themselves* in a lifetime of behaviour, like love of children or a taste for loud company, but also the most passing fancy that prompts a unique action, like a sudden desire to touch a woman's elbow.« (Meine Hervorhebung, M.R.) Man beachte an dieser Stelle die Formulierung »show themselves«, die schon darauf hindeutet, dass es sich bei einer solchen Werteinstellung lediglich um eine sprachliche Zuschreibung handelt, die offenlässt, um welche Art von mentalem Zustand es sich handelt.

41 Einen paradigmatischen Vertreter dieser Strategie stellt etwa Ayer dar. Siehe etwa die folgende Textstelle: »For in saying that a certain type of action is right or wrong, I am not making any factual statement, not even a statement about my own state of mind. *I am merely expressing certain moral sentiments.*« Ayer (1946), S. 110.

42 Vgl. die Erläuterungen zur Theorienentwicklung bei Stevenson in Rüther (2013), Kap. 5.

43 Vgl. Gibbard (1990), S. 100.

44 Vgl. für einen differenzierten Überblick über die Möglichkeiten, die Quelle der moralischen Handlungsmotivation zu bestimmen, Kap. 6.3.

45 Vgl. für einen paradigmatischen Ansatz, der als disjunktive Theorie normativer Gründe entwickelt wird, Foot (1978), S. 156: »I myself incline to the view that all such reasons depend either on the agents interest (meaning here what is in his interest) or else on his desires. I take these to be independent sources of reasons for action [...].«

46 Vgl. für diese grundlegenden Überlegungen und deren Bedeutung für die eigene Theorienbildung Blackburn (1988).

47 Es gibt eine Reihe von Beispielen, die nach Ansicht der Kritiker belegen, dass die Ergebnisse der theoretischen Reflexion und diejenigen Gehalte, die wir im praktischen Alltag unterstellen, einander keinesfalls unverbunden gegenüberstehen. Man denke etwa an die Kolonialisierung unserer sprachlichen Praxis (und damit auch unseres Selbstverständnisses) durch Metaphern aus dem Bereich der Computertechnik oder der Psychoanalyse. Hierbei handelt es sich um einschlägige Fälle, in denen bestimmte theoretische Annahmen einen bleibenden

Einfluss auf die Teilnehmer einer Praxis genommen haben. Vgl. zum Verhältnis der beiden Ebenen von Theorie und Praxis die Überlegungen und weiterführenden Literaturhinweise in Quante (2000) und Quante (2002), Kap. 9.

48 Natürlich argumentiert Blackburn, dass der Non-Kognitivismus diesen Ansätzen vorzuziehen ist, weil Konstruktivismus und Realismus mit weitaus größeren Schwierigkeiten konfrontiert sind. So fußt seine Argumentation gegen den Realismus unter anderem auf den ontologischen Folgekosten einer solchen Position. Ausgehend von einer naturalistischen Hintergrundontologie erscheint für ihn die Annahme der Existenz von intrinsisch-normativen Tatsachen als unzulässige Wiederverzauberung der Wirklichkeit. Vgl. Simon Blackburn (1998), S. 48.

49 Siehe die Lesehinweise unter Kapitel 3.4.

50 Zum Unterschied zwischen einem ethischen und einem metaethischen Konstruktivismus siehe unten.

51 Bei meiner Charakterisierung folge ich der kanonischen Lesart, die etwa in Darwall et al. (1992), S. 13, präsentiert wird: »[T]he constructivist is a hypothetical proceduralist. He endorses some hypothetical procedure as determining which principles constitute valid standards of morality [...]. [He] maintains that there are no moral facts independent of the finding that a certain hypothetical procedure would have such and such an upshot.« Für eine alternative Interpretation, die m. E. denselben Grundgedanken ausführt, vgl. Sharon Streets viel beachteten Beitrag *What is Constructivism in Ethics and Metaethics?* (2010). Street legt darin den Schwerpunkt weniger auf eine Analyse des Verfahrens als auf den in ihm vertretenen Standpunkt: »According to thoroughgoing or metaethical constructivist views, the truth of a normative claim consists in that claim's being entailed from within the practical point of view, where the practical point of view is given a *formal* characterization.« Street (2010), S. 369.

52 Diesen Terminus übernehme ich aus Street (2012), S. 40.

53 Es geht also nicht um die *mögliche*, sondern um die *tatsächliche* Anwendung, die dazu führt, dass moralische Normativität entstehen kann. Siehe hierzu auch Street (2008), S. 237: »As we have seen, according to metaethical constructivism, a creature has no reasons until the moment it starts taking itself to have reasons, for until then, there

are no standards of correctness determining which attributions of reasons to it are true and which are false.«

54 Bei der Bestimmung der notwendigen Bedingungen des konstruktivistischen Verfahrens unterscheiden sich die verschiedenen Versionen mitunter recht stark. Die hier in Anschlag gebrachten Kriterien sind dabei als ein Minimalvorschlag zu verstehen, hinter dem Konstruktivisten in der Regel nicht zurückbleiben. Vgl. für einen Überblick zu den verschiedenen Verfahrensbedingungen Bagnoli (2014). Für eine Auseinandersetzung mit der formalistischen Variante siehe die Erläuterungen zum Problem der moralischen Kontingenz weiter unten.

55 Vgl. dazu etwa Street (2012), die in Absetzung vom substanziellen Konstruktivismus (in ihrer Terminologie: *kantian constructivism*) erläutert, was ein formalistischer Konstruktivismus (in ihrer Terminologie: *humean constructivism*) behaupten muss und was nicht.

56 Siehe etwa exemplarisch die zentralen Werke der Autoren, in denen das Verfahren entwickelt wird, Scanlon (1998), Rawls (1999/1971, 1993) und Copp (1995).

57 Diese Unterscheidungen scheinen substanzielle Konstruktivisten allerdings zu unterlaufen, da sie einerseits eine metaethische These aufstellen, andererseits aber auch normativ-inhaltliche Folgerungen daraus ziehen. Ihr Anliegen besteht ja darin, aus der Analyse des moralischen Standpunktes substanzielle Normen und Regeln zu gewinnen, die wir im Kontext einer normativen Ethik verwenden können. Der substanzielle Konstruktivismus beinhaltet demnach nicht nur metaethische, sondern auch normativ-inhaltliche Aspekte.

58 Vgl. dazu besonders Gibbard (1999).

59 In diesem Sinne sind die genannten Ismen demnach allesamt als *spezifische Anwendungsfälle* des Konstruktivismus zu verstehen, die sich jeweils mit Blick darauf, wie sie das Verfahren gestalten, unterscheiden. Ein Subjektivist wird beispielsweise andere ontologische Konstitutionsbedingungen bestimmen als ein Relativist. Während jener eher auf subjektive Elemente wie Wünsche, Glaubensannahmen und Pro-Einstellungen abstellen wird, wird dieser eher Konventionen und soziale Regeln in den Mittelpunkt rücken. Vgl. zur Variante des subjektivistischen Konstruktivismus Rachels (1993); für die relativistische Variante siehe Harman (2000) und Wong (1996, 2006).

60 Für einige Beispiele, wie metaethische und inhaltlich-normative Theorien im Rahmen des Konstruktivismus zusammenspielen, siehe die Darstellung in Quante (2003), bes. Kap. 4 und 5.

61 Ich spiele an dieser Stelle auf die Zusammensetzung »Entzauberung der Welt« an, wie sie von Max Weber an verschiedenen Stellen seines Werkes verwendet wurde. Weber beschreibt damit den Prozess einer gesellschaftlichen und sozialen Intellektualisierung und Rationalisierung, der zu einer Absage an übernatürliche Wesenheiten oder eine normative Ordnung der Natur geführt habe. Eine »Wiederverzauberung« ist demnach ein Prozess, der zeitlich nach der »Entzauberung« anzusiedeln ist und übernatürliche und teleologische Elemente wiedereinführt. Dass ein solcher Prozess aus dem Blickwinkel der »nüchternen« Intellektuellen jedoch auf wenig Begeisterung stößt, sollte wenig überraschen. Entsprechend wird der Termnius »Wiederverzauberung« auch eher als pejorativer Kampfbegriff verwendet.

62 Für einen Überblick, welche Möglichkeiten der Konstruktivist hat, um das Verhältnis zwischen den Konstitutionsbedingungen und natürlichen Entitäten zu bestimmen, siehe Lewis et al. (1989).

63 Siehe die Literaturhinweise am Ende des Kapitels.

64 Dieses Beispiel wurde von Allan Gibbard in die metaethische Diskussion eingebracht. Vgl. Gibbard (1999), S. 145.

65 Siehe exemplarisch Street (2010, 2012).

66 So gesteht Street zu, dass ihr Konstruktivismus die sadistische Freude nicht *per se* als moralischen Grund verurteilen kann: »*Humean* constructivists, in contrast, think that things are pretty much as they appear with regard to such a case – in other words, that just as it seems on superficial inspection, one can indeed value torturing others above all else and be entirely coherent in doing so.« (Street 2010, S. 371, Kursivierung im Original) Sie bemerkt aber gleich am Beginn ihres Beitrages, dass sie damit einen Weg einschlägt, der unserem alltäglichen Verständnis entgegenläuft: »This is my own view. While it has implications some find deeply counterintuitive, I believe it is what we are forced to by the untenability of realism plus the failure of Kantian versions of metaethical constructivism.« Street (2010), S. 370.

67 Es gibt natürlich noch weitere Erklärungsstrategien. Siehe exemplarisch etwa die »Patterns of Objectification« in Mackie (1977), Kap. 1, Abb. 10.

68 Korsgaard und Velleman entwickeln ihre Theorie in mehreren »Anläufen«. Für die relevante Primär- und Sekundärliteratur siehe das Literaturverzeichnis am Ende dieses Kapitels.

69 Das ist etwa die Position, die Sharon Street vertritt, siehe Fn. 66.

70 Siehe für diesen Kritikpunkt etwa Sentiya (2003).

71 Einen guten Überblick über diese Kritiklinie liefern Enoch (2006, 2010) und FitzPatrick (2013). Dort finden sich auch Hinweise auf weitere Forschungsliteratur für eine weiterführende Auseinandersetzung.

72 »Kantian versions of metaethical constructivism, if successful, vindicate an extremely strong form of universalism about reasons, and moral reasons in particular. Humean versions, in contrast, deny that the rabbit of substantive reasons can be pulled out of a formalist hat: to get substance out, we need to put substance in.« Street (2010), S. 370.

73 Vgl. Kap. 3.3.2.

74 Vgl. für eine ausführliche Erläuterung und Auseinandersetzung mit dieser Strategie Halbig (2007), Kap. 1.1.

75 Vgl. für diese Unterscheidung etwa Raz (1999), S. 111 und Scanlon (1998), S. 37f.

76 Vgl. dazu Street 2008, S. 239f.: »[...] I would argue, our understanding of this idea is given by our knowledge of what it is like to have a certain unreflective experience – in particular, the experience of various things in the world as ›counting in favor of‹ or ›calling for‹ or ›demanding‹ certain responses on our part. I believe it is impossible adequately to characterize this experience except in such primitive evaluative terms, yet I think we all know exactly the type of the experience I am pointing to.«

77 Street (2008), S. 230: »Yet normative judgments are different from desires in virtue of the kinds of constitutive involvements I've been sketching. For example, whereas taking oneself to have reason to live constitutively involves taking oneself to have reason to undergo the leg amputation that one knows is necessary, the attitude of desire is characterized by no analogous constitutive involvement: one can desire to live while having no desire whatsoever to undergo the leg amputation.«

78 So fußen viele ihrer Überlegungen darauf, wie uns bestimmte Dinge erscheinen. Siehe beispielsweise Fn. 76.

79 Siehe hierzu nochmals: »This is my own view. While it has implications some find deeply counterintuitive, I believe it is what we are forced to by the untenability of realism plus the failure of Kantian versions of metaethical constructivism« (S. 370). Es ist demnach nicht die eigene intuitive Plausibilität, die ihre Position attraktiv macht, sondern es sind die theoretischen Probleme der intuitiv adäquateren Alternativen.

80 Die Frage, wie es um den ontologischen Status von guten Gründen bestellt ist, stellt sich also auch für die Konstitutionstheorie, ganz unabhängig davon, ob diese sich gegenüber einer Kritik, wie sie im letzten Abschnitt formuliert wurde, verteidigen lässt. Siehe hierzu die Überlegungen in Enoch (2005, 2010).

81 Natürlich besteht auch die Möglichkeit, den Rationalitätsbegriff rein formal zu bestimmen und sich hinsichtlich der ontologischen Statusfrage zu enthalten. Bei Smith finden sich etwa einige Textpassagen, die in diese Richtung weisen. Damit aber stellt sich die Frage, inwiefern sich überhaupt noch substanzielle Kritik formulieren lässt. Siehe für diesen Einwand Halbig (2007), Kap. 2.2.2.

82 Smith spricht beispielsweise davon, dass sich seine Position mit einem »broader naturalism« vereinbaren lässt. Dieser zeichnet sich gegenüber dem engen Naturalismus dadurch aus, dass eine reduktive Definition normativer Gründe nicht möglich ist, insofern diese Reduktion im Definiens auf nicht-normative Begriffe angewiesen wäre. Vgl. Smith (1994), S. 161–164. Gleichzeitig nimmt er aber an, dass ein Identitätsverhältnis zwischen normativen und natürlichen Eigenschaften besteht. Vgl. ebd., S. 182: »Moral features must turn out to be natural features if there are any moral features at all.«

83 »My thesis was that goodness is not itself a property that provides reasons, not that the underlying properties that do this are always natural properties [...]; more specific evaluative properties often play this role.« Scanlon (2002), S. 513.

84 Vgl. für einen Überblick über die Unausweichlichkeitsstrategie, der zugleich auch eine Diskussion von deren Überzeugungskraft enthält, Enoch (2002, 2010).

85 Diese Argumentation wird insbesondere in Velleman (2009) entwickelt.

86 Vgl. etwa Joyce (2001, 2006). Darüber hinaus hatten wir diese Strategie auch schon im Kontext der Auseinandersetzung mit dem Non-Kognitivismus kennengelernt. Auch dort ging es darum, eine Trennung zwischen theoretischer Reflexion und alltäglicher Praxis vorzunehmen, um dadurch revisionäre Implikationen zu vermeiden oder zumindest abzumildern. Siehe etwa die zweite Verteidigungsstrategie in Kap. 3.3.2.

87 Vgl. dazu etwa die Umfrage in Bourget/Chalmers (2013), in der versucht wurde, ein umfangreiches Meinungsbild über die Positionsverteilung in den verschiedenen Bereichen der Philosophie einzuholen. Gegenstand war auch das Feld der Metaethik. Für diesen Bereich wurde angegeben, dass sich laut Umfrage 56,4 Prozent zum Realismus bekannten, während sich nur 27,7 Prozent dem Anti-Realismus verpflichtet fühlten. Darüber hinaus gaben 15,9 Prozent an, eine Position zu vertreten, die jenseits dieser Unterscheidung liegt. Es ist daher, trotz aller zugestandenen Vagheit des Realismus-Begriffs, nicht von der Hand zu weisen, dass der Realismus in den metaethischen *Mainstream* aufgerückt ist. Interessanterweise scheinen das insbesondere die Vertreter des Realismus oft zu verkennen. So wird auch in den neueren Studien zum Thema noch immer davon gesprochen, dass der Realismus eine vernachlässigte Position darstellt. Vgl. für die fehlerhafte Selbsteinschätzung vieler Realisten etwa die aufschlussreichen Erläuterungen in Finlay (2010), S. 57 Fn. 1.

88 Murdoch argumentiert, dass diese Theorien eine verfehlte Ontologie moralischer Tatsachen enthalten, und stellt ihnen ihr realistisches Modell entgegen: »The authority of morals is the authority of truth, that is of reality.« Murdoch (1970), S. 90.

89 Es ist die Idee einer solchen ontologischen Unabhängigkeit von Subjektivitätsleistungen, die in der Forschungsliteratur zumeist als distinktives Merkmal des Realismus gesehen wird: »They are saying that [reality] is not constituted by our knowledge, by our epistemic values, by our capacity to refer to it, by the synthesizing power of the mind, nor by our imposition of concepts, theories or languages; it is not limited by what we can believe or discover.« Devitt (1999), S. 90 f. (Einfügung von mir, M.R.). Vgl. exemplarisch für analoge Bestimmungen im metaethischen Diskurs Boyd (1988), S. 189, Shafer-Landau (2003), S. 15, Halbig (2007), Kap. 4.1.3.

90 Blickt man auf die problemgeschichtlichen Wurzeln dieser Analogisierung, dann mutet es zunächst überraschend an, dass mit ihr neben der Subjektgebundenheit moralischer Eigenschaften auch ihr objektiver Charakter betont werden soll. Traditionell stellt die Analogie nämlich vornehmlich einen wichtigen Bezugspunkt für eine Irrtumstheorie dar. So etwa in den empiristischen Philosophien von John Locke und David Hume. Der Kern ihrer Theorie besteht mithin darin, dass es sich bei sekundären Qualitäten nicht um reale Eigenschaften von Objekten handelt, sondern lediglich um die Art und Weise, wie sie Wesen mit einem bestimmten Wahrnehmungsapparat erscheinen. Im Alltag hingegen sind wir uns dieser Differenzierung nicht bewusst. Der Irrtum besteht also darin, dass wir sekundäre Qualitäten von Objekten für real halten. Ähnlich im Fall der Moral: Auch bei moralischen Eigenschaften handelt es sich nicht um reale Eigenschaften, obwohl wir sie in der Praxis fälschlicherweise den Objekten der moralischen Wertung zuschreiben. Dass es sich hierbei nur um dispositionale Eigenschaften handelt, die uns aufgrund der epistemischen Leistungen des Subjekts in einer bestimmen Art und Weise erscheinen, ist für uns nicht phänomenal transparent. Vgl. für eine Aufnahme der empiristischen Irrtumstheorie in der Metaethik die klassischen Überlegungen in Mackie (1977), Kap. I, 3. Im neueren metaethischen Diskurs ist die Analogie nun interessanterweise in genau die entgegengesetzte Richtung gedeutet worden. Vertreter wie John McDowell und David Wiggins verwenden die vermeintliche Ähnlichkeit von sekundären Qualitäten und moralischen Eigenschaften, um Letztere gerade als reale Eigenschaften bestimmen zu können. Getragen wird die strategische Umdeutung der Analogie von einer von der empiristischen Tradition abweichenden Vorstellung von realen Eigenschaften. Im Vergleich mit Locke und Hume formuliert etwa McDowell die hinreichenden Bedingungen dafür, was es heißt, eine reale Eigenschaft zu sein, weitaus weniger anspruchsvoll. Für ihn reicht es als Realitätsausweis bereits aus, wenn eine Eigenschaft unabhängig von der aktualen Wahrnehmung existiert. Eine starke Realitätsbedingung, wie sie etwa in der empiristischen Tradition gefordert wird, dass eine reale Eigenschaft unabhängig von der Disposition existieren muss, bestimmte mentale Zustände beim Subjekt hervorzurufen, wird von McDowell demgegenüber ausdrücklich als Fehldeutung des *Common Sense* ab-

gelehnt. Vgl. dazu McDowell (1997). Im Kontext der Metaethik hat McDowells Deutung eine lebhafte Diskussion über das Verhältnis von moralischen Eigenschaften und sekundären Qualitäten ausgelöst. Vgl. für eine Verteidigung der Analogie im Anschluss an McDowell die Überlegungen in Wright (1988) und Lewis et al. (1989). Vgl. etwa für einen Überblick über die Diskussionslage und eine pointierte Kritik der Analogie die Überlegungen in Sosa (2001). Hier wird an der Unterscheidung zwischen primären und sekundären Qualitäten festgehalten, im Gegensatz zu McDowells Zielperspektive jedoch eine Analogie von primären Qualitäten und moralischen Eigenschaften vertreten. Vgl. analog dazu Halbig (2007), Kap. 4.5. Vgl. für eine allgemeine Kritik an der Unterscheidung zwischen primären und sekundären Qualitäten Dancy (1986).

91 Vgl. für eine Erläuterung der relationalen Theorie McDowells, in der auch die Geschwister-Metapher Erwähnung findet, McDowell (1997).

92 Hierbei handelt es sich gemäß den Vertretern natürlich nicht um einen vitiösen Zirkel, sondern um einen, der durchaus informativ sein kann. So etwa Wiggins (1975), S. 106: »Surely, it can be both that we desire x because we think x is good, and that x is good because x is such that we desire x.« Ähnlich auch McDowell (1997), S. 223. Für eine Kritik siehe Halbig (2007), Kap. 4.5.3.3.

93 Dieser Vergleich wird unter anderem im Mittelpunkt des Naturalismus-Kapitels stehen. Siehe Kap. 7.

94 Diese Ansätze sind zumeist durch eine Kritik am Naturalismus motiviert, also durch die Ablehnung einer Position, die den Vergleich zwischen moralischen und natürlichen Eigenschaften für besonders erhellend hält. Wenn dieser Vergleich abgelehnt wird, stellt sich die Frage nach den möglichen Alternativen. Diskutiert werden gegenwärtig Modelle, die dem moralischen Erfahrungs- und Bildungsbegriff eine Sonderstellung einräumen. Bekannt sind etwa die Anknüpfungen an die antike Ethik des Aristoteles und seine Überlegungen zum *phronimos* sowie zur zweiten Natur (z. B. McDowell [1994], S. 74–84) oder auch die Auseinandersetzung mit den britischen Intuitionisten wie H. A. Prichard und W. D. Ross und deren Ausführungen zur ästhetischen und phänomenalen Dimension der Moral (z. B. in McNaughton [1988] und Dancy [1993], Kap. 7). Ge-

rade bei Letztgenannten spielt der Vergleich von moralischen und ästhetischen Eigenschaften eine prominente Rolle.

95 Non-Kognitivisten und Konstruktivisten können natürlich in semantischer Hinsicht uneins darüber sein, was hier genauer unter »ausmachen« zu verstehen ist. Während Non-Kognitivisten bereits aufgrund ihrer Abkehr von einer wahrheitsfunktionalen Semantik die Rede von Wahrheitsbedingungen für moralische Urteile ablehnen, ist dem Konstruktivisten dieser Weg zumindest nicht grundsätzlich verschlossen. Vgl. zum Verhältnis der beiden Ansätze die Erläuterungen in Kap. 4.1.

96 Vgl. für diese Distinktion Quante (2003), Kap. VI.1.

97 Für eine zentralistische Version siehe Schaber (1997), S. 69 f.; für eine anti-zentralistische Version siehe Platts (1979), S. 285. Vgl. für diese Diskussion auch Halbig (2007), Kap. 4.2.

98 Die wohl am gründlichsten ausgearbeitete Version des Partikularismus, die auch gegenwärtig noch breite Rezeption findet, wird in Dancy (2004) vertreten.

99 Vgl. für einen neueren Beitrag zum Generalismus, der sich konzeptionell als expliziter Gegenentwurf zum viel beachteten Partikularismus von Jonathan Dancy versteht, McKeever/Ridge (2006).

100 Natürlich gibt es auch starke und schwache Versionen. Man muss beispielsweise nicht für alle Bereiche ausnahmslos Generalist sein, sondern kann auch partikularistische Spielräume zulassen. Wichtig ist aber, dass in denjenigen Dimensionen, in denen die generalistische Grundidee vertreten wird, seine Vertreter darauf festgelegt sind, die Valenz und Polarität bestimmter Werte und Normen für weitestgehend konstant zu halten.

101 Ein exemplarisches Beispiel für die Angst vor dem Nihilismus stellen die metaethischen Ausführungen von Derek Parfit dar. So weist Parfit in seinem Werk *On What Matters* mehr als nur einmal darauf hin, dass die Annahme, es gebe keine subjektunabhängigen moralischen Wahrheiten, apokalyptisch anmutende Konsequenzen habe: »If there were no such truths, there would be no point in trying to make good decisions. Nothing would matter, and there would not be better or worse ways to live.« Parfit (2011), Bd. 1, S. 425.

102 Eine exemplarische Äußerung, die in diese Richtung weist, findet sich etwa in Brink (1989), S. 23 f.: »In many areas of dispute between real-

ism and antirealism, realism is the natural metaphysical position. [...] We begin as (tacit) cognitivists and realists about ethics. Moral claims make assertions, which can be true or false; some people are morally more perceptive than others; and people's moral views have not only changed over time but have improved in many cases (e.g., as regards slavery). We are led to some form of antirealism (if we are) only because we come to regard the moral realist's commitments as untenable, say, because of the apparently occult nature of moral facts or because of the apparent lack of a well-developed and respectable methodology in ethics.« Vgl. für vergleichbare Überlegungen Smith (1994), Kap. 2.8, und Halbig (2007), Kap. 4.3.

103 Die Erstellung einer Kartografie der wesentlichen Charakteristika unserer moralischen Praxis stellt kein Novum in der Forschungsliteratur dar. Vgl. exemplarisch die Ausführungen in Murdoch (1970), S. 97 f., McNaughton (1988), S. 39 f., und Brink (1989), Kap. 2.5.

104 Einen exemplarischen Versuch, in dem die Werthaftigkeit der Natur verteidigt wird, stellt etwa die konkrete Ethik von Ludwig Siep dar. Vgl. Siep (2004).

105 Vgl. für einen einführenden Überblick Shafer-Landau (2009), Kap. 21.

106 Die These einer inter- und intrakulturellen Uneinigkeit ist weit verbreitet. Vgl. etwa die exemplarischen Überlegungen in Rippe (1993), Kap. 11. Vgl. für eine Kritik der Uneinigkeitsthese, die bei den methodischen Voraussetzungen ihrer empirischen Fundierung ansetzt, Moody-Adams (2001).

107 Vgl. Mackie (1977), S. 36 f.

108 Mackie spricht in diesem Zusammenhang von einer »truth of descriptive morality« (Mackie [1977], S. 36), die sowohl für den Vertreter des Realismus als auch für den Anti-Realisten erklärungsbedürftig ist.

109 Vgl. Mackie (1977), S. 37: »[T]he actual variations in the moral codes are more readily explained by the hypothesis that they reflect ways of life than by the hypothesis that they express perceptions, most of them seriously inadequate and badly distorted, of objective values.«

110 Vgl. Smith (1994), S. 188 f.

111 Neben den im Folgenden angeführten Erklärungsstrategien des Realismus ließen sich natürlich noch weitere nennen. Einen guten Überblick über die Ressourcen, die dem moralischen Realisten für die Er-

klärung moralischer Uneinigkeit zur Verfügung stehen, gibt etwa Brink (1989), S. 197ff.

112 Für einen solchen Realismus argumentiert etwa Russ Shafer-Landau. Vgl. Shafer-Landau (1994) und (1995). Häufig wird von ihren Vertretern ins Feld geführt, dass der entscheidende Vorteil einer solchen Konzeption darin besteht, eine angemessene Deutung der menschlichen Individualität zu ermöglichen – der Umstand, dass in Fällen normativer Unterbestimmtheit eine nicht weiter rationalisierbare *individuelle Entscheidung* getroffen wird. So konstatiert etwa Gerhard Ernst: »Da es somit für jeden Menschen verschiedene, aber gleichermaßen optimale Möglichkeiten geben kann, sein Leben einzurichten, ist die Entscheidung, die er zwischen diesen Möglichkeiten trifft, rational nicht verständlich zu machen.« Ernst (2011), S. 151 f. Vgl. für weiterführende Überlegungen zu diesem Fragenkomplex die Beiträge in Chang (1997).

113 Vgl. Mackie (1977), S. 35.

114 Mackie (1977), S. 38.

115 Eine weitere Subdifferenzierung des Arguments findet sich in Shepski (2008). Dort werden die Erklärung der ontologischen Relationen zwischen natürlichen und moralischen Entitäten sowie die Erkenntnis dieses relationalen Verhältnisses als weitere Probleme des moralischen Realismus angeführt. Beide Argumente sind m. E. jedoch weniger als tragfähige Einwände, sondern eher als vorsichtige Anfragen an den Realismus zu deuten. Es handelt sich um Modifikationsprobleme, die prinzipiell durch eine weiterführende Theorienbildung behoben werden können. Vgl. für eine analoge Interpretation Quante (2003), S. 100ff.

116 Vgl. für diese These Schmidt (2004), S. 101 f., und Joyce (2009).

117 Siehe etwa Platts (1980), S. 72: »The queerest thing about [the argument from queerness, meine Ergänzung, M. R.] as it stands is the claim that it is an argument [...]. The world is a queer place. I find neutrinos, aardvarks, infinite sequences of objects, and (most pertinently) impressionist paintings peculiar kinds of entities: but I do not expect nuclear physics, zoology, formal semantics or art history to pay much regard to that.«

118 Mackies Verständnis davon, um was es sich bei objektiven Präskriptionen handelt, ist auch gegenwärtig Gegenstand der metaethischen

Debatte. Siehe etwa die Kommentare zur Schwierigkeit der Mackie-Exegese in Shepski (2008) und Joyce (2009) sowie die Beiträge in den Sammelbänden Honderich (1985) und Joyce/Kirchin (2010).

119 Mackie (1977), S. 40.

120 Für weitere Erläuterungen zur genannten Textstelle siehe Schmidt (2004) und Tännsjö (2009), Kap. 4.2.

121 Hierbei handelt es sich um ein Phänomen, das man traditionell als die praktische Normativität der Moral bezeichnet. Für eine ausführlichere Formulierung und Auseinandersetzung mit diesem Charakteristikum siehe bes. Kap. 7.3. und 7.4.

122 »[A]n objective good [would have] to-be-pursuedness somehow built into it, [and a] wrong course of action would have not-to-be-doneness somehow built into it.« Mackie (1977), S. 40. (Einfügungen von mir, M. R.)

123 »I can only state my belief that satisfactory accounts of most of these [gemeint sind: moral terms, meine Erläuterung, M. R.] can be given in empirical terms. If some supposed metaphysical necessities or essences resist such treatment, then they too should be included, along with objective values, among the targets of the argument from queerness.« Mackie (1977), S. 37.

124 Vgl. dazu die analoge Mackie-Interpretation in Timmons (1999), S. 12 ff.

125 Für weitere Erläuterungen siehe Kap. 6.

126 Vgl. Mackie (1977), S. 39 f.

127 Vgl. für eine solche Strategie etwa McDowell (1994), S. 78–84.

128 Die humeanische Theorie der Motivation und die ihr nahestehenden Ansätze konstituieren in der neueren Metaethik ein wichtiges Diskussionsfeld. Vgl. dafür auch Kap. 6.

129 Smith ist nicht der Erste, der ein solches Kompatibilitätsargument formuliert. Vgl. dazu auch die einführenden Erläuterungen in Kap. 6. Gleichwohl kommt ihm das Verdienst zu, gezeigt zu haben, wie sich die gegenwärtige Theorienlandschaft durch die Ablehnung oder Akzeptanz einer oder mehrerer Thesen des Trilemmas konstituiert.

130 Natürlich handelt es sich dabei um eine All-Aussage, die bei genauerer Betrachtung problematisch ist. So sind einige Metaethiker tatsächlich der Meinung, dass auch der Anti-Realismus alle Intuitionen in einer

Weise konservieren kann, die eine Irrtumstheorie überflüssig macht. Paradigmatisch hierfür ist etwa der Quasi-Realismus von Simon Blackburn. Siehe etwa Blackburn (1993, 1998). Vgl. für eine Erläuterung der Grundidee, an die sich auch eine Kritik anschließt, Rüther (2013), Kap. 10.

131 So spricht bereits C. L. Stevenson in seinem Aufsatz *The Emotive Meaning of Ethical Terms* (1937) von einem »magnetism« moralischer Urteile, der ein Adäquatheitskriterium für jede metaethische Theorie darstelle. Vgl. Stevenson (1937), S. 17 ff.

132 Vgl. für einen Überblick Rosati (2014).

133 Im Folgenden werde ich das Attribut nicht mehr nennen, sondern der Einfachheit halber lediglich den unpräzisierten Internalismus-Begriff verwenden.

134 Vgl. Kap. 5.3.2.

135 Dieser wird etwa von naturalistischen Versionen des Realismus bevorzugt. Vgl. dazu exemplarisch die Realismen in Boyd (1988), Brink (1989) und Schaber (1997).

136 Der Sache nach findet sich das grundlegende Kompatibilitätsproblem bereits in W. D. Falks klassischer Untersuchung *Ought and Motivation* (1948). Auch bei David McNaughton findet sich bereits ein Problembewusstsein hinsichtlich der Unvereinbarkeit von Realismus und humeanischem Internalismus. Er spricht etwa von einer »inconsistent triad of propositions«. Siehe hierfür McNaughton (1988), S. 23.

137 Vgl. Kap. 5.3.2.

138 Blackburn (1984), S. 187 f.

139 Der *locus classicus* für die jüngere analytische Philosophie, der zwar keine Definition, aber ein erläuterndes Beispiel für diese Unterscheidung enthält, ist Anscombe (1957). Für eine geschichtliche Einführung zum Begriff siehe Humberstone (1992). Prominent sind auch die Überlegungen von John Searle, auf die in der zum Teil kontroversen Debatte häufig zurückgegriffen wird. Vgl. für eine ausführliche Erläuterung Searle (1983) und eine Übertragung auf sprachphilosophische Fragestellungen Searle/Vanderveken (1985).

140 Manchmal findet man in der Literatur statt des Zweckbegriffs auch den Begriff des »illokutionären Witzes« (engl. »illocutionary point«), der unter anderem durch John Searle geprägt und prominent gemacht wurde. Siehe hierzu den Basistext Searle/Vanderveken (1985). Beide

werden hier als deckungsgleich betrachtet. Der Zweck einer Aussage, so lässt sich etwas vereinfacht formulieren, ist demnach nichts anderes als der illokutionäre Witz, zu dem sie getätigt wurde.

141 Beide Thesen gehen auf die berühmte Stelle in Humes *Treatise* zurück, in der dieser den wesentlichen Zuschnitt seiner Motivationstheorie erläutert: »'Tis obvious, that when we have the prospect of pain or pleasure from any object, we feel a consequent emotion of aversion or propensity, and are carried to avoid or embrace what will give us this uneasiness or satisfaction. 'Tis also obvious, that this emotion rests not here, but making us cast our view on every side, comprehends whatever objects are connected with its original one by the relation of cause and effect. Here then reasoning takes place to discover this relation; and according as our reasoning varies, our actions receive a subsequent variation. But 'this evident in this case, the impulse arises not from reason, but is only directed by it.« Hume (1978), S. 414.

142 Vgl. McDowell (1981), S. 155. Vgl. für eine ähnliche Feststellung auch Wallace (2005), S. 45.

143 Vgl. Hume (1978), S. 414.

144 Vgl. für die These, dass den Emotionen keinerlei repräsentationaler Gehalt zukommt: »A passion is an original existence, or, if you will, modification of existence, and contains not any representative quality which renders it a copy of any other existence or modification. When I am angry, I am actually possest with the passion, and in that emotion have no more a reference to any other object, than when I am thirsty, or sick, or more than five foot high.« Hume (1978), S. 415.

145 Das wird insbesondere deutlich, wenn Hume seine Theorie von Lust und Unlust erläutert: »'Tis obvious, that when we have the prospect of pain or pleasure from any object, we *feel* a consequent emotion of aversion or propensity, and are carried to avoid or embrace what will give us this uneasiness or satisfaction.« Hume (1978), S. 414. (Meine Hervorhebung, M.R.)

146 Hume greift zur Absicherung seiner Theorie auf Überlegungen aus seiner theoretischen Philosophie zurück. Er schreibt etwa: »The understanding exerts itself after two different ways as it judges from demonstration of probability; as it regards the abstract relations of our ideas, or those relations of objects, of which experience only gives us information.« Weiterhin gilt: »Where the objects themselves do not

affect us, their connexion can never give any influence; and 'tis plain, that as reason is nothing but the discovery of this connexion, it cannot be by its means that the objects are able to affect us.« Hume (1978), S. 413. Humes zugrunde liegendes Bild scheint also zu sein, dass die Vernunft zum einen analytische Wahrheiten zum Gegenstand hat, etwa der Mathematik, zum anderen hat die Vernunft das Ziel, empirische Tatsachen zu generieren. Hierin scheint sich ihre Rationalität zu erschöpfen. Weil das aber so ist, kann sie niemals alleine zum Handeln motivieren. Oder in Humes eigenen Worten: »[...] reason alone can never produce any action, or give rise to volition [...].« Hume (1978), S. 414. Zentral für Humes Argumentation ist demnach, dass seine Motivationstheorie von einer bestimmten Auffassung über die Möglichkeiten und Grenzen der menschlichen Vernunft abhängt. In diesem Zusammenhang spricht etwa Korsgaard treffend davon, dass Humes »motivational scepticism«, den er in Bezug auf die motivationale Kraft der Vernunft hat, durch einen »content scepticism« gerechtfertigt ist. Vgl. Korsgaard (1996), S. 314.

147 Eine Zusammenfassung findet sich auch in Smith (1994), Kap. 4.

148 Smith (1987), S. 55.

149 Smith rekurriert hier offensichtlich auf die Theorie der intentionalen Ausrichtung von mentalen Zuständen, wie sie unter anderem von Searle vertreten wird. Wie in Kap. 6.2.1 schon erläutert, handelt es sich hierbei um einen wichtigen Faktor, warum sich viele zum Humeanismus hingezogen fühlen.

150 Vgl. für einen Überblick etwa Rosati (2014).

151 Das ist ein Aspekt, auf den etwa Wallace zu Recht hinweist. Vgl. Wallace (1990), S. 360 Fn. 12.

152 Das ist genau diejenige These, wie sie Thomas Nagel in seiner Theorie motivierter Wünsche vertreten würde. Diese wird weiter unten noch zur Sprache kommen.

153 Humes Einführung dieser Kategorie im *Treatise* erfolgt an der folgenden Stelle: »Now 'tis certain, there are certain calm desires and tendencies, which, tho' they be real passions, produce litte emotion in the mind, and are more known by their effects than by the immediate feeling or sensation. [...] When any of these passions are calm, and cause no disorder in the soul, they are very readily taken for the determinations of reason; and are supposed to proceed from the same

faculty, with that, which judges of truth and falsehood. Their nature and principles have been supposed the same, because their sensations are not evidently different.« Hume (1978), S. 417. Auch im Kontext der jüngeren Handlungstheorie finden wir diese Strategie. So unterscheidet etwa Peter Schaber zwischen Wünschen »im Vordergrund« und solchen, die »im Hintergrund« des Überlegungs- und Entscheidungsprozesses stehen. Letztere sind uns in den entsprechenden Situationen jedoch nicht präsent. Weil das aber so ist, kann der Anschein entstehen, dass uns andere Entitäten als Wünsche motivieren können. Vgl. Schaber (1997), S. 205–207.

154 Hume (1978), S. 417.

155 Vgl. etwa seine schon erläuterten Voraussetzungen aus der theoretischen Philosophie. Siehe Fn. 146.

156 Hume thematisiert diese Abgrenzung im *Treatise*, Book II, Part I, Section II.

157 Vgl. dazu etwa die Interpretation von Annette Baier, die auf die Unvereinbarkeit von Humes Deutung der Emotionen als »orginal existences« ohne repräsentationalen Gehalt einerseits und seiner Analysen dieser Emotionen über ihr intentionales Objekt andererseits hinweist. Vgl. Baier (1991), S. 160.

158 Sie wird explizit auch von Smith vertreten, um seine Position zu verteidigen: »That is, if desire is not a suitably broad category of mental state to encompass all of those states with the appropriate direction of fit, then the Humean may simply define the term ›pro-attitude‹ to mean ›psychological state with which the world must fit‹, and then claim that motivating reasons are constituted, inter alia, by pro-attitudes.« Smith (1987), S. 55.

159 So formuliert etwa Scanlon exemplarisch: »›Desire‹ is sometimes used in a broad sense in which the class of desires is taken to include any ›pro-attitude‹ that an agent may have toward an action or an outcome, whatever the content or basis of this attitude may be.« Scanlon (1998), S. 37. Natürlich könnte man an dieser Stelle einfach behaupten, dass es sich bei der *pro-attitude* um einen mentalen Zustand handelt. In diesem Fall müsste man aber ein belastbares Kriterium nennen, das diesen mentalen Zustand von anderen Zuständen abgrenzt. Dass es sich hierbei um kein einfaches Unternehmen handelt, sollte bis hierhin schon deutlich geworden sein.

160 So spricht etwa Schueler von einem »placeholder sense« von Wunsch. Vgl. Schueler (1995), S. 34.

161 Vgl. Nagel (1970), S. 29.

162 Siehe etwa Nagel (1970), S. 29: »But if the desire is a motivated one, the explanation of it will be the same as the explanation of his pursuit, and it is by no means obvious that a desire must enter into this further explanation.« Die Glaubensannahme, die nach Nagel den Wunsch erklärt, wird an dieser Stelle selbst als hinreichend erachtet, um die durch sie motivierte Handlung zu erklären.

163 Eine Passage, in der er Wünsche als mentale Zustände *in re* deutet, liest sich wie folgt: »Nothing is commoner than the desire for what is future, but they are nearly always motivated by reasons which will *obtain* in the future, in which case the desires do not originate the motivation.« Nagel (1970), S. 42 f.

164 In diesem Zuge spricht etwa Dancy auch davon, dass Nagel eigentlich zwei Motivationstheorien vertrete, eine *motivated desire theory* und eine *pure ascription theory*. Vgl. Dancy (1993), S. 8 f. Letztere kommt etwa zum Tragen, wenn Nagel Wünsche als bloße Produkte unserer Zuschreibungen deute. Eine exemplarische Stelle findet sich etwa in folgender Passage: »The claim that a desire underlies every act is true only if desires are taken to include motivated as well as unmotivated desires, and it is true only in the sense that *whatever* may be the motivation for someone's intentional pursuit of a goal it becomes in virtue of his pursuit *ipso facto* appropriate to ascribe to him a desire for that goal.« Nagel (1970), S. 29. (Hervorhebung im Original, M. R.)

165 Vgl. Dancy (1993), S. 13 f.

166 Vgl. etwa Halbig (2007), Kap. 1.3.1.

167 Vgl. für eine Diskussion dieses Falls Dancy (2000), S. 122.

168 Vgl. für eine Diskussion dieses Einwands Dancy (2000), S. 127 f.

169 Das zentrale Argument wurde zunächst von Bernard Williams formuliert. Vgl. Williams (1980), S. 102.

170 Vgl. McDowell (1996/1982), S. 386.

171 Vgl. für eine Diskussion der verschiedenen Möglichkeiten Halbig (2007), Kap. 1.3.2.

172 Auf den Anerkennungsaspekt hat David Brink in seinem *hybrid internalism* aufmerksam gemacht: »Hybrid internalism claims it is a conceptual truth about morality that the *recognition* of a moral obli-

gation motivates [...] the agent.« Brink (1989), S. 41. (Meine Hervorhebung, M.R.)

173 Vgl. Brink (1997), S. 17, der zu Recht darauf aufmerksam macht, dass die strittige Beziehung zwischen Handlungsgründen und -motiven besteht, nicht zwischen Gründen und faktischen Handlungen.

174 Die Unterscheidung zwischen deskriptivem und normativem Internalismus ist durchaus im Diskurs verankert. Freilich finden sich andere Termini der Differenzierung. Bekannt ist etwa die Unterscheidung zwischen starkem und schwachem Internalismus, die aber in der Sache die Unterscheidung zwischen deskriptivem und normativem Internalismus wiedergibt. Vgl. dafür etwa Stratton-Lake (1999), S. 78.

175 Das Feld an Gegenbeispielen ist reich. Weitere Fälle sind der Depressive und der Satanist. Eine umfassende Auseinandersetzung mit den Gegenbeispielen, die so gut wie alle systematischen Winkelzüge abdeckt, die in der Debatte unternommen werden können, liefert Brink (1989), Kap. 3 und 4. Darüber hinaus kommt der Amoralismus aber nicht nur in der Motivationstheorie vor, sondern auch in der Debatte um den metaethischen Naturalismus. Vgl. für die systematische Funktion des Amoralisten-Beispiels in der Naturalismus-Diskussion Kap. 7.4.

176 Vgl. Brink (1989), S. 46.

177 Hierbei handelt es sich um die berühmte *inverted comma usage*, die in Hare (1952), S. 124 f., erläutert wird. Diese wird von Hare eingeführt, um seinen universellen Präskriptivismus gegen die Kritik zu verteidigen, dass wir in vielen Fällen Sollens-Sätze äußern, die sich nicht als Imperative interpretieren lassen oder solche implizieren. Hare erklärt diese vermeintlichen Gegenbeispiele damit, dass hier überhaupt keine Werturteile vorliegen. Stattdessen berichtet der Urteilende nur über den Gebrauch von moralischen Urteilen im Kontext einer bestimmten Referenzgruppe.

178 Darüber hinaus muss der Internalist natürlich noch erklären, wie es zum Anschein der Zustimmung gekommen ist, also wie wir darauf hereinfallen konnten, dass es den Amoralisten wirklich gibt. Hierfür sind in der Literatur teilweise recht komplexe Irrtumstheorien ersonnen worden. Der *locus classicus* ist sicherlich Mackie (1977), S. 42–46, auf den auch in der jüngeren Theorienbildung noch zurückgegriffen wird. So in Schaber (1997), S. 214–219.

179 Der Internalist leidet manchen Kritikern zufolge mithin an mangelnder Vorstellungskraft. Es kann eben dasjenige, was seine Theorie nicht zulässt, schlicht nicht geben. Vgl. Svavarsdóttir (1999), S. 183.

180 Vgl. van Roojen (2002a, b).

181 Vgl. für diesen Hinweis etwa Johnson (1999).

182 Darin liegt eine Gemeinsamkeit ganz verschiedener metaethischer Theorien, die vom klassischen Intuitionismus zu Beginn des 20. Jahrhunderts bis zum Naturalismus in die gegenwärtige Theorienbildung reichen. Vgl. etwa Prichard (1928), S. 485 f., und Ross (1930), S. 157 f. Für eine Auswahl an gegenwärtigen Ansätzen siehe Schaber (1997), Kap. 1.5, Svavarsdóttir (1999), S. 170, und Zangwill (2003), § 1.

183 Vgl. dafür Smith (1994), Kap. 3.5. Eine weitere Präzisierung erfolgte in Smith (1997), § 9.

184 So etwa auch Zangwill (2003), S. 148.

185 Vgl. dazu auch die Äußerungen zur Diskussionslage in Halbig (2007), Kap. 6.5.1.

186 Vgl. etwa Halbig (2007), Kap. 3.2.

187 Eine solche Schlussfolgerung wird etwa explizit von E. J. Bond gezogen: »The sort of reasons one has [...] and the sort of reasons that motivate cannot be the same.« Bond (1983), S. 28.

188 So etwa Dancy (2000) und Bittner (2001).

189 Sellars (1922), i.

190 Vgl. Bourget/Chalmers (2014).

191 Für die Dominanz des Naturalismus in der Metaethik siehe die Beiträge in Gillespie (1986), Sayre-McCord (1988), Couture/Nielsen (1995a), Sinnott-Armstrong/Timmons (1996) und Schaber (2004). Dabei darf indes nicht übersehen werden, dass sich im neueren Diskurs mittlerweile auch Stimmen finden, die den philosophischen Naturalismus und davon ausgehend auch seinen metaethischen Anwendungsfall kritisch hinterfragen. Zeugnis dieser verstärkten Naturalismus-Kritik geben etwa die Beiträge in den Sammelbänden von Craig/Moreland (2000), Caro/Macarthur (2004a) und Corradini et al. (2006). Für die Naturalismus-Kritik in der deutschen Philosophie siehe Keil (1993) und die Beiträge in Keil/Schnädelbach (2000a), Goebel et al. (2005) und Schmidt/Tarkian (2011).

192 Vgl. Kap. 2.3.2.

193 Maddy (2007), S. 2.

194 Einen Überblick über diese und weitere Fragen, die die Grundlagen des naturalistischen Programms betreffen, findet man etwa in Rüther (2013), Kap. 12.

195 Neben dem Analyse- und Reduktionsbegriff lassen sich noch weitere Termini ausmachen, die die Beziehung zwischen moralischen und natürlichen Grundbegriffen erläutern sollen. Siehe dafür etwa Railton (1995), S. 101: »[M]oral qualities are *constituted by or grounded in* natural qualities. They do not merely correlate or harmonize with them.« (Hervorhebung im Original, M. R.) Durch welche Metaphern man auch immer die Beziehung genauer beschreibt: Wichtig ist, dass kenntlich gemacht wird, was unter dem jeweiligen Verhältnis genauer verstanden wird. Eine uninformative Metapher mit einer anderen uninformativen Metapher zu erläutern hilft jedenfalls nicht weiter. Es ist vielmehr eine zentrale Herausforderung für jeden Naturalismus, die genaue Beziehung zwischen den Relata anzugeben, um dadurch eine philosophische Einschätzung des Programms zu ermöglichen. Vgl. für die Formulierung dieser und weiterer Herausforderungen für den Naturalismus Halbig (2011), Abschn. 2.

196 An dieser Stelle ist darauf hinzuweisen, dass sich insbesondere in der neueren Theorienbildung auch anti-realistische Versionen des Naturalismus ausmachen lassen. Eine mögliche Variante wurde schon erläutert. So wurde im Rahmen der Auseinandersetzung mit dem Konstruktivismus darauf hingewiesen, dass einige konstruktivistische Vertreter ebenfalls den Anspruch haben, moralische Normativität auf natürliche Eigenschaften und Tatsachen zurückzuführen. Mit Blick auf die quantitative Verteilung kann man aber sagen, dass es sich hierbei immer noch um Ausnahmefälle handelt. Zumeist wird ein Naturalismus im Verbund mit dem Realismus verteidigt. Vgl. hierzu die Erläuterungen zum Konstruktivismus von Scanlon und Smith in Kap. 4.2.2.

197 Die exponierte Stellung des metaethischen Realismus wird in den einführenden Überlegungen des 5. Kapitels erläutert.

198 Für eine solche Ausnahme siehe etwa die ausführliche Analyse des naturalistischen Realismus in Tiefensee (2008).

199 So formuliert Michael Smith etwa exemplarisch mit Blick auf die realistische Version des Naturalismus: »The upshot is therefore that, if any form of moral realism is true at all, then it must be a form of naturalistic moral realism.« Smith (2009), S. 23.

200 Eine pointierte Beschreibung dieses globalen Anspruchs finden wir etwa bei Daniel Dennett: »One of the happiest trends in philosophy in the last twenty years has been its Naturalization: since we human beings are a part of nature – supremely complicated but unprivileged portions of the biosphere – philosophical accounts of our minds, our knowledge, our language must in the end be continuous with, and harmonious with, the natural sciences.« Dennett (1984), S. ix.

201 Vgl. für eine Auflistung der Beweggründe die Überlegungen in Keil/Schnädelbach (2000b), Keil (2008) und Caro/Macarthur (2004b).

202 »In the dimension of describing and explaining the world, science is the measure of all things, of what is that it is, and of what is not that is not.« Sellars (1963), S. 173.

203 Was der Naturalist hier mit »abhängig« genauer meinen kann, wird im Rahmen der Auseinandersetzung mit dem Naturalismus weiter unten noch erläutert.

204 Vgl. für einen Überblick über diese Positionen und die möglichen Kritiklinien, die gegen sie angeführt wurden, Lenman (2014).

205 Das liegt daran, so sei in einem Vorgriff gesagt, dass die folgende Auseinandersetzung auf die Überzeugungskraft der Supervenienzbeziehung abstellen wird. Hierbei handelt es sich um eine Beziehung, die beide Naturalismen akzeptieren. Strittig zwischen nicht-reduktiven und reduktiven Varianten ist vielmehr, ob sich *darüber hinaus* noch eine informative Beziehung formulieren lässt. Die Supervenienzthese ist also der kleinste gemeinsame Nenner beider Theorien. Sowohl die reduktive als auch die nicht-reduktive Variante des Naturalismus gehen von ihrer Wahrheit aus. Das heißt aber auch: Wenn sich nachweisen lässt, dass die Supervenienzbeziehung problematisch ist, wäre das auch ein Einwand gegen beide Naturalismen. Die Probleme des nicht-reduktiven Naturalisten wären auch die Probleme des reduktiven Naturalisten.

206 Vgl. für eine neuere Arbeit, die dieses Argument in das Zentrum der eigenen Überlegungen stellt, Tarkian (2009), bes. Kap. 2.3.1. Vgl. für einen Überblick über die Literaturlage Darwall (1997) und Miller (2003), bes. Kap. 8 und 9, sowie Copp (2003). Für weitere Literaturhinweise zu diesem Einwand siehe Kap. 7.7.

207 Die Rede von einer moralischen Tatsache ist natürlich nur dann sinnvoll, wenn man von ihrer Existenz ausgeht. Dass metaethische Natu-

ralisten das annehmen, weil sie einer realistischen Ontologie anhängen, wurde bereits eingangs erläutert.

208 Gemeint ist hier nicht »nach Ansicht einer Person«. Es geht vielmehr darum, deutlich zu machen, auf wen oder was sich die moralische Tatsache bezieht, hier: auf die Handlung, die von einer Person ausgeführt wird.

209 Die Formulierung deckt sich mit den gängigen Definitionen von Stephen Darwall und Michael Smith. Vgl. Darwall (1997), S. 306: »Morality/reasons internalism, as we may call it, holds that reasons for acting are internal to moral demands in the following sense: If S morally ought to do A, then necessarily there is reason for S to do A consisting either in the fact that S morally ought so to act, or in considerations that ground that fact.« Vgl. Smith (1994), S. 62: »If it is right for agents to Φ in circumstance C, then there is a reason for those agents to Φ in C.«

210 Die englische Formulierung von Korsgaard lautet: »get a grip on the agent«. Korsgaard (2008), S. 54.

211 Vgl. etwa die paradigmatischen Ausführungen von David Brink: »Moral facts and properties, so construed, are constituted, composed, or realized by organized combinations of natural and social scientific facts and properties. The former are, then, in a certain sense nothing over and above the latter.« Brink (1989), S. 159.

212 Die folgende Version orientiert sich an der Bestimmung in Wedgwood (2007), S. 148.

213 Vgl. für eine analoge Anfrage an den nicht-reduktiven Naturalismus Blackburn (1993), bes. S. 133, Wedgwood (1999) und Shafer-Landau (2003), bes. S. 90.

214 Neben dieser empiristischen Fassung lässt sich auch eine rationalistische Version ausmachen. So vertritt etwa Robert Audi die These, dass ein begrifflicher Zusammenhang zwischen bestimmten natürlichen Eigenschaftstypen besteht, der *a priori* eingesehen werden kann. Vgl. dazu Audi (1997), Kap. 4.5.

215 Vgl. Griffin (1996), S. 47.

216 Boyd (1988), Kap. 4.3.

217 Boyd (1988), S. 203.

218 Boyd (1988), S. 206.

219 Das klassische Beispiel hierfür ist der sogenannte naturalistische Fehlschluss, der insbesondere in der jüngeren Theorienbildung herangezogen wird, um das normative Defizit des Naturalismus zu belegen. Diese Deutung bildet auch für die folgenden Überlegungen den zentralen Bezugspunkt. Vgl. hierzu die Ausführungen von Darwall, Gibbard und Railton, die die verschiedenen Interpretationen des Fehlschlusses erläutern und in die ideengeschichtliche Entwicklung der Metaethik seit Moore einbetten. Vgl. Darwall et al. (1992).

220 Damit soll nicht behauptet werden, dass der Naturalist überhaupt keine Relevanzkriterien entwickeln kann. Möglicherweise kann er das, wenn er sich auf *außermoralische* Kontexte bezieht. Für den Bereich der Moral, und nur hierauf bezieht sich die Argumentation, ist das aber fraglich.

221 Vgl. etwa exemplarisch Railton (1986, 1995, 1996).

222 Vgl. Railton (1986), S. 190 ff.

223 Railton spricht von einer »quasi-necessary connection« (Railton, [1989], S. 154) von moralischen Tatsachen und guten Gründen, entsprechend zu handeln.

224 Wir sind dem Amoralisten schon im vorigen Kapitel begegnet, in dem es um die philosophische Rekonstruktion der moralischen Motivation ging. Dort wurde der Amoralist jedoch nicht als Gegenbeispiel angeführt, um den begrifflichen Zusammenhang zwischen moralischen Tatsachen und normativen Gründen infrage zu stellen. Vielmehr ging es um das Verhältnis von normativen und motivierenden Gründen. Beide Diskussionsebenen sind unabhängig voneinander. Man kann beispielsweise den Amoralisten für ein gutes Beispiel halten, um den ersten Diskussionszusammenhang zu widerlegen, während man ihn für den zweiten Diskussionszusammenhang für wenig ertragreich hält (und umgekehrt!). Wir sollten also im Hinterkopf behalten, dass zwar in beiden Diskussionen der Amoralist eine Rolle spielt, aber die Einschätzung seiner Bedeutung für den jeweiligen Zusammenhang ganz unterschiedlich ausfallen kann.

225 Vgl. dazu etwa Brink (1989), S. 59.

226 Vgl. für eine klassische Kritik mit Bezugnahme auf das Amoralismus-Argument Brink (1989), Kap. 3. Für eine Kritik dieser Positionen siehe Shafer-Landau (2003), Kap. 5.8; Ernst (2006), Ernst (2008), bes. S. 141 ff., und Halbig (2007), Kap. 5.

227 Vgl. dazu die Überlegungen zu den Grundlagen der normativen Ethik in Kap. 2.1.

228 Versteht man die Ethik allerdings als eine Disziplin, der es um eine beschreibende Inventarisierung eines Moralkodexes geht, dann ist der Amoralist durchaus denkbar. Die Aussage »Es ist moralisch betrachtet richtig, Handlung ›x‹ auszuführen, aber es sprechen keine guten Gründe dafür, Handlung ›x‹ auszuführen«, *kann* sinnvoll sein, nämlich dann, wenn man das Wort »moralisch« verwendet, um eine *de facto* bestehende Norm zu beschreiben.

229 So etwa in Foot (1972), S. 153; Railton (1986), Railton (1993), S. 323.

230 Es wurde bereits im Kontext der Auseinandersetzung mit dem Non-Kognitivismus und Konstruktivismus betont, dass nicht alle Metaethiker vor der Aussicht des Nihilismus kapitulieren, sondern sie sogar billigend in Kauf nehmen, etwa weil die Folgekosten für unser praktisches Selbstverständnis keinesfalls so hoch seien, wie man zunächst meinen könnte. Vgl. dazu die verschiedenen Verteidigungsstrategien, wie sie etwa in Kap. 3.3.2 und Kap. 4.2.2 genannt werden.

231 Vgl. Kap. 5.3.2.

232 Für die Ausnahme von der Regel siehe etwa die detaillierten Versuche in Adams (1999) und Rist (2001).

233 Bisher hat sich in der Metaethik kein einheitliches »Label« durchgesetzt, um die gemeinsame Grundidee dieser Strategie terminologisch zu vereinheitlichen. Man findet sie nicht selten unter ganz verschiedenen Namen. So zum Beispiel als »humean naturalism« (Wiggins [1993a], Wiggins [1993b]), »relaxed naturalism« (McDowell [1994], S. 89), »realism of second nature« (McDowell [1995]), »open-minded naturalism« (Stroud [2004], S. 35), »naïve naturalism« (Hornsby [2004]) und »pluralistic naturalism« (Dupré [2004]).

234 Vgl. für eine solche Entkopplungsstrategie Halbig (2010) und Cuneo (2013).

235 Die Auffassung, dass erst die strukturellen Schwächen einer realistischen Position den Anlass dazu geben, nach alternativen Optionen in der Metaethik zu suchen, wird dabei nicht nur von Befürwortern des realistischen Ansatzes vertreten. So entwickeln viele Vertreter des Anti-Realismus ihre systematische Position zumeist *im Anschluss* an eine Kritik am Realismus. Das klassische Beispiel für eine implizite Anerkennung der asymmetrischen Beweislast ist das methodische

Vorgehen in John Mackies *Ethics: Inventing Right and Wrong* (1977). Denn interessanterweise beginnt Mackie die Verteidigung seiner metaethischen Position mit einer internen Kritik eines realistischen Ansatzes, den er als die phänomenologisch adäquateste Position in der Metaethik bestimmt. Das methodische Vorgehen Mackies spricht mithin für seine implizite Anerkennung des Realismus als die metaethische »Normalposition«, deren Infragestellung zunächst nach einer internen Kritik verlangt. Vgl. dazu Mackie (1977), S. 35.

236 Einen guten Überblick über die Theorienentwicklung des Non-Naturalismus geben Cuneo (2007, 2013) und Finlay (2007).

237 Entsprechend ausführlich gestaltet sich die Naturalismus-Kritik des Non-Naturalismus. Mit Blick auf die Frage, was man dem Naturalismus entgegenstellen könnte, bleibt es hingegen meist bei Programmentwürfen, die im Detail kaum ausgearbeitet wurden. Vgl. hierfür exemplarisch etwa die Aufsätze in Caro/Macarthur (2004a). Für eine Ausnahme von der Regel siehe jedoch die Detailstudien in *Res Philosophica* (2014, Vol. 91. No. 4).

238 Wer an weiteren Themen interessiert ist, die in diesem Buch nicht behandelt werden konnten, kann sich an die zahlreich vorhandene englischsprachige Einführungsliteratur wenden. Vgl. zum Beispiel die klassische Einführung McNaughton (1988); oder die neueren Texte von Fisher (2011) und Kirchin (2012).

239 Vgl. zur Terminologie und zur neuen Theorienentwicklung Horgan/Timmons (2000).

240 Vgl. zur Kritik an Parfits Programm Muders/Rüther (i. E.). Für einige Überlegungen zu den sogenannten *mixed theories* siehe Rüther (2013), Kap. 2.4.

Literatur

Adams, Robert (1999): Finite and Infinite Goods. A Framework for Ethics. Oxford: Oxford Univ. Press.

Alvarez, Maria (2010): Kinds of Reasons. An Essay in the Philosophy of Action. Oxford: Oxford Univ. Press.

Anscombe, G.E.M. (1957): Intentions. Oxford: Oxford Univ. Press.

Audi, Robert (1997): Moral Knowledge and Ethical Character. Oxford: Oxford Univ. Press.

Ayer, Alfred J. (1946/1936): Language, Truth, and Logic. London: Gollancz, 2nd Edition.

Bagnoli, Carla (2013a) (Hg.): Constructivism in Ethics. Cambridge: Cambridge Univ. Press.

Bagnoli, Carla (2013b): Introduction. In: Dies. (Hg.): Constructivism in Ethics. Cambridge: Cambridge Univ. Press. S. 1–21.

Bagnoli, Carla (2014): Constructivism in Metaethics. In: Zalta, Edward N. (Hg.): The Stanford Encyclopedia of Philosophy (Winter 2014 Edition). http://plato.stanford.edu/archives/win2014/entries/constructivism-metaethics/

Baier, Annette (1991): A Progress of Sentiments. Reflections on Hume's Treatise. Cambridge: Cambridge Univ. Press.

Bayertz, Kurt (1993) (Hg.): Evolution und Ethik. Stuttgart: Reclam.

Benedict, Ruth (1935): Patterns of Culture. London: Routledge.

Bennett, Jonathan (1995): The Act Itself. Oxford: Clarendon Press.

Birnbacher, Dieter (2003): Analytische Einführung in die Ethik. Berlin: De Gruyter.

Bittner, Rüdiger (2001): Doing Things for Reasons. Oxford: Oxford Univ. Press.

Blackburn, Simon (1984): Spreading the Word. Groundings in the Philosophy of Language. Oxford: Oxford Univ. Press.

Blackburn, Simon (1988): How to Be an Ethical Anti-Realist. In: Midwest Studies in Philosophy. Jg. 12. S. 361–375.
Blackburn, Simon (1992): Wise Feelings, Apt Reading. In: Ethics. Jg. 102. S. 342–356.
Blackburn, Simon (1993): Essays in Quasi-Realism. Oxford: Oxford Univ. Press.
Blackburn, Simon (1998): Ruling Passions. A Theory of Practical Reasoning. Oxford: Oxford Univ. Press.
Boas, Franz (1983/1911): The Mind of Primitive Man. Westport: Greenwood Press.
Bond, E. J. (1983): Reason and Value. Cambridge: Cambridge Univ. Press.
Bourget, David; Chalmers, D. J. (2014): What Do Philosophers Believe? In: Philosophical Studies. Jg. 170. S. 465–500.
Boyd, Richard (1988): How to Be a Moral Realist. In: Sayre-McCord, Geoffrey (Hg.): Essays on Moral Realism. New York: Cornell Univ. Press. S. 181–228.
Brink, David (1989): Moral Realism and the Foundations of Ethics. Cambridge: Cambridge Univ. Press.
Brink, David (1997): Moral Motivation. In: Ethics. Jg. 107. S. 4–32.
Caro, Mario de; Macarthur, David (2004a) (Hg.): Naturalism in Question. Cambridge, Mass.: Harvard Univ. Press.
Caro, Mario de; Macarthur, David (2004b): Introduction: The Nature of Naturalism. In: Dies. (Hg.): Naturalism in Question. Cambridge, Mass.: Harvard Univ. Press. S. 1–17.
Chang, Ruth (1997) (Hg.): Incommensurability, Incomparability, and Practical Reason. Cambridge, Mass.: Harvard Univ. Press.
Copp, David (1995): Morality, Normativity, and Society. New York: Oxford Univ. Press.
Copp, David (2003): Why Naturalism? In: Ethical Theory and Moral Practice. Jg. 6. S. 179–200.
Copp, David (2006) (Hg.): The Oxford Handbook of Ethical Theory. Oxford: Oxford Univ. Press.
Corradini, Antonella; Galvan, Sergio; Lowe, E. J. (2006) (Hg.): Analytic Philosophy without Naturalism. London: Routledge.
Couture, Jocelyne; Nielsen, Kai (1995a) (Hg.): On the Relevance of Metaethics. Calgary: Univ. of Calgary Press.

Couture, Jocelyne; Nielsen, Kai (1995b): Afterword: Whither Moral Philosophy? In: Dies. (Hg.): On the Relevance of Metaethics. Calgary: Univ. of Calgary Press. S. 273–337.

Craig, W.L.; Moreland, J.P. (2000) (Hg.): Naturalism. A Critical Analysis. London: Routledge.

Cuneo, Terence (2007): Recent Faces of Moral Nonnaturalism. In: Philosophy Compass. Jg. 2. S. 850–879.

Cuneo, Terence (2013): Nonnaturalism, Ethical. In: LaFollette, Hugh (Hg.): The International Encyclopedia of Ethics. New York: Wiley-Blackwell. S. 3641–3652.

Dancy, Jonathan (1986): Two Conceptions of Moral Realism. In: Proceedings of the Aristotelian Society. Suppl. Vol. 60. S. 167–187.

Dancy, Jonathan (1993): Moral Reasons. Oxford: Oxford Univ. Press.

Dancy, Jonathan (2000): Practical Reality. Oxford: Oxford Univ. Press.

Dancy, Jonathan (2004): Ethics without Principles. Oxford: Clarendon Press.

Dancy, Jonathan (2006): Ethical Non-Naturalism. In: Copp, David (Hg.): The Oxford Handbook of Ethical Theory. Oxford: Oxford Univ. Press. S. 122–145.

Darwall, Stephen; Gibbard, Allan; Railton, Peter (1992): Toward Fin de siècle Ethics: Some Trends. In: Philosophical Review. Jg. 101. S. 115–189.

Darwall, Stephen (1997): Reasons, Motives, and the Demands of Morality. An Introduction. In: Darwall, Stephen; Gibbard, Allan; Railton, Peter (Hg.): Moral Discourse and Practice. New York: Oxford Univ. Press. S. 305–312.

Davidson, Donald (1980): Essays on Actions and Events. Oxford: Oxford Univ. Press.

Dennett, Daniel C. (1984): Foreword. In: Millikan, Ruth Garrett: Language, Thought, and Other Biological Categories: New Foundations for Realism. Cambridge: MIT Press. S. ix–x.

Dreier, James (2004): Meta-Ethics and the Problem of Creeping Minimalism. In: Philosophical Perspectives. Jg. 18. S. 23–44.

Dupré, John (2004): The Miracle of Monism. In: Caro, Mario de; Macarthur, David (Hg.): Naturalism in Question. Cambridge, Mass.: Harvard Univ. Press. S. 36–59.

Düwell, Marcus; Hübenthal, Christoph; Werner, Micha (2002): Einleitung. In: Dies. (Hg.): Handbuch Ethik. Stuttgart: Metzler. S. 1–25.

Endreß, Martin; Roughley, Neil (2000): Anthropologie und Moral. Philosophische und soziologische Perspektiven. Würzburg: Königshausen & Neumann.

Enoch, David (2005): Why Idealize? In: Ethics. Jg. 115. S. 759–787.

Enoch, David (2006): Agency, Shmagency: Why Normativity Won't Come from What Is Constitutive of Action. In: Philosophical Review. Jg. 115. S. 169–198.

Enoch, David (2010): Shmagency Revisited. In: Brady, Michael (Hg.): New Waves in Metaethics. London: Palgrave Macmillan. S. 208–233.

Enoch, David (2011): Taking Morality Seriously. Oxford: Oxford Univ. Press.

Enoch, David (i. E.): Idealizing Still Not Off the Hook: A Reply to Sobel's Reply. http://law.huji.ac.il/eng/segel.asp?cat=441&in=441&staff_id=63&staff_page=208

Ernst, Gerhard (2006): Das Amoralistenargument. In: Deutsche Zeitschrift für Philosophie. Jg. 54. S. 245–260.

Ernst, Gerhard (2008): Die Objektivität der Moral. Paderborn: mentis.

Ernst, Gerhard (2011): Normative Individualität. In: Sellmaier, Stephan; Mayr, Erasmus (Hg.): Normativität, Geltung und Verpflichtung. Stuttgart: Kohlhammer. S. 143–159.

Falk, W. D. (1948): »Ought« and Motivation. In: Proceedings of the Aristotelian Society 48. S. 111–138.

Finlay, Stephen (2007): Four Faces of Moral Realism. In: Philosophy Compass. Jg. 6. S. 820–849.

Finlay, Stephen (2010): Normativity, Necessity, and Tense. In: Shafer-Landau, Russ (Hg.): Oxford Studies in Metaethics. Vol. 5. Oxford: Oxford Univ. Press. S. 57–85.

Firth, Roderick (1952): Ethical Absolutism and the Ideal Observer. In: Philosophy and Phenomenological Research. Jg. 12. S. 317–345.

Fischer, Joachim; Grotefeld, Stefan (2004): Moralischer Realismus. Theologische Beiträge zu einer philosophischen Debatte. Stuttgart: Kohlhammer.

Fisher, Andrew; Kirchin, Simon (2006) (Hg.): Arguing About Metaethics. London: Routledge.

Fisher, Andrew (2011): Metaethics. An Introduction. Durham: Acumen.

FitzPatrick, William (2005): The Practical Turn in Ethical Theory: Korsgaard's Constructivism, Realism, and the Nature of Normativity. In: Ethics. Jg. 115. S. 651–691.

FitzPatrick, William (2008): Morality and Evolutionary Biology. In: Zalta, Edward N. (Hg.): The Stanford Encyclopedia of Philosophy (Winter 2008 Edition). http://plato.stanford.edu/archives/win2008/entries/morality-biology/

FitzPatrick, William (2011): Ethical Non-Naturalism and Normative Properties. In: Brady, Michael (Hg.): New Waves in Metaethics. London: Palgrave. S. 7–36.

FitzPatrick, William (2013): How Not to Be an Ethical Constructivist: A Critique of Korsgaard's Neo-Kantian Constitutivism. In: Bagnoli, Carla (Hg.): Constructivism in Ethics. Cambridge: Cambridge Univ. Press. S. 41–63.

FitzPatrick, William (2014): Skepticism about Naturalizing Normativity: In Defense of Ethical Non-Naturalism. In: Res Philosophica. Jg. 91. S. 1–30.

Foot, Philippa (1972): Morality as a System of Hypothetical Imperatives. In: Philosophical Review. Jg. 81. S. 305–316.

Foot, Philippa (1978): Reasons for Actions and Desires. In: Dies.: Virtues And Vices. Oxford: Oxford Univ. Press. S. 148–156.

Frankfurt, Harry (1981): Willensfreiheit und der Begriff der Person. In: Bieri, Peter (Hg.): Analytische Philosophie des Geistes. Königstein/Ts.: Hain-Athenaeum. S. 287–302.

Geach, Peter (1960): Ascriptivism. In: Philosophical Review. Jg. 69. S. 221–225.

Geach, Peter (1965): Assertion. In: Philosophical Review. Jg. 74. S. 449–465.

Gibbard, Allan (1990): Wise Choices, Apt Feelings: A Theory of Normative Judgment. Cambridge, Mass.: Harvard Univ. Press.

Gibbard, Allan (1999): Morality as Consistency in Living: Korsgaard's Kantian Lectures. In: Ethics. Jg. 110. S. 140–164.

Gibbard, Allan (2003): Thinking How to Live. Cambridge, Mass.: Harvard Univ. Press.

Gillespie, Norman (1986) (Hg.): Spindel Conference: Moral Realism. In: Southern Journal of Philosophy. Jg. 24. Special Issue.

Goebel, Bernd; Hauk, A.M.; Kruip, Gerhard (2005) (Hg.): Probleme des Naturalismus. Paderborn: mentis.
Grewendorf, Günther; Meggle, Georg (1974) (Hg.): Seminar: Sprache und Ethik. Zur Entwicklung der Metaethik. Frankfurt a. M.: Suhrkamp.
Griffin, James (1996): Value Judgment. Improving Our Ethical Beliefs. Oxford: Oxford Univ. Press.
Halbig, Christoph (2007): Praktische Gründe und die Realität der Moral. Frankfurt a.M.: Klostermann.
Halbig, Christoph (2011). Verdient der ethische Nonnaturalismus erneutes Gehör? In: Schmidt, Thomas; Tarkian, Tatjana (Hg.): Naturalismus in der Ethik: Perspektiven und Grenzen. Paderborn: mentis. S. 181–202.
Hale, Bob (1993): Can there be a Logic of Attitudes? In: Haldane, John; Wright, Crispin (Hg.): Reality, Representation and Projection. Oxford: Oxford Univ. Press. S. 337–363.
Hallich, Oliver (2008): Die Rationalität der Moral. Eine sprachanalytische Grundlegung der Ethik. Paderborn: mentis.
Hampton, Jean (1998): The Authority of Reason. Cambridge: Cambridge Univ. Press.
Hare, R.M. (1952): The Language of Morals. Oxford: Oxford Univ. Press.
Hare, R.M. (1972): Wanting: Some Pitfalls. In: Ders.: Practical Inferences. Berkeley: Univ. of California Press. S. 44–58.
Hare, R. M. (1998): Prescriptivism. In: Craig, Edward (Hg.): Routledge Encyclopedia of Philosophy. London: Routledge. S. 667–671.
Harman, Gilbert (2000): Moral Relativism Defended. In: Ders.: Explaining Value and Other Essays in Moral Philosophy. Oxford: Oxford Univ. Press. S. 3–19.
Harman, Gilbert (2012): Naturalism in Moral Philosophy. In: Nuccetelli, Susana; Seay, Gary (Hg.): Ethical Naturalism: Current Debates. Cambridge: Cambridge Univ. Press. S. 8–23.
Heinrich, Elisabeth; Schönecker, Dieter (2011) (Hg.): Wirklichkeit und Wahrnehmung des Heiligen, Schönen, Guten. Neuere Beiträge zur Realismusdebatte. Paderborn: mentis.
Herskovits, Melville J. (1958/1941): The Myth of the Negro Past. Boston: Beacon Press.
Hofmann-Riedinger, Monika (1992): Metaethik. In: Pieper, Annemarie (Hg.): Geschichte der neueren Ethik. Bd. 1. Tübingen: UTB Verlag. S. 55–81.

Honderich, Ted (1985) (Hg.): Morality and Objectivity. London: Routledge.
Horgan, Terence; Timmons, Mark (2000): Nondescriptivist Cognitivism. Framework for a New Metaethics. In: Philosophical Papers. Jg. 29. S. 121–153.
Hornsby, Jennifer (2004): Agency and Alienation. In: Caro, Mario de; Macarthur, David (Hg.): Naturalism in Question. Cambridge, Mass.: Harvard Univ. Press. S. 173–188.
Humberstone, I.L. (1992): Direction of Fit. In: Mind. Jg. 101. S. 59–83.
Hume, David (1978/1738): A Treatise of Human Nature. Hrsg. v. L. A. Selby-Bigge, third edition revised by P. H. Nidditch, Oxford.
Hussain, Nadeem J. Z.; Shah, Nishi (2006): Misunderstanding Metaethics: Korsgaard's Rejection of Realism. In: Shafer-Landau, Russ (Hg.): Oxford Studies in Metaethics. Vol. 1. Oxford: Clarendon Press. S. 265–294.
Jackson, Frank; Pettit, Philip (1998): A Problem for Expressivism. In: Analysis. Jg. 58. S. 239–251.
James, Aron (2007): Constructivism about Practical Reasons. In: Philosophy and Phenomenological Research. Jg. 74. S. 302–325.
Johnson, Robert (1999): Internal Reasons and the Conditional Fallacy. In: Philosophical Quarterly. Jg. 49. S. 53–71.
Joyce, Richard (2001): The Myth of Morality. Cambridge: Cambridge Univ. Press.
Joyce, Richard (2006): The Evolution of Morality. Cambridge, Mass.: MIT Press.
Joyce, Richard (2009): Moral Anti-Realism. In: Zalta, Edward N. (Hg.): The Stanford Encyclopedia of Philosophy (Summer 2009 Edition). http://plato.stanford.edu/archives/sum2009/entries/moral-anti-realism/
Joyce, Richard; Kirchin, Simon (2010) (Hg.): A World without Values. Essays on John Mackie's Moral Error Theory. Dordrecht: Springer.
Kant, Immanuel (1961/1785): Grundlegung zur Metaphysik der Sitten. Band 7. Frankfurt a. M.: Suhrkamp.
Keil, Geert (1993): Kritik des Naturalismus. Berlin: De Gruyter.
Keil, Geert; Schnädelbach, Herbert (2000a) (Hg.): Naturalismus. Philosophische Beiträge. Frankfurt a. M.: Suhrkamp.
Keil, Geert; Schnädelbach, Herbert (2000b): Naturalismus. In: Dies. (Hg): Naturalismus. Philosophische Beiträge. Frankfurt a.M.: Suhrkamp. S. 7–47.

Keil, Geert (2008): Naturalism. In: Moran, Dermont (Hg.): The Routledge Companion to Twentieth-Century Philosophy. London: Routledge. S. 254–307.
Kirchin, Simon (2012): Metaethics. New York: Palgrave Macmillan.
Kitcher, Philip (2006): Biology and Ethics. In: Copp, David (Hg.): The Oxford Handbook of Ethical Theory. Oxford: Oxford Univ. Press. S. 163–185.
Kohlberg, Lawrence; Levine, Charles; Hewer, Alexander (1984): The Current Formulation of the Theory. In: Kohlberg, Lawrence: Essays on Moral Development. Bd. 2. San Francisco: Harper & Row. S. 212–319.
Korsgaard, Christine M. (1996): Skepticism about Practical Reason. In: Dies.: Creating the Kingdom of Ends. Cambridge, Mass.: Cambridge Univ. Press. S. 311–334.
Korsgaard, Christine M. (1997): The Normativity of Instrumental Reason. In: Cullity, Garrett; Gaut, Berys (Hg.): Ethics and Practical Reason. Oxford: Oxford Univ. Press. S. 215–254.
Korsgaard, Christine M. (2008): The Constitution of Agency. Essays on Practical Reason and Moral Psychology. Oxford: Oxford Univ. Press.
Korsgaard, Christine M. (2009): Self-Constitution: Action, Identity and Integrity. Oxford: Oxford Univ. Press.
Kutschera, Franz von (1975): Sprachphilosophie. München: Fink.
Kutschera, Franz von (1999): Grundlagen der Ethik. Berlin: De Gruyter.
Kutschera, Franz von (2010): Wert und Wirklichkeit. Paderborn: mentis.
LeBar, Mark (2008): Aristotelian Constructivism. In: Social Philosophy and Policy. Jg. 25. S. 182–213.
Lenman, James (2014): Moral Naturalism. In: Zalta, Edward N. (Hg.): The Stanford Encyclopedia of Philosophy (Spring 2014 Edition). http://plato.stanford.edu/archives/spr2014/entries/naturalism-moral/
Lewis, David; Johnston, Mark; Smith, Michael (1989): Dispositional Theories of Value. In: Proceedings of the Aristotelian Society. Suppl. Vol. 63. S. 89–174.
Lillehammer, Hallvard (2004): Moral Error Theory. In: Proceedings of the Aristotelian Society. Jg. 104. S. 93–109.
Mackie, John (1977): Ethics. Inventing Right and Wrong. Harmondsworth: Penguin Books.
Maddy, Penelope (2007): Second Philosophy. A Naturalistic Method. Oxford: Oxford Univ. Press.

Mayr, Erasmus (2011): Understanding Human Agency. Oxford: Oxford Univ. Press.
McDowell, John (1981): Non-Cognitivism and Rule-Following. In: Holtzman, St.; Leich, Ch. M. (Hg.): Wittgenstein: To Follow a Rule. London/Boston: Routledge. S. 141–162.
McDowell, John (1994): Mind and World. Cambridge, Mass.: Harvard Univ. Press.
McDowell, John (1995): Two Sorts of Naturalism. In: Hursthouse, Rosalind; Lawrence, Gavin; Quinn, Warren (Hg.): Virtues and Reasons. Philippa Foot and Moral Theory. Oxford: Oxford Univ. Press. S. 149–179.
McDowell, John (1996/1982): Criteria, Defeasibility, and Knowledge. In: Ders.: Meaning, Knowledge, and Reality. Cambridge, Mass.: Cambridge Univ. Press. S. 369–394.
McDowell, John (1997): Projection and Truth in Ethics. In: Darwall, Stephen; Gibbard, Allan; Railton, Peter (Hg.): Moral Discourse and Practice. Oxford: Oxford Univ. Press. S. 215–226.
McDowell, John (1998): Mind, Value, and Reality. Cambridge, Mass.: Harvard Univ. Press.
McKeever, Sean; Ridge, Michael (2006): Principled Ethics: Generalism as a Regulative Ideal. Oxford: Clarendon Press.
McNaughton, David (1988): Moral Vision. An Introduction to Ethics. Oxford: Oxford Univ. Press.
Miller, Alexander (2003): An Introduction to Contemporary Metaethics. Oxford: Polity.
Moody-Adams, Michele (2001): The Empirical Underdetermination of Descriptive Cultural Relativism. In: Moser, Paul; Carson, Thomas (Hg.): Moral Relativism: A Reader. Oxford: Oxford Univ. Press. S. 93–106.
Muders, Sebastian; Rüther, Markus (i. E.): Metaethik ohne Ontologie? Derek Parfit und das non-naturalistische Projekt. In: Hoesch, Matthias; Muders, Sebastian; Rüther, Markus (i. E.): Die Philosophie von Derek Parfit in der Diskussion. Hamburg: Meiner.
Murdoch, Iris (1970): The Sovereignty of Good. London: Routledge.
Nagel, Thomas (1970): The Possibility of Altruism. Oxford: Oxford Univ. Press.
Newen, Albert (2005): Analytische Philosophie. Hamburg: Junius.
Parfit, Derek (2011): On What Matters. 2 Bde. Oxford: Oxford Univ. Press.

Piaget, Jean (1983/1932): Das moralische Urteil beim Kinde. Stuttgart: Klett-Cotta.

Platts, Mark (1979): Ways of Meaning. An Introduction to a Philosophy of Language. London: Routledge.

Platts, Mark (1980): Moral Reality and the End of Desire. In: Ders. (Hg.): Reference, Truth and Reality. London: Routledge. S. 69–82.

Prichard, H. A. (1952/1928): Duty and Interest. In: Sellars, Wilfrid; Hospers, John (Hg.): Readings in Ethical Theory. New York: Appleton-Century-Crofts. S. 469–486.

Quante, Michael (2000): Manifest versus Scientific Worldview: Uniting the Perspectives. In: Epistemologia. Jg. 23. S. 211–242.

Quante, Michael (2002): Personales Leben und menschlicher Tod. Personale Identität als Prinzip biomedizinischer Ethik. Frankfurt a. M.: Suhrkamp.

Quante, Michael (2003): Einführung in die allgemeine Ethik. Darmstadt: WBG.

Quinn, Warren (1993): Putting Rationality in its Place. In: Frey, R. G.; Morris, Christopher (Hg.): Value, Welfare and Morality. Cambridge: Cambridge Univ. Press. S. 26–51.

Rachels, James (1993): Subjectivism. In: Singer, Peter (Hg.): A Companion to Ethics. Oxford: Oxford Univ. Press. S. 432–442.

Railton, Peter (1986): Moral Realism. In: Philosophical Review. Jg. 95. S. 163–207.

Railton, Peter (1989): Naturalism and Prescriptivity. In: Social Philosophy and Policy. Jg. 7. S. 151–174.

Railton, Peter (1993): Reply to David Wiggins. In: Haldane, John; Wright, Crispin (Hg.): Reality, Representation, and Projection. Oxford: Oxford Univ. Press. S. 315–328.

Railton, Peter (1995): Made in the Shade: Moral Compatibilism and the Aims of Moral Theory. In: Couture, Jocelyne; Nielson, Kai (Hg.): On the Relevance of Metaethics. Calgary: Univ. of Calgary Press. S. 273–337.

Railton, Peter (1996): Moral Realism. Prospects and Problems. In: Sinnott-Armstrong, Walter; Timmons, Mark (Hg.): Moral Knowledge? New Readings in Moral Epistemology. New York: Oxford Univ. Press. S. 49–81.

Railton, Peter (2004): Toward an Ethics that Inhabits the World. In: Leiter, Brian (Hg): The Future for Philosophy. Oxford: Clarendon Press. S. 265–284.

Railton, Peter (2006): Moral Factualism. In: Dreier, James (Hg.): Contemporary Debates in Moral Theory. Oxford: Blackwell. S. 201–219.

Rawls, John (1993): Political Liberalism. New York: Columbia Univ. Press.

Rawls, John (1999/1971): A Theory of Justice. Cambridge, Mass.: Harvard Univ. Press.

Rawls, John (1999/1980): Kantian Constructivism in Moral Theory. In: Ders.: Collected Papers. Cambridge, Mass.: Harvard Univ. Press. S. 303–358.

Raz, Joseph (1999): Engaging Reasons. On the Theory of Value and Action. Oxford: Oxford Univ. Press.

Raz, Joseph (2001): Incommensurability and Agency. In: Chang, Ruth (Hg.): Incommensurability, Incomparability, and Practical Reason. Cambridge, Mass.: Harvard Univ. Press. S. 110–129.

Ridge, Michael (2006): Ecumenical Expressivism: Finessing Frege. In: Ethics. Jg. 116. S. 302–336.

Rippe, Klaus Peter (1993): Ethischer Relativismus. Seine Grenzen – seine Geltung. Paderborn: Schöningh.

Rist, John M. (2001): Real Ethics. Reconsidering the Foundations of Morality. Cambridge: Cambridge Univ. Press.

Roojen, Mark van (2005): Moral Cognitivism vs. Non-Cognitivism. In: Zalta, Edward N. (Hg.): The Stanford Encyclopedia of Philosophy (Winter 2005 Edition). http://plato.stanford.edu/archives/win2005/entries/moral-cognitivism/

Rosati, Connie S. (2014): Moral Motivation. In: Zalta, Edward N. (Hg.): The Stanford Encyclopedia of Philosophy (Spring 2014 Edition). http://plato.stanford.edu/archives/spr2014/entries/moral-motivation/

Rosenberg, Alex (2000): A Field Guide to Recent Species of Naturalism. In: Ders. (Hg.): Darwinism in Philosophy, Social Science and Policy. Cambridge: Cambridge Univ. Press. S. 6–33.

Rosenberg, Alex (2013): Disenchanted Naturalism. In: Bashour, Bana; Muller, Hans (Hg.): Contemporary Philosophical Naturalism and Its Implications. London: Routledge. S. 17–36.

Ross, W. D. (1930): The Right and the Good. Oxford: Oxford Univ. Press.

Rüther, Markus (2013): Objektivität und Moral. Ein ideengeschichtlich-systematischer Beitrag zur neueren Realismusdebatte in der Metaethik. Münster: mentis.

Rüther, Markus (2015): Das Dilemma des metaethischen Naturalismus. In: Muders, Sebastian; Rüther, Markus; Schöne-Seifert, Bettina; Stier, Marco (Hg.): Willensfreiheit im Kontext. Interdisziplinäre Perspektiven auf das Handeln. Münster: mentis. S. 211–237.

Satris, Stephen (1987): Ethical Emotivism. Dordrecht: Martinus Nijhoff.

Sayre-McCord, Geoffrey (1988) (Hg.): Essays on Moral Realism. New York: Cornell Univ. Press.

Sayre-McCord, Geoffrey (2014): Metaethics. In: Zalta, Edward N. (Hg.): The Stanford Encyclopedia of Philosophy (Summer 2014 Edition). http://plato.stanford.edu/archives/sum2014/entries/metaethics/

Scanlon, Thomas (1998): What We Owe to Each Other. Cambridge, Mass.: Harvard Univ. Press.

Scanlon, Thomas (2002): Reasons, Responsibility, and Reliance: Replies to Wallace, Dworkin, and Deigh. In: Ethics. Jg. 112. S. 507–528.

Scarano, Nico (2001): Moralische Überzeugungen. Grundlinien einer antirealistischen Theorie der Moral. Paderborn: mentis.

Scarano, Nico (2002): Motivation. In: Düwell, Marcus; Hübenthal, Christoph; Werner, Micha (Hg.): Handbuch Ethik. Stuttgart: Metzler. S. 432–437.

Schaber, Peter (1997): Moralischer Realismus. Freiburg: Alber.

Schaber, Peter (2004) (Hg.): Normativity and Naturalism. Frankfurt a. M.: Ontos.

Schlick, Moritz (1930): Fragen der Ethik. Wien: Verlag von Julius Springer.

Schmidt, Thomas (2004): Moral Values and the Fabric of the World. A Reconsideration of Mackie's Arguments against Moral Realism. In: Schaber, Peter (Hg.): Normativity and Naturalism. Frankfurt a. M.: Ontos. S. 121–134.

Schmidt, Thomas; Tarkian, Tatjana (2011) (Hg.): Naturalismus in der Ethik. Perspektiven und Grenzen. Paderborn: mentis.

Schroeder, Mark (2009): Hybrid Expressivism: Virtues and Vices. In: Ethics. Jg. 119. S. 257–309.

Schroeder, Mark (2010): Noncognitivism in Ethics. London: Routledge.

Schueler, G. F. (1988): Modus Ponens and Moral Realism. In: Ethics. Jg. 98. S. 492–500.

Schueler. G. F. (1995): Desire. Its Role in Practical Reason and the Explanation of Action. Cambridge, Mass.: Cambridge Univ. Press.

Searle, John (1975): A Taxonomy of Illocutionary Acts. In: Gunderson, Keith (Hg.): Language, Mind, and Knowledge. Minneapolis: Univ. of Minnesota Press. S. 344–369.

Searle, John (1983): Intentionality. An Essay in the Philosophy of Mind. Cambridge: Cambridge Univ. Press.

Searle, John; Vanderveken, Daniel (1985): Foundations of Illocutionary Logic. Cambridge: Cambridge Univ. Press.

Sellars, Roy Wood (1922): Evolutionary Naturalism. Chicago, London: Open Court.

Sellars, Wilfrid (1963): Science, Perception and Reality. London: Routledge.

Setiya, Kieran (2003): Explaining Action. In: Philosophical Review. Jg. 112. S. 339–393.

Shafer-Landau, Russ (1994): Ethical Disagreement, Ethical Objectivity, and Moral Indeterminacy. In: Philosophy and Phenomenological Research. Jg. 54. S. 331–344.

Shafer-Landau, Russ (1995): Vagueness, Borderline Cases and Moral Realism. In: American Philosophical Quarterly. Jg. 32. S. 83–96.

Shafer-Landau, Russ (2003): Moral Realism: A Defence. Oxford: Oxford Univ. Press.

Shafer-Landau, Russ (2009): Fundamentals of Ethics. Oxford: Oxford Univ. Press.

Shepski, Lee (2008): The Vanishing Argument from Queerness. In: Australasian Journal of Philosophy. Jg. 86. S. 371–387.

Siep, Ludwig (2004): Konkrete Ethik. Grundlagen der Natur- und Kulturethik. Frankfurt a. M.: Suhrkamp.

Sinnott-Armstrong, Walter; Timmons, Mark (1996) (Hg.): Moral Knowledge? New Readings in Moral Epistemology. Oxford: Oxford Univ. Press.

Smith, Michael (1987): The Humean Theory of Motivation. In: Mind. Jg. 96. S. 36–61.

Smith, Michael (1994): The Moral Problem. Oxford: Blackwell.

Smith, Michael (1997): In Defense of the Moral Problem: A Reply to Brink, Copp and Sayre-McCord. In: Ethics 108. S. 84–119.

Smith, Michael (2000): Moral Realism. In: LaFollette, Hugh (Hg.): The Blackwell Guide to Ethical Theory. Oxford: Blackwell. S. 15–37.

Smith, Michael; Stoljar, Daniel (2003): Is There a Lockean Argument against Expressivism? In: Analysis. Jg. 63. S. 76–86.

Sobel, David (2009): Subjectivism and Idealization. In: Ethics. Jg. 119. S. 336–352.

Sosa, David (2001): Pathetic Ethics. In: Leiter, Brian (Hg.): Objectivity in Law and Morals. Cambridge: Cambridge Univ. Press. S. 287–330.

Stevenson, Charles (1937): The Emotive Meaning of Ethical Terms. In: Mind. Jg. 46. S. 14–31.

Stevenson, Charles (1944): Ethics and Language. New Haven, Conn.: Yale Univ. Press.

Street, Sharon (2008): Constructivism about Reasons. In: Shafer-Landau, Russ (Hg.): Oxford Studies in Metaethics. Vol. 3. Oxford: Oxford Univ. Press. S. 207–245.

Street, Sharon (2012): Coming to Terms with Contingency. Humean Constructivism about Practical Reason. In: Lenman, James; Shemmer, Yonatan (Hg.): Constructivism in Practical Philosophy. Oxford: Oxford Univ. Press. S. 40–59.

Stroud, Barry (2004): The Charm of Naturalism. In: Caro, Mario de; Macarthur, David (Hg.): Naturalism in Question. Cambridge, Mass.: Harvard Univ. Press. S. 21–36.

Sturgeon; Nicholas (2006): Ethical Naturalism. In: Copp, David (Hg): The Oxford Handbook of Ethical Theory. Oxford: Oxford Univ. Press. S. 91–121.

Svavarsdóttir, Sigrún (1999): Moral Cognitivism and Motivation. In: Philosophical Review 108. S. 161–219.

Tännsjö, Torbjörn (2009): From Reasons to Norms. On the Basic Questions in Ethics. Dordrecht: Springer.

Tarkian, Tatjana (2004): Moralischer Realismus: Varianten und Probleme. In: Halbig, Christoph; Suhm, Christian: Was ist wirklich? Neuere Beiträge zu Realismusdebatten in der Philosophie. Frankfurt a. M.: Ontos. S. 299–336.

Tarkian, Tatjana (2009): Moral, Normativität und Wahrheit. Zur neueren Debatte um Grundlagenfragen der Ethik. Paderborn: mentis.

Tarkian, Tatjana (2014): Naturalismus und die Autonomie der Ethik. In: Information Philosophie. Nr. 4. S. 22–29.

Tersman, Folke (2006): Moral Disagreement. Cambridge: Cambridge Univ. Press.

Tiefensee, Christine (2008): Moral Realism. A Critical Analysis of Metaethical Naturalism. Marburg: Tectum Verlag.

Timmons, Mark (1999): Morality without Foundations: A Defense of Ethical Contextualism. Oxford: Oxford Univ. Press.

Timmons, Mark (2003): Constructivism and Its Limits. In: Ratio 16. S. 391–423.

Van Roojen, Mark (1996): Expressivism and Irrationality. In: Philosophical Review. Jg. 105. S. 311–335.

Van Roojen, Mark (2002a): Humean and Anti-Humean Internalism about Moral Judgments. In: Philosophy and Phenomenological Research. Jg. 65. S. 26–49.

Van Roojen, Mark (2002b): Should Motivational Humeans be Humeans About Rationality? In: Topoi 21. S. 209–215.

Velleman, J. David (1989): Practical Reflection. Princeton: Princeton Univ. Press.

Velleman, J. David (1992): The Guise of the Good. In: Nous. Jg. 26. S. 3–26.

Velleman, J. David (2000): The Possibility of Practical Reason. Oxford: Oxford Univ. Press.

Velleman, J. David (2009): How We Get Along. Cambridge: Cambridge Univ. Press.

Wallace, R. Jay (1990): How to Argue about Practical Reasons. In: Mind 99. S. 355–385.

Wallace, R. Jay (2005): Drei Konzeptionen rationalen Handelns. In: Ammereller, Erich; Vossenkuhl, Wilhelm (Hg.): Rationale Motivation. Paderborn: mentis. S. 29–56.

Wedgwood, Ralph (1999): The Price of Non-Reductive Moral Realism. In: Ethical Theory and Moral Practice. Jg. 2. S. 199–215.

Wedgwood, Ralph (2007): The Nature of Normativity. Oxford: Oxford Univ. Press.

Wiggins, David (1976/1998): Truth, Invention, and the Meaning of Life. In: Ders.: Needs, Values and Truth. 3. Auflage. Oxford: Oxford Univ. Press. S. 87–138.

Wiggins, David (1993a): A Neglected Position? In: Haldane, John; Wright, Crispin (Hg.): Reality, Representation, and Projection. Oxford: Oxford Univ. Press. S. 329–336.
Wiggins, David (1993b): Cognitivism, Naturalism and Normativity. In: Haldane, John; Wright, Crispin (Hg.): Reality, Representation, and Projection. Oxford: Oxford Univ. Press. S. 301–313.
Williams, Bernard (1980/1981): Internal and External Reasons. In: Ders. (Hg.): Moral Luck. Cambridge: Cambridge. Univ. Press. S. 101–113.
Wittgenstein, Ludwig (1984): Philosophische Untersuchungen. In: Ders.: Werkausgabe in 8 Bänden. Frankfurt a. M.: Suhrkamp.
Wong, David (1996): Pluralistic Relativism. In: Midwest Studies in Philosophy: Moral Concepts. Jg. 20. S. 378–399.
Wong, David (2006): Natural Moralities: A Defense of Pluralistic Relativism. Oxford: Oxford Univ. Press.
Wright, Crispin (1988): Realism, Antirealism, Irrealism, Quasi-Realism. In: Midwest Studies in Philosophy. Jg. 12. S. 25–49.
Zangwill, Nick (2003): Externalist Moral Motivation. In: American Philosophical Quarterly. Jg. 40. S. 143–154.

Personenregister

Sachregister

Markus Rüther, Dr. phil., ist wissenschaftlicher Mitarbeiter am Institut für Ethik in den Neurowissenschaften (INM-8) am Forschungszentrum Jülich. Er studierte Philosophie, Germanistik und Geschichte in Münster, Oxford und Wien. Forschungsaufenthalte u. a. an der Harvard University in Boston und der Columbia University in New York. Zu seinen Arbeitsschwerpunkten zählen Fragen der Metaethik und der normativen Werttheorie sowie deren Verbindung zu den verschiedenen Anwendungsfeldern der angewandten Ethik, insbesondere der Neuro- und Medizinethik.

Veröffentlichungen u. a.: *Objektivität und Moral. Ein problemgeschichtlich-systematischer Beitrag zur neueren Realismusdebatte in der Metaethik*. Münster: mentis 2013; *Willensfreiheit im Kontext. Aktuelle Kontroversen in Neurowissenschaft und Philosophie*. Münster: mentis 2015. Hrsg. v. S. Muders, M. Rüther, B. Schöne-Seifert, M. Stier; *Glück – Werte – Sinn. Metaethische, ethische und theologische Zugänge zur Frage nach dem guten Leben*. Berlin: de Gruyter 2013. Hrsg. v. M. Hoesch, S. Muders, M. Rüther.